普通高等院校轨道交通类专业"十四五"系列教材

城市轨道交通车辆电气控制

主　编◎王茹玉　张治国

副主编◎李晋武　任小文

参　编◎王月太　王　科　王一凡

西南交通大学出版社
·成　都·

图书在版编目（CIP）数据

城市轨道交通车辆电气控制 / 王茹玉，张治国主编．—成都：西南交通大学出版社，2023.2
　ISBN 978-7-5643-9068-6

　Ⅰ．①城… Ⅱ．①王…②张… Ⅲ．①城市铁路－铁路车辆－电气控制 Ⅳ．①U239.5

中国版本图书馆 CIP 数据核字（2022）第 246445 号

Chengshi Guidao Jiaotong Cheliang Dianqi Kongzhi
城市轨道交通车辆电气控制

主　编　　王茹玉　张治国	责任编辑／梁志敏
	封面设计／GT 工作室

西南交通大学出版社出版发行
（四川省成都市金牛区二环路北一段 111 号西南交通大学创新大厦 21 楼　610031）
发行部电话：028-87600564　　028-87600533
网址：http：//www.xnjdcbs.com
印刷：成都蜀通印务有限责任公司

成品尺寸　185 mm×260 mm
印张　12.75　　字数　319 千
版次　2023 年 2 月第 1 版
印次　2023 年 2 月第 1 次

书号　ISBN 978-7-5643-9068-6
定价　49.80 元

课件咨询电话：028-81435775
图书如有印装质量问题　本社负责退换
版权所有　盗版必究　举报电话：028-87600562

前言

城市轨道交通作为我国新兴的城市公共交通方式进入了快速发展阶段,尤其是在北京、上海这样的城市。快速发展伴随而来的是相关专业人才的短缺,这就需要培养大量具有工程实践能力和创新能力的卓越工程师类人才,为轨道交通安全、高效、可靠运营提供保障。

本书立足于理论和实践相结合,以当前国内地铁列车的主流车型为主体,对车辆电气设备的结构、工作原理进行了图文并茂的解析,强调理论在实践过程中的应用,使学生不仅掌握城市轨道交通电气系统的理论知识,还能够对其进行分析、实验和综合,掌握实用的维护、维修知识与操作技能。

本书为校企合作编写,内容贴合实践,语言通俗易懂。全书共分为六个章节:第一章,城市轨道交通车辆电气控制系统,主要介绍了城市轨道交通车辆电气控制系统主要部件及其功能,并对车辆运行中工况和受力情况进行了分析;第二章,城市轨道交通车辆牵引与传动系统,主要介绍了城市轨道交通车辆各种牵引传动系统的组成及控制原理;第三章,城市轨道交通车辆牵引与制动控制系统,对车辆牵引与制动系统的电路及控制原理进行了分析;第四章,城市轨道交通车辆车门电气控制系统,介绍了车门的类型、编号、车门控制系统及屏蔽门;第五章,城市轨道交通车辆空调系统,介绍了城市轨道交通车辆空调系统的特点、工作原理及布置情况;第六章,城市轨道交通车辆辅助供电系统,分析了车辆辅助供电系统电路、蓄电池的工作原理等。

本书由西安交通工程学院的王茹玉、张治国担任主编并负责全书的统稿工作;由兰州交通大学的李晋武和西安交通工程学院的任小文担任副主编;西安交通工程学院的王月太和部分企业人员参编。编写分工具体如下:第一章由王茹玉编写;第二章由张治国编写;第三章由王茹玉编写;第四章由李晋武和任小文编写;第五章由张治国编写;第六章由王茹玉、张治国、王月太共同编写。本书编写过程中得到了杭港地铁有限公司王科、王一凡的大力支持和帮助,在此表示衷心的感谢!书中引用了部分文献和图片,谨向文献的作者表示诚挚的敬意和感谢!

由于编者水平有限,时间仓促,书中难免存在疏漏和不妥之处,恭请广大读者批评指正。

编　者

2022 年 7 月

目录

第一章 城市轨道交通车辆电气控制系统 ·················· 1
  第一节 城市轨道交通车辆电气控制系统基础 ·················· 1
  第二节 城市轨道交通车辆电气控制系统主要部件功能 ·················· 4
  第三节 城市轨道交通车辆运行工况与受力分析 ·················· 24

第二章 城市轨道交通车辆牵引传动系统 ·················· 33
  第一节 车辆电气牵引系统 ·················· 33
  第二节 直流牵引传动系统 ·················· 36
  第三节 交流牵引传动系统 ·················· 53
  第四节 直线电动机牵引传动系统 ·················· 76

第三章 城市轨道交通车辆牵引与制动控制系统 ·················· 86
  第一节 电动列车电气控制系统电路识读 ·················· 86
  第二节 电动列车的激活控制 ·················· 96
  第三节 电动列车的初始条件设置控制 ·················· 102
  第四节 电动列车的牵引和制动控制 ·················· 109

第四章 城市轨道交通车辆车门电气控制系统 ·················· 125
  第一节 车门类型 ·················· 125
  第二节 车门编号及结构 ·················· 127
  第三节 车门控制系统及操作 ·················· 132
  第四节 屏蔽门系统 ·················· 141

第五章 城市轨道交通车辆空调系统 ·················· 145
  第一节 车辆空调系统基本功能和特点 ·················· 145
  第二节 空调制冷基本原理及系统布置 ·················· 146

第三节　车辆空调系统部件 …………………………………………………… 150
　　第四节　通风系统 …………………………………………………………… 155
　　第五节　车辆空调系统控制 …………………………………………………… 159
　　第六节　车辆空调系统操作 …………………………………………………… 161

第六章　城市轨道交通车辆辅助供电系统 ………………………………………… 167
　　第一节　城市轨道交通车辆辅助供电系统及供电电路 …………………… 167
　　第二节　城市轨道交通车辆辅助供电系统电路分析 ……………………… 173
　　第三节　城市轨道交通车辆蓄电池电源及其控制 ………………………… 187

参考文献 ………………………………………………………………………………… 198

第一章 城市轨道交通车辆电气控制系统

城市轨道交通系统是指在城市中使用车辆在固定导轨上运行并主要用于城市客运的交通系统。城市轨道交通的定义为:以电能为动力,采取轮轨运输方式的快速大运量公共交通的总称。城市轨道交通车辆作为一种便捷的交通工具,最根本的任务是承载旅客完成由甲地往乙地的运输任务。车辆运行的速度及其控制是城市轨道交通车辆完成运输任务的关键。

城市轨道交通车辆的运行速度受各方面因素约束,如列车运行图、区间及车站信号线路状况、列车上各功能设备的状态、乘客舒适度、行车安全性等。因此,对城市轨道交通车辆的控制就是根据这些约束条件进行综合处理并形成最终的结果,即列车应该以何种方式或何种速度运行,并将这个决策贯彻至车辆控制系统的每一个控制单元。

第一节 城市轨道交通车辆电气控制系统基础

一、城市轨道交通车辆电气控制系统概述

城市轨道交通车辆控制系统根据运营系统给出的命令对各功能子系统进行调控,并在各个功能级上(如牵引控制、制动控制等)保证列车运行要求的实现。其主要特征是控制,即控制策略和控制手段的实现。数学模型化的控制方法和传统的PID(乘客导向系统)调节在城市轨道交通车辆控制中已经取得了重要的成果,但是由于控制参数的多变性和离散性,以及系统的非线性和子系统结构的可变性,加大了PID调节的复杂性和困难程度。因此,利用人工智能原理的各种控制方法,特别是在网络环境下的控制方法,也逐步应用于车辆控制系统中。

城市轨道交通车辆控制系统或者列车和外围系统的接口,都是通过无线方式与地面联网,以满足整个运营系统调控和旅客信息服务的要求。因此,城市轨道交通车辆需要提供一个良好的人机界面,使驾驶员能随时了解整个列车的运行状态和各主要单元部件的工作状态,以便在必要时进行人工干预。城市轨道交通电动列车驾驶员在操作时,只需发出一些简单的命令,而不必知道命令由谁来执行。

城市轨道交通车辆需要有系统操作软件和大容量存储器的高级控制机(微机控制系统)来作为控制核心,并选择传送信息量大且具有实时性的网络(总线控制)来连接它们,以保证网络连接和实时响应。在车辆控制系统中,还需要直接面向现场完成I/O(输入/输出)处理,并能实现直接数字控制的智能化装置,将现场的各种实时过程变量转换为数字量,并将

这些变量送往功能层的相应控制子系统。可以这样说，城市轨道交通车辆上的各个设备，通过机械、电气、电磁、网络等，形成一个统一的整体，通过驾驶员操纵实现列车运行的控制。而对于装置有列车自动控制系统（ATC）的电动列车，还可实现城市轨道交通系统的列车自动驾驶系统（ATO）、列车自动保护系统（ATP）、列车自动监控系统（ATS）、列车通信控制系统（TCC）等全自动控制。城市轨道交通车辆电气控制系统主要由主牵引传动系统、牵引制动控制系统、辅助供电系统和列车控制系统组成。

城市轨道交通车辆控制原理如图1-1所示。首先，动力电源电流由变电所送到接触网经受流器（受电弓）引流到车辆；然后，经过车辆牵引传动控制系统将电流送入牵引电动机，牵引电动机驱动车辆运行，驾驶员通过操纵驾驶室控制装置改变牵引电动机的运行速度和运行方式，此时电流经过车辆轮对、钢轨（或回流装置）回到变电所，形成闭合回路。

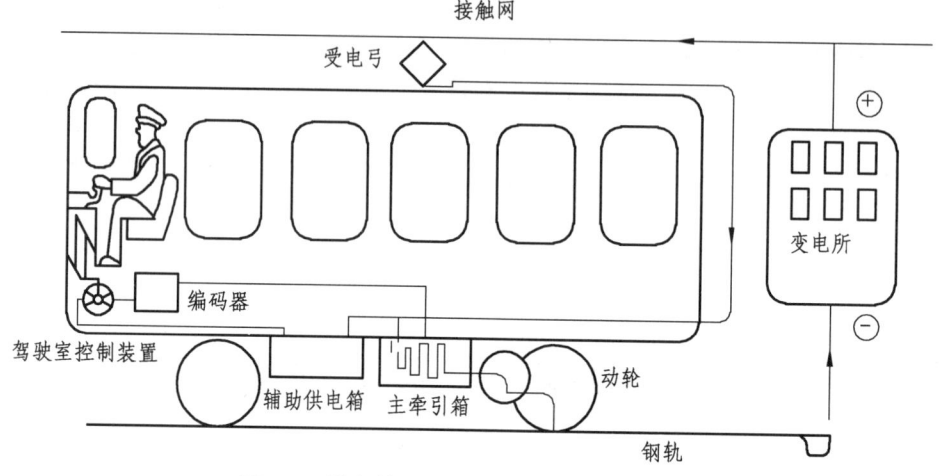

图1-1 城市轨道交通车辆控制原理示意图

图1-2所示为城市轨道交通车辆电气控制系统组成框图。城市轨道交通车辆的主牵引传动系统（主电路系统）是列车牵引动力和电制动力得以实现的载体。辅助供电系统为城市轨道交通车辆提供辅助供电，主要为下列系统提供电源：为主传动系统提供通风冷却中压电源和控制通信低压电源；为制动系统的空气压缩机提供中压电源和控制通信低压电源；为全车提供客室正常照明、应急照明；为空调系统提供中压电源和控制通信低压电源；为列车的自动控制系统、通信及列车综合管理系统提供低压电源。

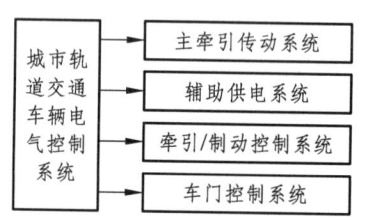

图1-2 城市轨道交通车辆电气控制系统组成框图

牵引/制动控制系统是列车实现牵引和制动控制相关功能的控制电路系统，通过电气、器件的组合实现一定的逻辑功能，通过单元模块的控制程序运算，再经列车通信控制系统的实时响应，最终实现对列车的有效控制。

车门控制系统关系到城市轨道交通车辆的运营安全及乘客的人身安全，因此，在城市轨道交通车辆中，将客室车的状态直接与列车的运行状态相关联，通过列车信息显示系统，告知和提醒驾驶员所有车门的状态，从而保证行车的安全。图1-3所示为驾驶员驾驶城轨车辆。

图 1-3　驾驶员驾驶城轨车辆

二、城市轨道交通车辆总体控制

城市轨道交通车辆的控制实际上是对牵引电机的控制。在轨道交通运输中，采用电动机机械传动来满足车辆牵引的电气部分，称为电力牵引传动控制系统。它是以牵引电动机为控制对象，通过控制系统对电动机的速度和牵引力进行调节，以满足车辆牵引和制动特性的要求。根据电动机形式的不同，控制系统可分为两大类，即采用直流牵引电动机的直流传动控制系统和采用交流牵引电动机的交流传动控制系统。

城市轨道交通车辆的控制实际上是对牵引电机的控制。利用电机的可逆性原理可以完成车辆牵引和电制动工况的控制。在牵引工况时，牵引电机用作电动机运行，城市轨道交通车辆通过受电弓将接触网的 DC 1 500 V（DC 750 V）电能引入车底架下部高压箱中，在高压箱中受高速断路器控制后，经牵引逆变器送入牵引电动机，牵引电动机驱动车辆轮对从而牵引列车。在电制动工况时，牵引电机用作发电机运行，通过牵引电机将列车的动能转化为电能，并经牵引逆变器、高速断路器、受电弓等将电能反馈给电网。如果电能不能反馈给电网，则通过牵引逆变器和制动电阻以热能的形式散发掉。图 1-4 所示为城市轨道交通车辆单元车的总体控制。

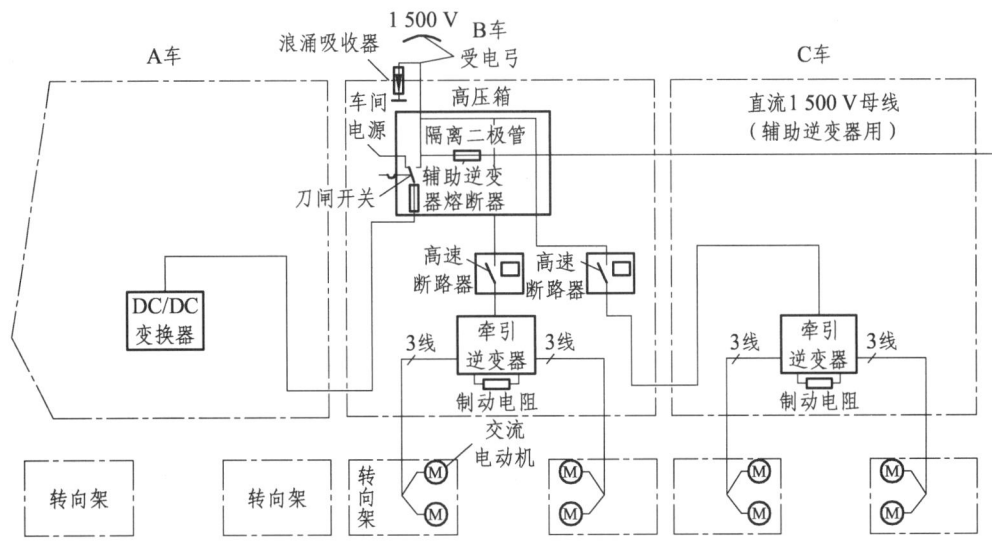

图 1-4　城市轨道交通车辆单元车的总体控制

三、城市轨道交通车辆电气部件与设备

城市轨道交通车辆电气控制系统由车辆上的各种电气部件、设备及其控制电路组成。城市轨道交通车辆内部设备包括：服务于乘客的车体内固定附属装置和服务于车辆运行的设备。服务于乘客的设备有客室照明、通风、空调、座椅、扶手等；服务于车辆运行的设备有蓄电池箱、继电器箱、主控制箱、电动空气压缩机组、总风缸、电源变压器、各种电气开关和接触器等。除此之外，还有保证列车安全、正常、舒适运行的其他系统，如列车诊断系统、列车自动控制系统（ATC）、通信系统等。

以庞巴迪公司与长春客车厂生产的地铁车辆为例，其主要设备配置如图1-5所示。在城市轨道交通电动列车中，动车和拖车通过车钩连接成的一个相对固定的编组，称为一个（动力）单元。一列车可以由一个或几个单元编组组成。图示列车为两单元六节编组，记为 – A*B*C = C*B*A – ，B 为带受电弓的动车，C 为动车（分别记作 M′、M），A 为带驾驶室的拖车（记作 Tc），图示列车也称为 4M2T 编组列车。PH 箱（高压箱）位于 B 车底架下部的牵引高压箱内，高速断路器位于 PH 箱（高压箱）的高压区内，与 B、C 车的逆变器箱相连接。PA 箱位于 C 车底架下部，主要由 C 车的逆变器和辅助逆变器组成。

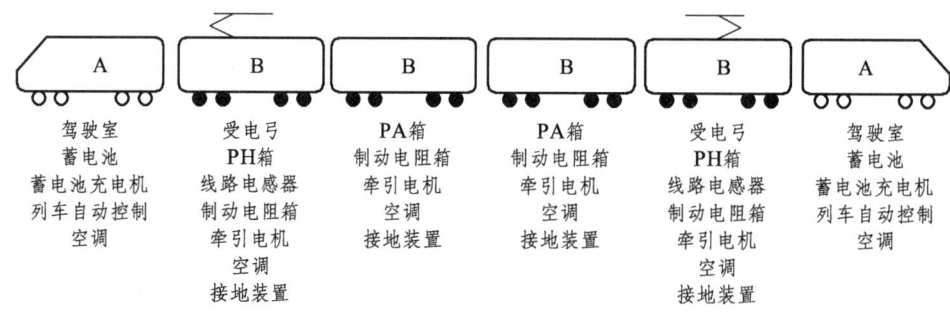

图 1-5 地铁车辆的主要设备配置

列车的车辆间各电气设备靠密接式车钩实现机械、电气气路的整体连接。其中每一节列车的两端（A 车驾驶端）装有全自动车钩，B 车通过半永久牵引杆与 A 车和 C 车连接，C 车之间通过半自动车钩连接。

第二节　城市轨道交通车辆电气控制系统主要部件功能

城市轨道交通车辆电气控制系统部件是用来对城市轨道交通车辆以及其他的牵引设备进行切换检测、控制、保护和调节的电器及装置，称为牵引电器。牵引电器的工作条件和环境较为恶劣，如长时间受振动干扰、受灰尘侵蚀、工作环境温度和温度变化范围大、工作电压和电流变化范围大，并且受安装位置和空间的限制。为有效利用空间、便于检修、电器外形多呈平整的箱状且宽度小，以便将电器尽可能成列布置。电器结构方面要便于更换触头、弹簧和其他易磨损的零件。在零件的机械与电气强度方面，要求在电器操作次数频繁时仍有较大的安全因数，同时必须保证有最大的可靠性。

牵引电器一般分为主电路电器、控制电路电器和辅助电路电器三大部分。

一、主电路电器

城市轨道交通车辆主电路电器主要包括受电弓、高速断路器、主接触器、线路滤波器、制动电阻器、平波电抗器、浪涌电压吸收器和接地装置等。

(一) 受电弓

1. 城市轨道交通车辆的供电与受流

因地铁和轻轨交通运输对速度的要求不高，所以常采用直流供电。直流供电的电压制式较多，其发展趋势是采用 EC（国际电工委员会）标准中的 DC 600 V、DC 750 V 和 DC 1 500 V 三种，我国国家标准《城市轨道交通直流牵引供电系统》中规定采用 DC 750 V（波动范围 500～900 V）和 DC 1 500 V（波动范围 1 000～1 800 V）两种。

我国常用的供电方式有接触网供电和接触轨供电两种形式。电动列车的受流方式依据供电方式的不同分为接触网受流和第三轨受流。接触网供电是指通过沿轨道线路上空架设的特殊输电线向行走在线路上的电动列车不间断地供应电能。电动列车利用顶部的受电弓与接触网滑动摩擦而获得电能。接触轨供电是指在列车行走的两条路轨以外，再加上带电的钢轨（一般使用钢铝复合轨）供电。带电钢轨设于两轨之间或其中一轨的外侧。列车受流器（集电装置，也叫集电靴或取流靴）在带电轨上接触滑行取流。

通常城市轨道交通车辆在电网电压为 1 500 V 时多采用架空接触网形式，由安装在车辆顶部的受电弓集电。当电网电压为 750V 及以下时，较多由第三轨受电。例如，北京地铁、天津轻轨均采用 DC 750 V 电压、第三轨供电方式；上海地铁、广州地铁的大部分线路采用 DC 1 500 V 电压、高架接触网供电方式。

2. 受电弓的结构组成

受电弓是城市轨道交通车辆的受流装置，安装在与车体几何中心点最近的车顶上部。当受电弓升起时，弓与网接触滑行，从接触网受取电流、通过车顶母线传送到车辆内部，供车辆设备使用。受电弓根据驱动动力的不同分为气动弓和电动弓两类。气动弓使用较普遍，故本书以气动受电弓为例进行分析。

城市轨道交通车辆的受电弓为单臂、轻型结构。在 4M2T 编组的列车中，受电弓一般安装于 B 车车顶；在 2M2T 编组的列车中，受电弓一般安装在 A 车车顶。

单臂受电弓的结构组成如图 1-6 所示。基础框架（1）由方形的中空钢管、角钢及钢板的焊接构件组成，通过支持绝缘子（3）固定安装在车顶，作为框架（4）、轴承、下部导杆的轴承滑轮、拉伸弹簧的悬挂及气压升弓传动装置的支承和安装部分。框架包括下部支杆（5）、下部导杆（6）、上部支杆（7）和上部导杆（8），框架采用高强度冷拔无缝管制作。高度止挡（2）安装在下部导杆侧下方的基础框架上，用以限制受电弓的最大升弓高度不超过 2 050 mm（从绝缘子的下部边缘测量起），保证受电弓垂向不产生位移。高度止挡（2）可通过受电弓两侧的两个螺栓及沉头螺母加以调节，最高位时两个螺栓同时与底架接触。弓头是弓与网相接触的部分，主要由集流头（9）、接触带（10）、转轴、端角（11）和弹簧盒组成。集流头（9）为轻型钢结构，接触滑块共两对，为人工石墨材料，每对两条，总计 4 条碳滑块。端角（11）是为了防止在接触网分叉处接触导线进入集流头底部而造成刮弓事故。弹簧盒的作用是为了保证弓头的垂向自由度。整个受电弓安装在 4 个绝缘子上。绝缘子由环脂充填树脂制成，通过 M20 的不锈钢螺母安装在车顶。升降弓装置（12）由传动风缸、拉伸弹簧及气路电磁阀组成。组件（13）是由软编织铜线制成的电流传送装置。组件（14）是保证降弓后车辆稳定运行的吊钩闭锁器。

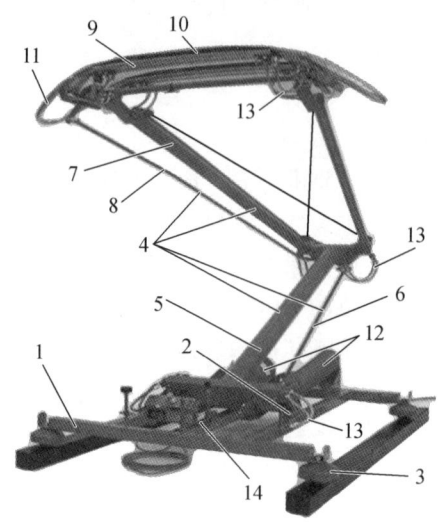

1—基础框架；2—高度止挡；3—绝缘子；4—框架；5—下部支杆；6—下部导杆；7—上部支杆；
8—上部导；9—集流头；10—接触带；11—端角；12—升降弓装置；
13—电流传送装置；14—吊钩闭锁器。

图 1-6　受电弓结构组成

3．受电弓的工作原理

受电弓靠滑动接触受流，是移动设备与固定供电装置之间的连接环节，其性能的优劣直接影响城市轨道交通车辆工作的可靠性。对受电弓受流性能的基本要求是：集流头与接触网接触可靠、磨耗小；升降弓时对车顶设备不产生有害冲击；运行中受电弓动作轻巧，动态稳定性能好。为此，在接触导线高度允许变化的范围内，要求受电弓滑板对接触导线有一定的接触压力，且升降弓的过程应具有先快后慢的特点，即升弓时集流头离开基础框架要快，贴近接触导线要慢，以防止弹跳；降弓时，弓与网的脱离要快，落在基础框架上要慢，以防止拉弧及对车顶产生有害的机械冲击。

受电弓的提升依靠升弓弹簧完成，降弓是通过传动风缸内部的降弓弹簧来实现的，其中压缩空气在传动风缸的充气及排气决定了受电弓的升与降。

1）升弓过程

在列车及驾驶控制台激活的情况下，按下副驾驶控制台受电弓升弓按钮，相应的升弓电路工作，升弓电磁阀得电动作，打开风源至传动风缸的通路，传动风缸充气后压缩其内部的降弓弹簧，在升弓弹簧的作用下克服自身重力升起。

风路系统的工作过程：压缩空气经升弓电磁阀进入空气过滤器，由过滤器除水、除尘并净化，通过空气管路进入升弓节流阀。升弓节流阀调节压缩空气的流速，以确保受电弓的升弓速度，再经精密调压阀对压缩空气进行调节，以保证弓对网的工作压力。此压缩空气再经降弓节流阀后的安全阀，以保证工作压力不超过规定压力。最后，压缩空气到达车顶受电弓风缸。升弓风路示意图如图 1-7 所示。

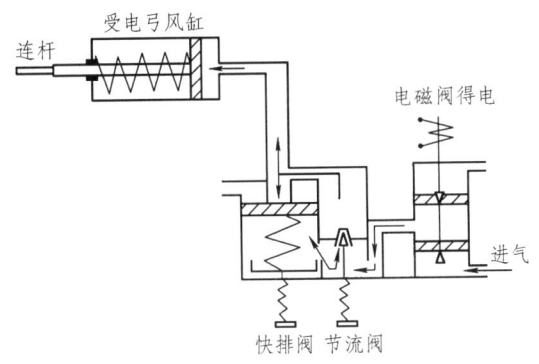

图 1-7 升弓风路示意图

压缩空气经过空气管路和气动元件进入升弓风缸后，推动活塞动作，将压缩空气能量转化为气缸活塞的直线位移。驱动转臂将活塞直线位移转化成转臂的旋转运动，转臂带动下部导杆向上旋转，上部框架在导杆的作用下作逆转运动，使集流头升起。弓头上的集电装置在上框架导杆的作用下保持水平上升，以确保与接触网的接触良好。

升弓初始时，降弓弹簧的压力最小，因此克服该力所需的风压较小，此时节流阀进出风压差最大，所以此时传动风缸的活塞杆左移较快。随着弓不断升起，降弓弹簧的压力不断增大，克服该力所需的风压也不断增大，而且此时节流阀口的风压差不断减小，所以活塞杆左移渐慢，升弓速度也渐慢，这样就可避免升弓时弓对网造成过分冲击。可以通过改变节流阀口的大小来初步调整升弓时间。

2）降弓过程

在列车及驾驶控制台激活的情况下，按下副驾驶控制台受电弓降弓按钮，电磁阀失电复位，风源停止向传动风缸供风，同时将压缩空气排向大气，受电弓在降弓弹簧及自身重力的作用下降到最低位置。

降弓风路示意图如图 1-8 所示。降弓过程分为两个阶段，即先快后慢。降弓时，当电磁阀失电，传动风缸内的压缩空气经快排阀口排出，如图 1-8（a）所示。随着传动风缸内压缩空气压力骤然下降，压力差不足以克服快排弹簧的作用，快排活塞上移，使快排阀口关闭。此时传动风缸内的残余风在节流阀口徐徐排出，如图 1-8（b）所示。降弓初期弓与网快速分离，可以避免降弓过程中产生电弧，灼伤接触滑块接近车顶时速度变缓，可保证降落到落弓位时不会对车顶产生过大冲击。通过改变节流阀口的大小，调节快排阀弹簧的压缩量，可以控制快排时间的长短，从而调整降弓时间。

3）紧急操作

当车辆有压缩空气，但气压不足（低于 3 bar，1 bar = 10^5 Pa）时，受电弓也可以手动升弓。此时使用 B 车车厢设备柜中的脚踏泵，同时手动或电动控制电磁阀开通风路，人工踩压脚踏泵打风，至风压足以升起受电弓为止。

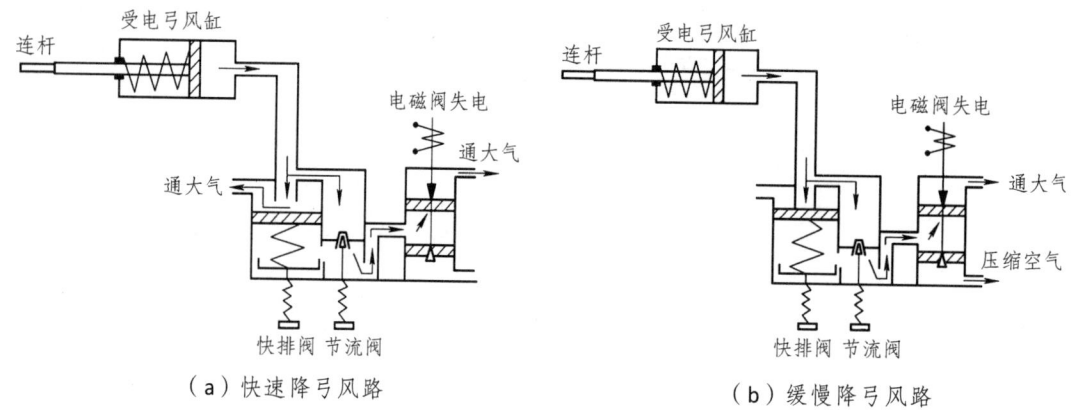

图 1-8 降弓风路示意图

4．受电弓的主要技术参数

受电弓的主要技术参数有电气参数、机械参数及几何尺寸参数。受电弓的主要技术参数如表 1-1 所示。

表 1-1 受电弓的主要技术参数

额定电压/V	DC 1 500
电压范围/V	DC 1 000～1 800
额定电流/A	DC 1 050
最大启动电流（30 s）/A	DC 1 600
最大停车电流/A	DC 460
标准静接触压力/N	120±10
静压力调节范围/N	100～140
滑板单向运动在工作高度范围内压力差/N	不大于 10
滑板在工作高度范围内同一高度上，升与降压力差/N	不大于 15
运行速度/（km/h）	≤90
传动装置压力/kPa	额定 550，最小 300，最大 800
主要尺寸（带绝缘子的高度）/mm	300（折叠高度 300＋10）
最小/大工作高度/mm	175（463）/（1 600）
最大升起高度/mm	1 700
碳滑板长度/mm	800（1 050）
弓头宽度/mm	1 550
升/降弓时间/s	升弓≤8，降弓≤7
绝缘性能	交流 50 Hz，5.75 kV 干闪络电压 1 min；交流 50 Hz，4.75 kV 湿闪络电压 1 min
机械寿命	$15×10^3$ 次
受电弓总质量（绝缘子除外）/kg	200

（二）高速断路器（HSCB）

HSCB 安装在含有受流装置车辆的底部高压箱内。以庞巴迪公司生产的 A 型车为例，其 HSCB 安装在 B 车的 PH 箱内，每辆动车配置一个，正常状态下通、断车辆主电路（DC 1 500 V 电路），在车辆发生故障时执行保护指令，切断动力电源。因此，HSCB 既是主电路的总电源开关，也是总保护开关。

1．HSCB 的主要性能指标

衡量 HSCB 性能的主要指标有两个：机械响应时间和分断能力。

（1）机械响应时间是指从通过断路器的电流达到动作值，到主触头打开的时间，用 T_m 表示。机械响应时间（T_m）是电流增长率（di/dt）的函数，如图 1-9 所示。例如，当 di/dt = 2×10^7 A/s 时，机械响应时间为 3 ms。显然电流增长率越大，机械响应时间越短。

（2）分断能力可用图 1-10 所示的高速断路器开断过程的电流、电压波形来说明。在相同的短路稳态电流情况下，开断电压 $\hat{U}_d$ 越高，电流增长率 di/dt 越大，则开断电流 $\hat{i}_d$ 越大，限制时间 T_L 越短，总开断时间 T_{tot} 越短。

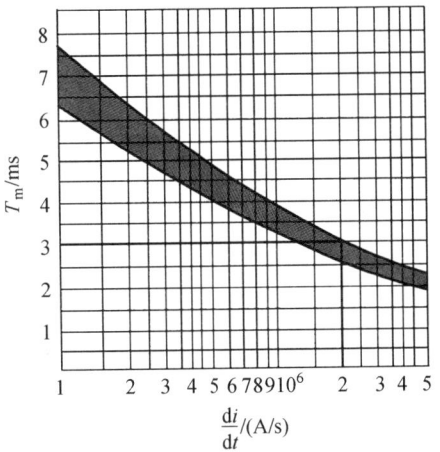

图 1-9　高速断路器机械响应时间与电流增长率关系

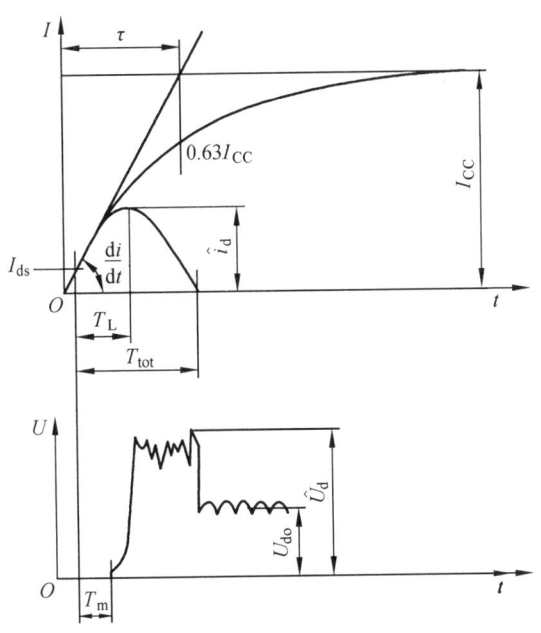

τ—短路时间常数；I_{CC}—稳态短路电流；I_{ds}—过电流动作电流设定值；di/dt—电流上升初始率；$\hat{i}_d$—开断电流；T_L—限制时间；T_{tot}—总开断时间；T_m—机械响应时间；$\hat{U}_d$—最大拉弧电压；U_{do}—恢复电压。

图 1-10　高速断路器开断过程的电流、电压波形

2．HSCB的主要特点

（1）对地有很高的绝缘等级。由于高速断路器正常接在车辆的牵引主电路上，电压高、电流大，因此其绝缘结构应选取有很高绝缘等级的材料。

（2）分断能力强，响应时间短。高速断路器既是电路的总电源开关也是总保护开关。为有效、可靠地保护其他用电设备，高速断路器必须动作迅速、可靠，并具有足够的断流容量。它的限流特性和高速切断能力能防止由于短路或过载而引起的用电设备毁坏。

（3）不受气候条件的影响。高速断路器集成安装于箱中的主要优点是可以节省车下空间，并且使HSCB与外界环境隔离。

（4）使用寿命长。

（5）易于维护。

3．HSCB的结构

现以上海地铁1号线地铁车辆用高速断路器为例进行结构与工作原理分析。上海地铁1号线使用的是TSE1250-B-Ⅰ型高速断路器，它是一种电磁控制自然冷却的单极直流断路器，安装在B车上。

TSE1250-B-Ⅰ型高速断路器包括基架、短路快速跳闸装置（KS）、过载跳闸装置（S型）、合闸装置和灭弧栅。

高速断路器的主要构件有：触头系统、灭弧机构、传动机构、自由脱扣机构、最大电流释入器、最小电压释入器和辅助开关。

（1）触头系统：动、静触头采用双极串联形式，触头的接触形式采用线接触，接触面大，磨损较小，制造方便。触头制成单独零件，便于更换。

（2）灭弧机构：采用串封闭式导弧角。

（3）传动机构：用来操纵主触头闭合。传动形式有手动传动和电磁机构传动。

（4）自由脱扣机构：位于传动机构与主触头之间，用来保证当电路发生短路时，传动机构还能起作用，高速开关能够可靠地开断电路。

（5）最大电流释入器：即过载时通过拉杆作用于自由脱扣机构而开断，短路时直接撞击锁钩开断电路。

（6）最小电压释入器：通过电磁机构作用，衔铁直接作用在锁钩上，使锁钩释放，主触头在开断弹簧作用下开断电路。最低电压为DC 77 V。

（7）辅助开关：用于联锁、指示、控制。

4．HSCB的工作原理

高速断路器的通断由高速断路器按钮控制。按下高速断路器按钮，列车控制线路工作，断路器线圈得电工作，带动机械锁位装置动作，高速断路器置"合"位并保持不变。分断时，欠电压脱扣装置动作，高速断路器分断。高速断路器每极有一个带有固定脱扣整定机构的短路快速跳闸"KS"。另外，每设置一个过载跳闸"S"，其跳闸值均可通过刻度盘来调整。

如图1-11所示，当高速断路器合上以后，电流从上接线端（1）→静触头（2）→动触头（3）→动触头臂（4）→弹性连接板（5）→下接线端（6）。产生过载跳闸（S）装置（7）的磁场。当电流值超过其整定值时，该装置动作。通过拉杆（8）释放锁件（9）转换机构（10），转换轴（11）转至"分"位，同时带动动触头臂（4），使触头分断。

在短路故障情况下，过载跳闸系统动作慢。短路快速跳闸（KS）衔铁（12）首先动作、通过撞击螺钉（13），直接撞击动触头臂（4），由转换杆（14）和滚轴（15）之间的专用压紧装置迫使动价触头快速分断。由于 KS 跳闸装置的作用，操纵短路快速跳闸拉杆（16）转换机构解锁，转换轴（11）转至"分"位，同时带动动触头臂（4）。

触头分断产生的电弧由电磁系统吸入灭弧删内进行分割、冷却。此外高速断路器合闸线圈设计为短时工作制，其线圈只能短时通电（到合闸位靠机械联锁），断路器触头闭合后线圈不再通电，断路器分断之后再次合闸要求时隔 2 min 以上。

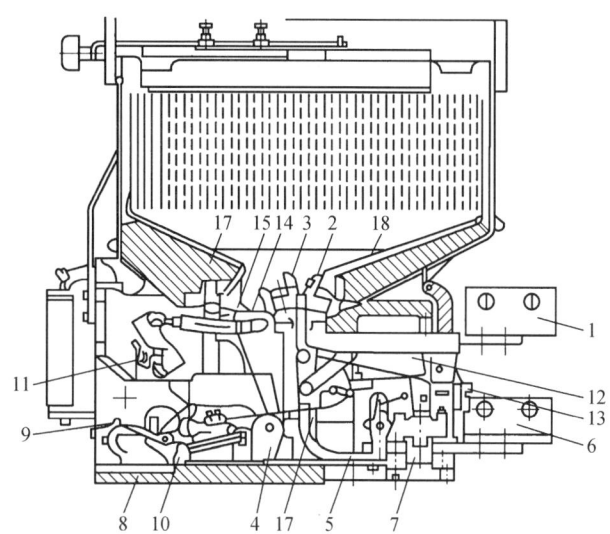

1—上接线端；2—静触头；3—动触头；4—动触头臂；5—弹性连接板；6—下界限端；7—过载跳闸（S）装置；8—拉杆；9—释放锁件；10—转换机构；11—转换轴；12—短路快速跳闸（KS）衔铁；13—撞击螺钉；14—转换杆；15—滚轴；17—短路快速跳闸拉杆；18、19—灭弧板。

图 1-11　TSK1250-B-I 型高速断路器的结构

5．HSCB 的主要技术参数

高速断路器的主要技术参数如表 1-2 所示。

表 1-2　高速断路器的主要技术参数

类型	电磁控制自然冷却的单极直流断路器
额定电压/V	1 500×（1+20%）
额定电流/A	1 250
短时允许电流	1 400 A，2 h；2 000 A，2 min；3 000 A，20 s；
额定分断能力/kA	35
KS—释放的分断时间	$di/dt \geq 3$ kA/ms　5 ms
机械反应时间/ms	2
机械寿命	20 000 次
控制电压/V	DC 110
电寿命	1 000 次
分断频率（1 h）	30 次

（三）主接触器

接触器按通断电路电流的种类可分为直流接触器和交流接触器；按主触头数目可分为单极接触器（只有一对主触头）和多极接触器（有两对以上主触头）；按传动方式可分为电空接触器和电磁接触器等。城市轨道交通车辆的主接触器是一种用来频繁地接通和切断主电路的自动切换电器，它的特点是能进行远距离自动控制，操作频率较高，通断电流较大。

现以上海地供1号线电动车辆BMS.15.06型单极直流电磁接触器为例，说明其工作原理及结构。

1．电磁接触器的结构组成

电磁接触器一般由电磁机构、主触头、灭弧装置、辅助触头、支架和固定装置等组成。电磁机构包括铁芯、带驱动杆的螺旋纹圈和盖板。主触头用来通断电路，触头为镀银球面。灭弧装置包括吹弧线圈和带电离栅的灭弧罩，电离栅将进入的电弧分割成一系列短弧，然后使电弧加速冷却，吹弧线圈确保快速且有效地灭弧。直流接触器设计为模块结构，外壳材料阻燃、无毒、无环境污染。

2．电磁接触器的工作原理

接触器的电磁线圈未通电时，衔铁在弹簧力作用下保持在释放位置。当电磁线圈得电后，铁芯在电磁力作用下带动驱动杆克服弹簧力而运动。动触头在驱动杆带动下，触头上部与静触头点接触。随着驱动杆继续运动，动静触头间的压力不断增加，动触头在静触头上边滚动边滑动，进行研磨，一直到电磁力与弹簧力平衡为止。此时动静触头的接触点移到触头下部，完成触头闭合，主接触器进入工作状态。同时辅功触头依靠驱动凹轮，实现同步打开或闭合。

触头断开的过程则相反，失电后，电磁力减小，反力弹赞起作用，主触头分断，同时辅助触头的状态也相应变化。

主触头闭合时的研磨过程是将其表面的氧化物或脏物擦掉，以减小接触电阻。触头断开的弹簧力可使触头分断时所产生的电弧不致损坏正常接触点。通常弹簧采用圆柱螺旋弹簧。圆柱螺旋弹簧分为拉伸弹簧和压缩弹簧两种，BMS.15.06型直流电磁接触器采用的是压缩弹簧。

3．BMS.15.06型直流电磁接触器的技术参数

BMS.15.06型直流电磁接触器的主要技术参数如表1-3所示。

表1-3 BMS.15.06型直流电磁接触器的主要技术参数

额定电压/V	DC 1 500	闭合时间/ms	约100
最大工作电压/V	DC 1 800	开断时间/ms	约75
额定绝缘电压/V	DC 1 500	机械寿命	3×10^6次
额定电流/A	600	电寿命	10^4次
小时电流/A	630	触头压力/N	54～72
短时电流（5s）/A	800	控制电源/V	DC 110
最大分断电流（15 ms）/A	2 400	控制功率/W	30

（四）线路滤波器

线路滤波器包括线路滤波电抗器和线路滤波电容器，安装于主电路牵引变流器中。

1．线路滤波器的作用

（1）滤平输入电压。

（2）抑制电网侧发生的过电压，减少其对逆变器的影响，如变电所操作过电压、大气雷击过电压等。

（3）抑制逆变器因换流引起的尖峰过电压。

（4）抑制电网侧传输到逆变器直流环节的谐波电流，抑制逆变器产生的谐波电流对电网的影响。

（5）限制变流器的故障电流。

2．线路滤波电抗器

线路滤波电抗器与线路滤波电容器构成谐振电路，用于变流器直流环节。

为保证在任何电流值时电感均恒定，电抗器采用空心线圈结构。不同生产厂家电抗器的电感量选值不同，需与线路电容器的电容量相匹配。

对于网压为 DC 1 500 V，逆变器容量在 1 000 kV·A 以上的系统来说，电感量一般为 5~8 mH。

3．线路滤波电容器

线路滤波电容器是一种非常特殊的直流电容器。从功能上看，由于它用于逆变系统的直流环节，因此称作"支撑电容器"；从性质上看，由于要求它能承受很大的谐波电流，因此称作"直流脉冲电容器"。

支撑电容器系列产品的主要技术参数如表 1-4 所示。

表 1-4 支撑电容器系列产品的主要技术参数

最大电流 I_{max}/A	最高达 600
额定电压 U_N/kV	最高达 6
自感 L_{self}/nH	≤40
额定能量 W_N/kJ	最高达 18
介质损耗因数 $\tan\delta 0$	2×10
最大峰值电流/kA	最高达 10
最大浪涌电流/kA	最高达 100
端子间直流试验电压 U_{TT}	$1.5U_N$，10 s
端子对外壳交流试验电压 U_{TC}	$2U_i + 1\ 000$ V，50 Hz，10 s（U_i 为绝缘电压）
自放电时间常数 $R_{is}\cdot C$	≥10 000 s

单台电容器的电容量与额定电压 U_N 有关，U_N 越低，电容量可以做得越大。对应于不同的额定电压，电容量可达数百微法甚至上万微法。

（五）制动电阻器

电阻制动时，制动电阻吸收惯性转动产生的电动机发电能量，将电能转换为热能散逸到大气中去。制动电阻箱悬挂安装于车辆底架下方。风扇通过栅格过滤吸入空气，冷却制动电阻。绝缘板给不同电阻提供绝缘。热量显示盒和压力开关组成的热量监视系统用来控制制动电阻温度。制动电阻器结构如图1-12所示。

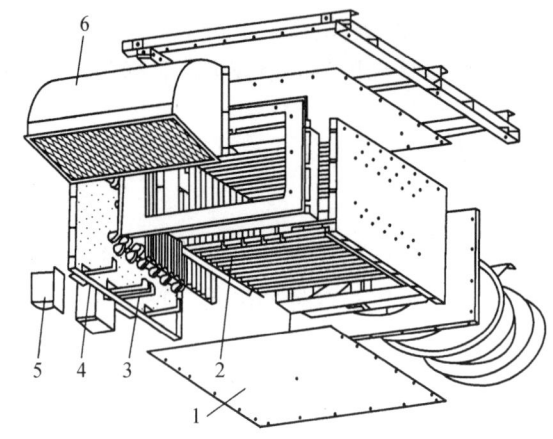

1—地面板；2—显示热量的电阻排；3—绝缘板；4—铜棒；
5—热量显示盒；6—风道。

图1-12 制动电阻器结构

制动电阻应有充分的容量，用来承受持续制动下100%的制动负载，直到制动力矩升到极限。带状电阻流过制动电流转换为热能，以发热的方式传递出去。根据这一原理，制动电阻除要求有良好的热容量、耐振动外，还要求能防腐蚀，在高温下不生成氧化层，并特别要注意在正常使用周期内不断裂。

制动电阻器的主要技术参数包括：

（1）电阻值20 ℃时的阻值与热态时的阻值。

（2）电阻材料材质及温度系数。

（3）功率等效持续功率与短时最大功率。

（4）最高工作温度一般为600 ℃左右。

（5）冷却方式多数采用强迫风冷，少数采用自然风冷（列车走行风）。

（6）保护形式过热、过电流、失风（若用强迫风冷）保护，IP等级（电阻箱外观保护等级）。

制动电阻器（某公司A型车，网压DC 1 500 V，4M2T编组）的主要技术参数如表1-5所示。

表 1-5　某制动电阻器的主要技术参数

20 ℃ 时的电阻值/Ω	2×3.0
热态电阻/Ω	2×3.5
材料	AISI310S（不锈钢）
短时功率/kW	2×750
等效持续功率/kW	2×220
冷却方法	强迫风冷
风量/(m³/s)	1.2
风压/Pa	300
风机功率	1.2 kW、AC 380 V、50 Hz
最高工作温度/℃	600（电阻带处）

（六）平波电抗器

平波电抗器是一个带铁芯的大电感。根据电感元件隔交通直的性质以及电路的楞次定律，在牵引电动机支路串联平波电抗器后，当脉动电流流过时，平波电抗器将产生自感电动势（ $e = L\dfrac{di}{dt}$ ）阻止电流的变化，因而可以起到减小、抚平电流脉动的作用。

电感 L_d 与整流 I_d 的关系为 $L_d = f(I_d)$。

试验表明，具有铁芯的电抗器可使 $I_d L_d$ 的乘积近似为常数，这样便使电流脉动系数近似不变，其特性曲线如图 1-13 中曲线 2 所示。图中表明，在小负载时，铁芯磁路不饱和，L_d 值较大；当负载增加时，随着铁芯磁路的饱和，L_d 值逐渐减小。

平波电抗器的电感值 L_d 取值越大，电流脉动程度就越小，这对牵引电动机的工作非常有利，但平波电抗器本身的尺寸和质量也必然增大。这不仅影响车辆设备的总体布置，而且整流电流的脉动越小波形越平直，变压器一次侧电流畸变越严重，其谐波分量也相应增加，对供电系统的影响和对通信的干扰就更大，因此，对平波电抗器的选择应有一个合适范围。通常是在一定的整流电压下，先规定好整流电流的脉动系数，然后计算出不同负载下对应的电感值，再选用合适的平波电抗器。

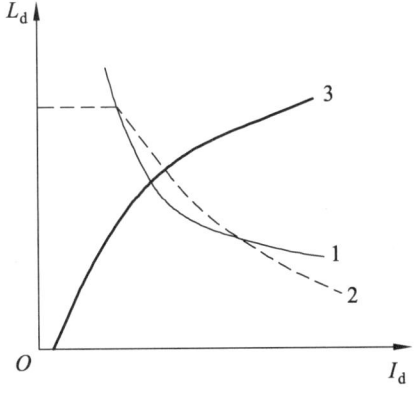

图 1-13　平波电抗器特性曲线

（七）浪涌电压吸收器（避雷器）

浪涌电压吸收器用于防止来自城市轨道交通车辆外部的过电压（如雷击等）对车辆电气设备的破坏。浪涌电压吸收与被保护物并联，当出现危及保护物绝缘板的过电压时放电，从而限制绝缘板上的过电压值，它的保护范围应与变电所过电压保护相配合。

1．结构原理

浪涌电压吸收器安装于 B 车车顶的受电弓侧。它包括一个火花间隙和一个非线性电阻，两部分装配于一个陶瓷壳内，用法兰盘密封。外壳用硅橡胶材料或其他抗紫外线、不分解的绝缘材料制成。

在正常电压下火花间隙处于不通状态，当出现大气过电压时，发生击穿放电。当过电压达到规定值的动作电压时，浪涌电压吸收器立即动作，切断过电压负荷，将过电压限制在一定水平，保护设备绝缘。当过电压终止后，浪涌电压吸收器迅速恢复不通状态，恢复正常工作。

击穿电压的幅值同击穿时间的关系曲线称为伏秒特性。显然，要可靠地保护用电设备，浪涌电压吸收器的伏秒特性应比被保护绝缘板的伏秒特性低，即在同一过电压作用下避雷器先击穿。

非线性电阻（氧化锌）是一种非线性电阻器，它的电阻值随电阻器两端的电压变化而变化，一般称为压敏电阻器，具有理想的伏安特性（相当于稳压二极管的反向特性）。它在正常工作状态下呈现高阻，流过的电流非常小，可视为绝缘体。当系统出现超过电压动作值的电压时，电阻呈现低阻，流过的电流急剧增大，此时电流的增大抑制了电压的上升，使浪涌电压吸收器的残压被限制在允许值内，并将冲击电流迅速泄入地下，从而保护了与其并联的设备，避免绝缘击穿。当电压恢复到正常工作范围时，电阻呈现高阻，避雷器又呈绝缘状态。

2．浪涌电压吸收器的主要技术参数

（1）额定冲击释放电流、冲击电流、持续释放电流、短路电流。
（2）阈值电压、冲击释放电压、直流放电电压。
（3）爬电距离、放电距离。
（4）特性曲线。

3．浪涌电压吸收器主要技术参数举例

某 A 型车，网压 DC 1 500 V 的浪涌电压吸收器的主要技术参数如表 1-6 所示。

表 1-6　浪涌电压吸收器的主要技术参数

标称电压/V	DC 1 500	短路电流/kA	20
最大电压/V	DC 2 000	阈值电压/kV	7.1
额定冲击释放电流/kA	10	爬电距离/mm	165
冲击电流/kA	100		

（八）接地装置

1．接地装置的功能

接地装置的主要作用是为主电路提供回流通路，使电流经轮对到达钢轨，构成 DC 1 500 V 完整的电路，同时防止电流通过轴承造成轴承内润滑油层的电腐蚀，以提高轴承的使用寿命。

2．接地装置的安装

接地装置安装于转向架的轮对轴端，A 车转向架第 2 轴的右侧和第 3 轴左侧轴端各安装一个;B车和C车转向架第1、3轴的左侧轴端各安装一个,在第2、4轴的右侧轴端各安装一个。

3．接地装置的外形与结构

城市轨道交通车辆接地装置主要由接触盘、电刷架、弹簧支撑组成,其外形及内部结构如图1-14所示。

图1-14 接地装置的外形及内部结构

二、控制电路电器

城市轨道交通车辆控制电路电器主要包括驾驶控制器装置、牵引控制系统电器和列车自动控制系统电器等。下面主要介绍驾驶控制器、速度传感器、继电器等电器。

(一)驾驶控制器

城市轨道交通车辆驾驶控制器为凸轮触点式控制器,其结构组成如图1-15所示,有主控制手柄、方式/方向手柄、主控器钥匙、转换开关组、凸轮组、警惕开关等。面板操作部分有主控制手柄、方式方向手柄、主控器钥匙。

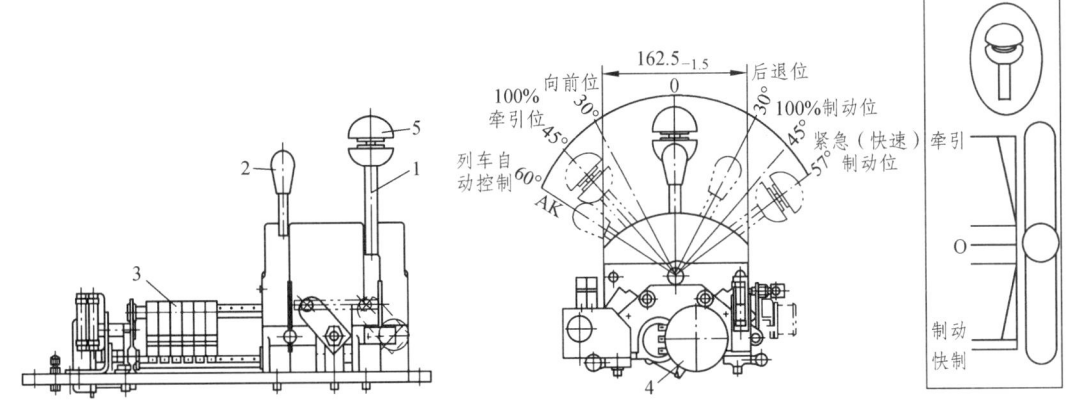

1—主控制手柄;2—方式/方向手柄;3—转换开关组;4—凸轮组;5—警惕开关。

图1-15 驾驶控制器机构

1．主控制手柄

主控制手柄有"0"位、"牵引"位、"制动"位、"紧急制动"位4个位置。

"0"位——机械零位。

"牵引"位——向前推动手柄（远离驾驶员）。牵引给定值可无级输入，最前端位置为"100%牵引位"。

"制动"位——向内拉动手柄（拉向驾驶员）。制动给定值可无级输入，在"100%制动位"有一阻滞，最里端位置为"紧急（快速）制动位"，快速制动位带有限位凹槽。

2．方式/方向手柄

方式/方向手柄用于选择驾驶方向。它有"向前""0""后退"3个位置。运行方向必须在车辆运行前选择，并且到下一站前停车保持有效。

"向前"位——通过系统操作或手动控制向前运行。在制动位上通过操作主控制手柄，可摆脱 ATC 的指令进行制动。

"0"位——没有驾驶模式时被激活。

"后退"位——人工倒车模式。

方式/方向手柄与主控制手柄间存在机械联锁。只有当主控制手柄在"0"位时，方式/方向手柄才能进行向前或向后位置转换。只有选择好方向，即方式/方向手柄在非"0"位时，主控制手柄才可进行牵引或制动操作。一旦方式/方向手柄在非允许情况下改变了方向手柄的位置，则系统自动启动紧急制动。

3．主控器钥匙

主控器钥匙用于激活驾驶台，位于驾驶控制器的右上角，有"0""1"2个位置。

"0"位——关闭位置，只能在此位置取出或插入钥匙。主控器钥匙置于"0"位时，主控器手柄和方式/方向手柄均被锁死，不能对其进行操作且都处于"0"位。

"1"位——激活驾驶台。驾驶员可进一步操作其他开关激活车辆。一旦主控制手柄和方式/方向手柄处于非"0"位，则主控器钥匙就会被锁死不能回"0"位。只有当主控制手柄和方式/方向手柄处于双"0"位时，主控器钥匙开关才能从"1"位移回"0"位。

4．警惕开关

警惕开关是位于主控制手柄上端的两个半圆头开关。正常工作时，驾驶员必须用大拇指将两个半圆合拢，只有停车时才放开。人工驾驶时只有按下警惕开关，操纵主控制手柄，列车才能起动。若松开警惕开关 3 s（在弹簧作用下两个半圆头分开），列车立即进入紧急制动状态。

5．电位器

在主控制手柄底部连接一电位器，当主控制手柄由"0"位移向"牵引"或"制动"位时，输出 0~20 mA 电流的驾驶员指令给控制电路。

（二）速度传感器

传感器是一种测量装置，它能感受相应的测量值，并按照一定规律转换成可用输出量（电量），以满足信息的传输、处理、储存、记录、显示和控制要求。

微电子技术和微处理技术的发展，使传感器出现了新的突破，从实时处理发展到信息储存、数据处理和控制。近年来，传感器在智能方面取得了较大的进展。随着轨道交通车辆的控制系统越来越复杂，自动化的程度也越来越高。为了满足控制系统的功能要求，需要检测有关部件、系统或整车的有关量，如温度、压力、应力、力矩、转速、加速度、风速、空气流量、真空度、振动以及噪声等。因此，传感器在城市轨道交通车辆上得到了广泛的应用。

速度传感器安装于车辆轮轴上，提供控制系统信号的选取、转换和传输。安装于城市轨道交通车辆上的速度传感器要求性能可靠、精度高、抗干扰性强。

上海地铁 1 号线电动车辆使用的速度传感器分为单信道速度传感器和双信道速度传感器两种，型号分别为 GID-E 和 GID5，它们在电动车辆上的布置如图 1-16 所示。

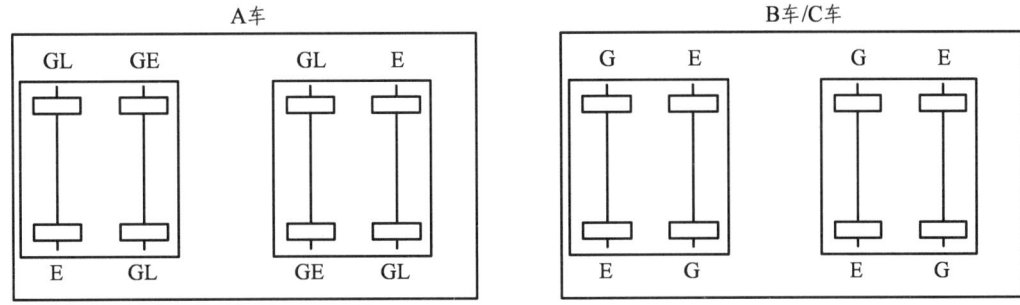

图 1-16　车辆速度传感器的布置

电动列车 A 车上速度传感器的分布情况为：每根轮轴装有一只单通道传感器，为空气制动的滑行保护系统提供速度信号。GE 为 ATC 系统速度传感器，GL 为防滑速度传感器。E 为接地装置。电动列车 B 车、C 车上速度传感器的分布情况为：每根轮轴装有一只双通道传感器、分别为牵引和电制动系统的空转与滑行保护系统及空气制动的滑行保护系统提供速度信号。E 为接地装置，G 为防空转防滑行速度传感器。

1．速度传感器的结构与工作原理

磁电式传感器主要用于城市轨道交通车辆的速度检测。速度传感器的原理如图 1-17 所示。磁电式传感器的基本原理是利用电磁感应原理，将输入机械位移转换成线圈中的感应电动势输出，它不需要外加电源。

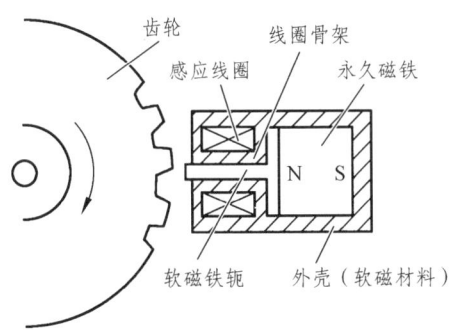

图 1-17　速度传感器原理

永久磁铁、感应线圈和外壳固定不动，齿轮安装在轮对轴端随轮轴一起旋转。当齿轮随轮轴旋转时，齿轮与软磁铁轭之间的气隙随之变化，从而导致气隙磁阻和穿过气隙的主磁通变化，在线圈中感应出电动势。设每转一圈传感器发出 110 个脉冲，其频率为

$$f = \frac{nN}{60} \tag{1-1}$$

式中　　n——转速，单位为 r/min；

　　　　N——齿数，$N = 110$。

脉冲速度信号经脉冲整形放大后输出整齐的矩形波信号，并将此信号送到计数器，将频率转换成转速。

速度传感器主要包括脉冲发生器、磁轮、密封件和外盖。速度传感器的磁轮使用螺钉固定在轴箱端盖上。带有电缆接线的脉冲发生器安装在速度传感器的盖上，脉冲发生器与磁轮之间存在小气隙，要求气隙范围为 0.4~1.4 mm。

2．速度传感器的技术参数

速度传感器的技术参数如表 1-7 所示。

表 1-7　速度传感器的技术参数

工作电压（U_g）	DC 12~20 V
信号输出电阻	1 kΩ
轴出电压	峰值 ≥ U_B - 2.5 V，低值 ≤ 0.6 V
负载电阻	≥ 2.2 kΩ
静态输出电压	7 V ± 1 V
额定工作电压	DC 15 V
频率范围	1 Hz~5 kHz
探头与磁轮间气隙	0.90 ×（1 ± 5%）mm
工作环境温度	-40~+80 ℃

（三）继电器

继电器是根据外界输入的信号来控制被控制电路的"通"与"断"。它主要用来反映各种控制信号，以改变电路的工作状态，实现既定的控制程序，达到预定的控制目的，同时提供一定的保护，如图 1-18 所示。它一般不直接控制电流较大的主电路，继电器具有结构简单、体积小、反应灵敏、工作可靠等特点，因而应用广泛。

继电器的种类很多，按用途分为控制继电器和保护继电器；按反映信号分为电压继电器、电流继电器、时间继电器、热继电器、温度继电器、速度继电器和压力继电器等；按动作原理分为电磁式、感应式、电动式和电子式等；按输出方式分为触头式和无触头式。

根据线圈中电流大小而动作的继电器称为电流继电器。使用时电流继电器的线圈与被测电路串联，用来反映电路电流的变化。为了使接入继电器线圈后不影响电路的正常工作，其线圈匝数少，导线粗，阻抗小。

电流继电器可分为过电流继电器和欠电流继电器。继电器中的电流高于整定值而动作的继电器称为过电流继电器，常用于电路的过载及短路保护；低于整定值而动作的继电器称为欠电流继电器，常用于直流电动机磁场控制及失磁保护。

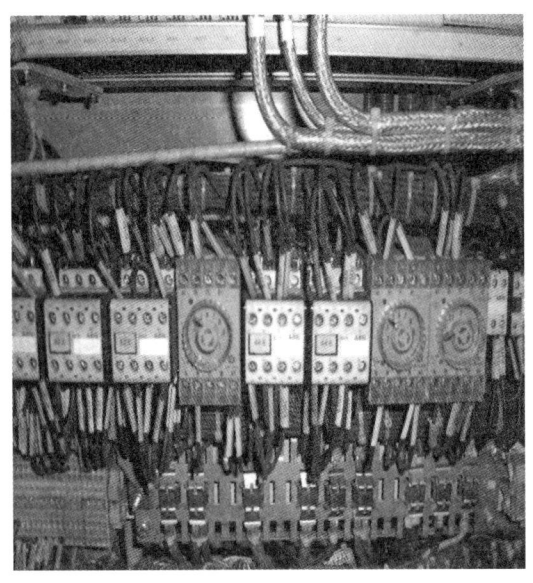

图 1-18 电气设备柜中的继电器

1. 继电器的结构原理

以电磁式继电器为例,城市轨道交通车辆上应用的电流继电器、中间继电器和电压继电器均属于电磁式继电器。

电磁式继电器的电磁机构就是测量机构,当输入量达到其动作参数要求时,就将转变为衔铁的吸合动作。它的触点是执行结构,当输入量达到动作参数要求时,它由原来的开断状态转变成闭合状态,并接通被其控制的电路,从而得到一个输出电压。

继电器的输入量与输出量的关系称为继电器的输出——输入特性。当输入量由零增加到一定值(动作参数)时,衔铁被吸合,使触点闭合,接通被控电路,在输出端有电压输出,即输出量由零跃变到最大值。衔铁吸合后,如果将输入量减小到一定值(释放参数),反作用力大于电磁吸力,衔铁释放,触头断开,被控电路也断开,输出量由最大值下降到零。当输入量继续减小时,输出量维持为零值。通常动作参数远大于释放参数。继电器输入量的释放参数与动作参数之比称为返回系数 K。

继电器的触点接在控制电路中,通过电流较小(一般在 20 A 以下)。其结构多采用板式和桥式的点接触银质触头。如果双断点桥式银质触头焊在弹簧片(磷铜片)上,则弹簧片既作为传导电流的触头支架,又产生触点压力,但主要由圆柱螺旋弹簧产生触点压力。触点是继电器的执行机构,其工作必须可靠。对继电器触点的主要要求是:耐振动和冲击,不产生误动作;触点接触电阻要小,以便接触可靠;耐机械磨损和电磨损,抗熔焊;使用寿命长等。

2. 继电器的主要技术参数

继电器的主要技术参数有:

(1)额定工作电压:是指继电器正常工作时线圈所需要的电压。根据继电器的型号不同可以是交流电压,也可以是直流电压。

(2)直流电阻:是指继电器中线圈的直流电阻,可以通过万用表测量。

(3)吸合电流:是指继电器能够产生吸合动作的最小电流。在正常使用时,给定的电流必须略大于吸合电流,这样继电器才能稳定地工作。而对于线圈所加的工作电压,一般不要超过额定工作电压的 1.5 倍,否则会产生较大的电流而把线圈烧毁。

(4)释放电流:是指继电器产生释放动作的最大电流。当继电器吸合状态的电流减小到一定程度时,继电器就会恢复到未通电的释放状态,这时的电流远远小于吸合电流。

(5)触点切换电压和电流:是指继电器允许加载的电压和电流。它决定了继电器能控制电压和电流的大小,使用时不能超过此值,否则很容易损坏继电器的触点。

3. 继电器举例

上海地铁 1 号线车辆主要使用 SH 系列继电器,如表 1-8 所示。

表 1-8 SH 系列继电器

型号	线圈电压	触点分配
SH04.22E	DC 110 V	二常开、二常闭
SH04.40E	DC 110 V	四常开
SH8.44E	DC 110 V	四常开、四常闭
SH8.62E	DC 110 V	六常开、二常闭
SH8.80E	DC 110 V	八常开
SH8.53E	DC 110 V	五常开、三常闭

三、辅助电路电器

城市轨道交通车辆辅助电路电器主要包括空气压缩机装置、照明装置和空调等。这里主要介绍空调装置。

城市轨道交通列车的每个单元,即 A、B 和 C 车车顶上都安装了两个相同的空调装置(A/C)。空调系统的作用就是确保车内有舒适的环境温度和湿度,即使室外的温度和湿度很高时,空调装置也能够给乘客提供充足的新鲜空气。城市轨道交通车辆空调装置一般不能用来取暖。

空调装置把空气吸入安装在车顶板上部的风道里,空气在风道里按整车长度均匀分配并通过安装在车顶上的空气隔栅吹入客室。A 车除了有客室通风系统外,还安装了单独的驾驶室通风单元。驾驶室通风单元与风道系统相连,由人工控制。

新鲜空气通过 4 个横向的隔栅(新风入口)进入 A/C 单元(空调控制单元),与从客室来的循环空气混合。循环空气通过空调单元端部的返回入风口进入空调。混合空气经处理后经空气分配风道强迫进入客室,如图 1-19 所示。

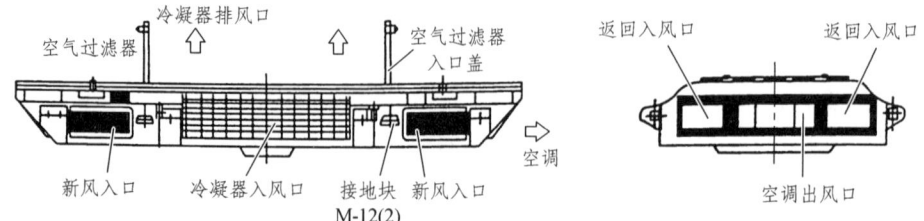

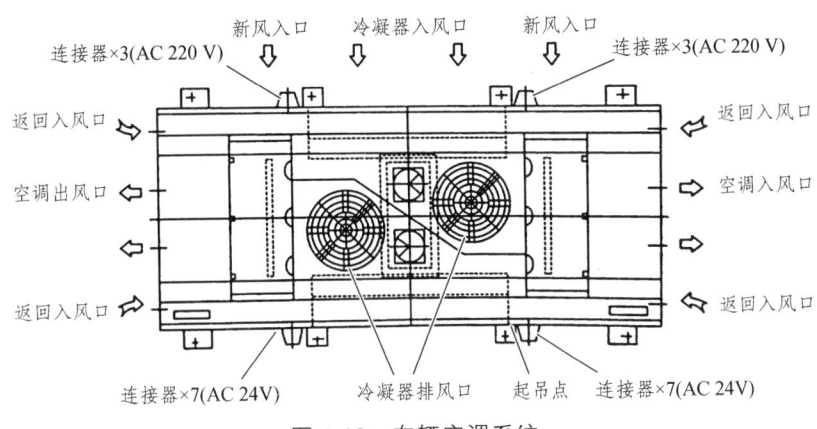

图 1-19 车辆空调系统

1．空调系统的结构组成

空调系统的结构主要包括 2 个冷凝盘管、2 个轴流风扇电动机（即室外热交换机），它们的作用是将室外风机吸入的新鲜空气经过盘管实现内部制冷剂的冷凝；2 个涡旋式压缩机，其作用是吸入低温的制冷剂，将其压缩为高温高压的制冷剂后送出；2 个干燥过滤器用以吸收制冷剂中的水分，同时过滤制冷剂中的杂质，避免制冷系统出现脏堵现象；1 套蒸发器（包括 1 个带有 2 个热力膨胀阀的蒸发器盘管、1 套风扇及其驱动电动机、1 个压力开关、1 个供风温度传感器和 1 个空气过滤器），其作用是将制冷剂与混合空气进行热交换；1 个基于微处理器的温度控制器，控制板通过数字输入/输出和 MVB 总线（多功能车辆总线）与车辆信息系统连接，用来报告故障、启动命令、启动授权和自检测结果。

2．空调系统的运行模式

空调系统的运行模式有通风（无制冷）、预制冷（只有循环空气）、制冷（一般新鲜空气模式）、制冷（减少新鲜空气模式）、紧急通风（只有新鲜空气）、试验模式等。通常的运行模式有通风、一般新鲜空气模式制冷和减少新鲜空气模式制冷三种，根据车内温度由温控器自动选择。当空调系统启动时，预制冷模式自动启动，一直保持到发出驾驶指令，在这期间没有新风被送入客室。此时如果车内有乘客，空气中的 CO_2 含量将增加，这会影响乘客的舒适度。当驾驶指令发出时，控制器根据客室温度开始制冷。

制冷模式是将来自客室的循环空气和吸入的新鲜空气混合后，通过相应的空气调节风门进入蒸发器模块，被风扇强迫吹过蒸发器盘管。利用制冷剂使空气热量被翅片吸收，温度下降后，将冷却空气送入客室。

试验模式可以在每辆车的控制板上选择。空调系统一旦启动，就开始系列试验，检查空调系统是否正常工作。

紧急通风模式是在车载供电系统故障时（例如车载 AC 380 V 供电系统故障，空调无法使用），为了保持向客室内提供新鲜空气，将地板下的一个静止逆变器启动，由蓄电池供电，供风风扇工作，同时关闭循环空气盖，只允许外部空气供向车内。

如果空调单元的热过载而引起车内温度超出设定值，则要关闭部分空气调节风门以减少外部空气的供应量。

第三节　城市轨道交通车辆运行工况与受力分析

一、城市轨道交通车辆动轮与钢轨的相互作用

目前，城市轨道交通车辆运行采用的技术有轮轨技术和直线技术。绝大多数城市轨道交通车辆属于轮轨式，即运行工况依赖于车轮和钢轨的相互作用力。

在轮轨式城市轨道交通车辆中，牵引动力由牵引电动机通过传动机构传递给动车的动力轮对（动轮），由车轮和钢轨的相互作用产生使车辆运动的反作用力。

根据物理学中摩擦的概念，轮轨之间的切向作用力就是静摩擦力。最大静摩擦力是钢轨对车轮的反作用力的法向分力与静摩擦因数的乘积。但实际上，动轮与钢轨间切向作用力的最大值比物理学上的最大静摩擦力要小一些，情况也更复杂一些。在分析车辆的轮轨相互作用时，引入了两个十分重要的概念——"黏着"和"蠕滑"。

1．黏着

图 1-20 所示为动车以速度 v 在平直线路上运行时一个动轮对的受力情况（忽略内部各种摩擦阻力）。为了更清楚地表示，图中将接触的动轮与钢轨稍分开画出。

P_i 为一个动轮对作用在钢轨上的正压力，又称为轮对的轴重（也称为垂直载荷）。牵引电动机作用在动轮上的驱动转矩 M_i，可以用一对力形成的力偶代替。力 F_i' 和 F_i 分别作用在轮轴中心的 O 点和轮轨接触处的 O' 点，其大小为 $F_i = F_i' = M_i/R_i$，R_i 为动轮半径。

在正压力 P_i 的作用下，动轮和钢轨的接触部分紧压在一起。切向力 F_i 使动轮上的 O' 点具有向左运动的趋势，并通过 O' 点作用在钢轨上。f_i' 表示动轮作用在钢轨上的力，其值 $f_i' = F_i$，由于轮轨接触处存在着摩擦，动轮上 O' 点向左运动的趋势将引起向右的静摩擦力 f_i，即钢轨对动轮的反作用力，其值 $f_i = f_i'$，f_i 称为轮周牵引力。因此，车轮上的 O' 点受到两个方向相反的力 F_i 和 f_i 的作用，而且

$$f_i = F_i \tag{1-2}$$

所以，O' 点保持相对静止，轮轨之间没有相对滑动，在力 F_i' 的作用下，动轮对做纯滚动运动。

这种由于正压力（垂直载荷）而保持动轮与钢轨接触处相对静止的现象在轨道牵引制动理论中称为"黏着"。相应地，在黏着状态下轮轨间纵向水平作用力的最大值 f_{max} 就称为黏着力。黏着力 f_{max} 与轮轨间垂直载荷之比称为黏着系数，用 μ 表示，即

$$f_{max} = \mu P_i \tag{1-3}$$

轮轨间的黏着与静力学中静摩擦的物理性质十分相似，但比物理上的"最大静摩力"要小得多。式（1-3）表明，在轴重一定的条件下，黏着力可以由轮轨间黏着系数决定，因此，为了便于实际应用，假定轮轨间垂直载荷在运行中间固定不变，即黏着力的变化完全是由于黏着系数的变化而引起的。这样，黏着力与运行状态的关系被简化成黏着系数与运行状态的关系。

仍以图 1-20 为例进行分析，当切向力 F_i 增大时，静摩擦力 f_i 随之增大，并保持与 F_i 大小相等。当切向力 F_i 增大到某一数值时，静摩擦力 f_i 达到最大值。当轮轨间一旦出现切向力 F_i 大于黏着力，动轮上的 O' 将向左移动，轮轨间出现相对滑动，黏着状态被破坏。动轮与钢轨的相对运动由纯滚动变为既有滚动也有滑动。此时钢轨对动轮的反作用力由静摩擦力变为滑动摩擦力，其值迅速减小，并使轮的转速上升。这种因驱动转矩过大，轮轨间的纵向水平作用力超过了维持静摩擦的极限值——最大静摩擦力，使轮轨接触点发生了相对滑动的现象，称为"空转"。空转时，轮轨间只能依靠滑动摩擦力传递切向力，传递切向力的能力大大减弱，即牵引力反而大大降低，同时造成动轮踏面和轨面的剧烈磨耗。如果在列车起动时发生动车动轮"空转"，列车没能起动而驾驶员又没有及时采取措施减小动轮

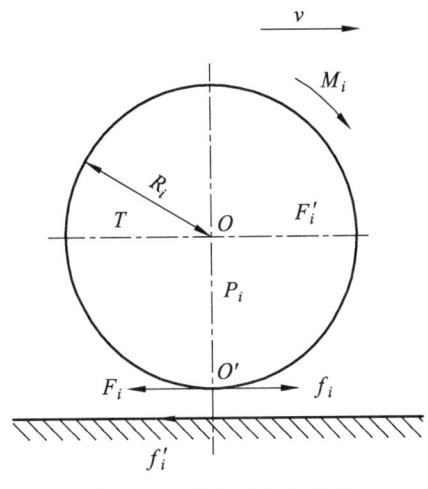

图 1-20 动轮对受力分析

受到的力矩，甚至可能发生把钢轨的轨头磨掉，动轮陷入钢轨凹下的深坑内的严重事故。因此，牵引运行应尽量防止出现动轮的空转。

黏着系数是由轮轨间的物理状态确定的。加大每轴的正压力，即轴重，可以提高每轴牵引力，但轴重受到钢轨、路基、桥梁等限制。动力分散型的城市轨道交通车辆，动轴数较多，很容易达到整列车所需的牵引力因而轴重较小，这对保护轮轨的正常作用是有利的。

2. 蠕滑

分析牵引工况轮轨接触处的弹性变形（见图 1-21），可以进一步深化对黏着的认识。

在动轮正压力的作用下，轮轨接触处产生弹性变形，形成椭圆形的接触面。从微观上看，两接触面是粗糙不平的。由于切向力的作用，动轮在钢轨上滚动时，车轮和钢轨的粗糙接触面产生新弹性变形，接触面间出现微量滑动，即"蠕滑"。

蠕滑的产生是由于在车轮接触面的前部产生压缩，后部产生拉伸；而在钢轨接触面的前部产生拉伸，后部产生压缩。车轮上被压缩的金属，在接触表面的前部与钢轨被拉伸的金属相接触。随着动轮的滚动，车轮上原来被压缩的金属陆续放松，并被拉伸，而钢轨上原来被拉伸的金属陆续被压缩，因而在接触面的后部出现滑动。

轮轨接触面存在两种不同区域：滚动区和滑动区。接触面的前部，轮轨间没有相对滑动，称为滚动区，在图 1-21 中用阴影线表示；接触面的后部轮轨间有相对滑动，称为滑动区。这两个区域的大小随切向力的变化而变化。当切向力增大时，滑动区面积增大，滚动区面积减小。当切向力增大超过一定程度时，滚动区面积为零，整个接触面间出现相对滑动，轮轨间的黏着被破坏，即出现空转。

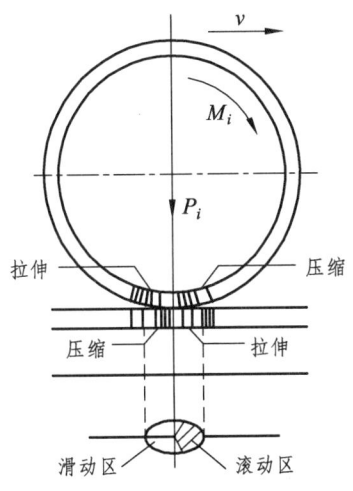

图 1-21 牵引工况轮轨接触处的弹性变形

蠕滑是滚动体的正常滑动。动轮在滚动过程中必然会产生蠕滑现象。伴随着蠕滑产生静

摩擦力,轮轨之间才能传递切向力。由于蠕滑的存在,牵引时动轮的滚动圆周速度将比其前进速度快。这两种速度的差称为蠕滑速度,蠕滑的大小用蠕滑率 σ 表示,即

$$\sigma = \frac{\omega R_i - v}{v} \tag{1-4}$$

式中　　v——动轮的前进速度;

　　　　ω——动轮转动的角速度。

轮轨间由于摩擦产生的切向力反过来作用于驱动机构,随着切向力的增大,驱动机构内的弹性应力也增大。当切向力达到极限时,由于蠕滑的积累波及整个接触面,发展为真滑动。积累的能量使车轮本身加速,这时驱动机构内的弹性应力被解除。由于车轮的惯性和驱动机构的弹性,在轮轨间出现"滑动黏着→再滑动再黏着"的反复振荡过程,一直持续到重新在驱动机构中建立起稳定的弹性应力为止。

3. 黏着系数

黏着系数是一个由多种因素决定的变量。黏着系数与轮荷重、线路刚度、传动装置、走行部结构、车轮与钢轨的材质及表面状态、车速等因素有关。例如,在钢轨上撒上一层细石英砂,黏着系数高达 0.6,而一般钢轨黏着系数在 0.3~0.5 间变化。若钢轨面有一层薄油膜,则黏着系数下降,甚至可降到 0.15 以下。若轮荷重不同,轮轨接触面的变形也不同,黏着系数也会随之变化。黏着系数作为物理值具有随机性,变化范围很大,且影响因素很多,所以很难准确计算,一般都是依据经验或试验数据确定。由经验公式计算求得的黏着系数称为计算黏着系数,用 μ_j 表示。

欧洲铁路　　$\mu_j = \dfrac{7.5}{v+44} + 0.161$ \hfill (1-5)

我国轨道　　$\mu_j = 0.25 + \dfrac{8}{100+20v}$ \hfill (1-6)

例如,将 $v=80$ km/h 代入式(1-5)中,得到 $\mu_j \approx 0.22$,再代入式(1-6)中,得到 $\mu_j \approx 0.25$。

计算黏着系数在正常条件下不需要撒砂就能实现,在恶劣条件下,通过撒砂也能基本实现。但列车在曲线上运行时,由于钢轨超高及内外侧动轮走行距离不同引起的横向和纵向滑动等原因,黏着系数将减小(即黏降)。当曲线半径 $R<600$ m 时,黏着系数可以用计算进行修正。

随着电力技术的发展,牵引功率越来越大,牵引力和制动力都逐渐增大,轮轨间的黏着已成为限制增大牵引力和制动力的关键问题。

4. 影响黏着系数的主要因素

(1) 动轮踏面与钢轨表面状态。干燥清洁的动轮踏面与钢轨表面黏着系数高;冰霜、雪等天气的冷凝作用或小雨使轨面轻微潮湿时轨面黏着系数降低;大雨冲刷、雨后生成薄锈使黏着系数增大;油垢使黏着系数减小;在钢轨上撒砂则能较大幅度地提高黏着系数。

(2) 线路质量。钢轨越软或道砟的下沉量越大,黏着系数越小;钢轨不平或直线地段两侧钢轨顶部不在同一水平高度,动轮所处位置的轨面状态不同都会使黏着系数减小。

(3) 车辆运行速度和状态。车辆运行速度的提高,加剧了动轮对钢轨纵向和横向滑动及

车辆振动，使黏着系数减小。特别是在轮轨表面被水污染的情况下，黏着系数随速度增大反而急剧下降。

车辆运行中由于各种因素导致轴重转移，也影响着黏着系数。车辆驶过弯道、上坡道时，造成车辆车轮内侧（前端）增载，外侧（后端）减载，造成黏着系数大幅度减小，曲线半径越小，黏着系数减小得越多。

车辆的运行工况对黏着系数也有影响，牵引时的黏着系数比制动时要大一些。

（4）动车有关部件的状态，包括：

① 各动轴上牵引电动机的特性不完全相同，在同一运行速度下产生牵引力大的轮对将首先发生空转。

② 各个动轮的直径不同，直径小的动轮发出的牵引力大，容易首先发生空转。

③ 各个动轮的动负荷不同，运行中动负荷轻的动轮将首先空转。

空转必然导致动车的黏着系数减小。

5．改善黏着的方法和提高黏着系数的措施

（1）改善黏着的方法。改善黏着的方法有两大类：一是修正轮轨表面接触条件，即改善轮轨表面不清洁状态；二是设法改善轨道车辆的悬架系统，以减轻轮对减载带来的不利影响。

（2）提高黏着系数的措施。提高黏着系数的措施有很多，如减少轴重转移、减少簧下质量、轮对在构架内的定位刚度不过大、在钢轨上撒砂、牵引电动机无级调速，以及用机械或化学等方法清洗、打磨钢轨，改进闸瓦材料（如用增黏闸瓦），改善车辆悬架以减小轴重转移等。例如，广州地铁采用电动机无级控制，使牵引电动机负载能自动地随黏着的变化进行调整。

6．黏着定律

仍以图1-19为例进行说明。当力F_i增大时，反作用力f_i同样随之增大，这时动轮上的O'点与钢轨上的O'点没有相对滑动，即$v_0 = 0$。车轮与钢轨间黏着力的极限值F_{max}接近于轮轨间的静摩擦力，即

$$F_{max} = 1\,000\mu_{max}P_i \tag{1-7}$$

式中　F_{max}——由轮轨间的黏着条件决定的黏着力，单位为N；

　　　μ_{max}——最大黏着系数；

　　　P_i——动轮荷重，单位为kN。

当驾驶员操纵主控制手柄向前推时，动轮作用力F_i逐渐增大，钢轨反作用力f_i从f_{i1}增大到f_{i2}，因轮轨间无相对滑动，车轮仍正常向前滚动。当F_i增大超过黏着力的极限值时，轮轨间的黏着被破坏，动轮因无足够的水平支承力就不能在钢轨上滚动，而开始在钢轨上滑动，造成动轮空转。这时，钢轨对车轮的反作用力f_i（牵引力）也因由静摩擦力变为动摩擦力而急剧下降。随着轮轨间相对滑动速度的增加，动摩擦因数越来越小，黏着力的下降更为严重。结果动轮以轴为中心加速空转，车轮空转易造成传动装置和走行部分的损坏，并使轨与轮的接触而擦伤。

综上所述，列车牵引力最大值在任何时候都不得超过车辆各动轮与钢轨间黏着力的最大值的总和。这原理称为黏着定律，可表示为

$$F_{\max} \leqslant 1\,000\mu_{\max}P_\mu \tag{1-8}$$

式中　$F_{\max}$——机车动轮最大轮周牵引力；

　　　P_μ——黏着重量，$P_\mu = nP_i$，n 为动轮数量。

实际上，当列车产生牵引力时，各轴的轴重会发生变化，有的增载，有的减载，这称为牵引力作用下的轴重转移，又称为轴重再分配。轴重是指列车在静止状态时每个轮对施加于钢轨的重量。轴重转移将严重影响列车黏着重量的利用，限制动车车辆牵引力的发挥，影响电客列车走行部分及传动机构的强度。轴重转移在某些情况下可以达到轴重的20%或更高，牵引力越大，轴重转移越大。例如，列车起动及爬坡时，牵引力增大，轴重转移增大，随着列车功率增大，单位功率重量减小，黏着重量的利用问题就更为突出了。

二、城市轨道交通车辆运行受力分析

城市轨道交通电动列车运行中若只考虑列车沿轨道前进方向的作用力，则直接影响其运行的力有三种，即牵引力、运行阻力和制动力。列车纵向受力示意图如图1-22所示。这三个力作用于列车，并影响列车运行。因此列车的运行分为三种工况：

牵引：作用在列车上的力有列车牵引力 F_K 和列车运行阻力 W，其合力为 $F_K - W$，列车起动加速。

惰行：作用在列车上的力只有列车运行阻力 W，其合力为 $-W$，列车惯性运行。

制动：作用在列车上的力有列车制动力 B 和列车运行阻力 W，其合力为 $-(B+W)$，列车减速。

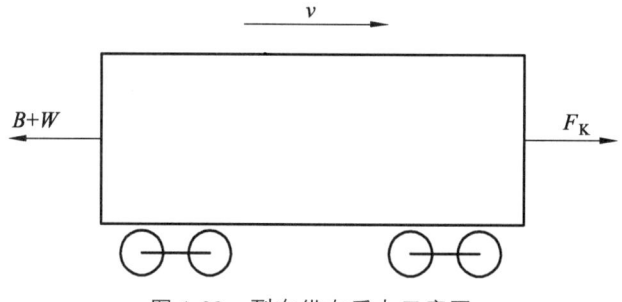

图1-22　列车纵向受力示意图

1. 牵引力 F_K

列车牵引力是由传动装置引起的与列车运行方向相同的外力，是使列车产生运动和加速的力。牵引力受两个因素影响，一是牵引装置传给轮对的转矩，它与牵引电动机的速度特性和牵引特性有关；二是动轮与钢轨的相互作用，主要是轮轨间的黏着系数以及动轮的荷重。当牵引电动机选定后，轮轨间的黏着就成为影响牵引力的关键因素。

（1）牵引力的形成。牵引电动机的输出转矩通过电动机轴、传动装置（联轴器、齿轮箱），使车辆动轮获得转矩 M。假设将车辆悬空，则转矩就是内力矩，只能使车轮发生旋转运动，

而不能使车辆发生平移运动。但当车辆置于钢轨上使车轮和钢轨成为有压力的接触时，就产生了车轮作用于钢轨的可以控制的力 F，而 F 所引起的钢轨反作用于车轮的反作用力 F_K 就是使列车产生平移运动的外力（见图 1-23）。这种由钢轨沿列车运行方向加于动轮轮周上的切向外力 F_K 就是列车的轮周牵引力，简称为列车牵引力。

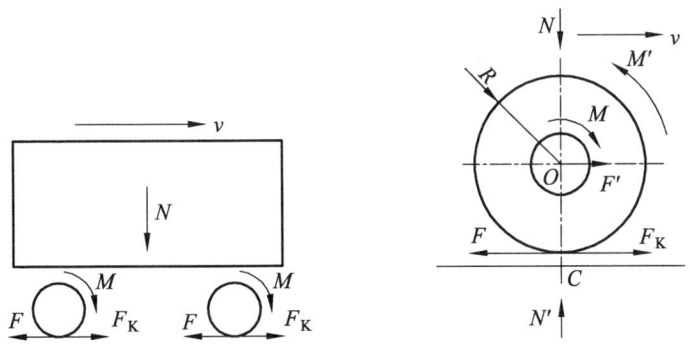

图 1-23　牵引力的形成

（2）城市轨道交通车辆速度的形成。在列车牵引工况下，电动机输出轴上的转矩通过传动装置传递到小齿轮上。设小齿轮按逆时针方向转动产生 M'，小齿轮驱动轴上的大齿轮，使动轮产生顺时针方向的力矩 M。而此力矩可用一对力偶（F，F，F'）来代替，该力偶的力臂为 R，即 $F' = F = M/R$，其作用点分别在 O 点和 C 点上。在轮轨接触良好无滑动的情况下，作用在 C 点的力 F 全部传给钢轨，即轮对对钢轨的作用力。因钢轨静止，钢轨随即给轮对一个与力 F 大小相等、方向相反的反作用力 F_K，使车轮以轮轨接触点为连续瞬时转动中心向右滚动，从而使车辆向右作平移运动。这个反作用力 F_K 就是使机车前进的唯一外力——列车牵引力。城市轨道交通车辆力的传递过程如图 1-24 所示。

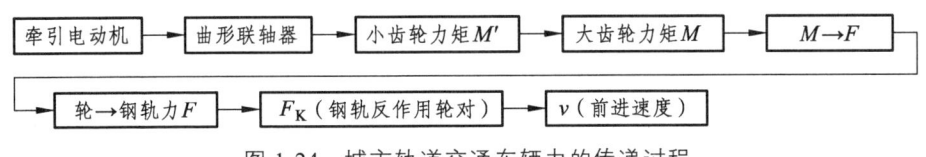

图 1-24　城市轨道交通车辆力的传递过程

2．运行阻力 W

列车运行阻力是列车运行中由于各种原因自然发生的与列车运行方向相反的外力。它可阻止列车发生运动或使列车自然减速，驾驶员无法控制阻力。

阻力根据引起的原因可分为基本阻力和附加阻力。列车运行阻力随所处环境的不同而变化，也与车辆结构设计、保养质量有关。

（1）基本阻力。基本阻力在列车运行中总是存在的。列车在平直轨道上运行时一般只有基本阻力。产生基本阻力的主要因素有：

① 滚动轴承及车辆各摩擦处之间的摩擦。
② 车轮与钢轨间的滚动摩擦和滑动摩擦。
③ 冲击和振动引起的阻力。
④ 空气阻力。

基本阻力各因素对列车运行阻力的影响程度与运行速度有关。如低速时，轴承、轮轨等摩擦的影响大，空气阻力的影响小；高速时，空气阻力占主导地位，而摩擦的影响就不大。对于地铁车辆而言，车辆主要在隧道中运行，由于车辆与隧道的横截面之比很小，在车辆与隧道的间隙中存在着强烈的气流摩擦和车辆前后的空气压力差，使空气阻力成为车辆的主要运行阻力，而且列车运行速度越高，基本阻力越大，因此城轨车辆在外形结构上进行了专门设计以减少空气阻力。例如，地铁车辆在 A 车（见图 1-5）前端下部设计扰流板的目的就是减少运行时的空气阻力,高速列车把外形设计成流线型也是为了减少高速时很大的气流阻力。

影响阻力的因素极为复杂，变化也很大，很难进行理论推算，所以一般采用理论和试验相结合的方式，求出试验公式。在车辆单位重量下车辆的基本阻力公式为

$$W = a + bv + cv^2 \ (\text{N/t}) \tag{1-9}$$

由式（1-9）可以看出，基本阻力与列车速度是二次函数的关系，式中 a、b、c 均为试验数据。例如，广州地铁 1 号线列车的基本阻力计算公式为

$$W = 27 + 0.004\ 2v^2 \ (\text{N/t})。$$

（2）附加阻力。它包括列车上坡、经过曲线、起动等发生在特定的情况下的阻力。

① 坡道阻力 W_i。列车进入坡道后，由列车重力产生的沿坡道斜面的分力称为坡道阻力。

② 曲线阻力。列车通过曲线轨道时增加的阻力就是曲线阻力。引起曲线阻力的原因有：车轮对于钢轨的横向及纵向滑动，轮缘与外轨头内侧的摩擦，滚柱轴承的轴端摩擦，中心销及中心销座因转向架的回转而发生的摩擦。曲线阻力与许多因素有关，如曲线半径、运行速度、外轨超高、车重、轴距、踏面的磨耗程度等。

③ 起动阻力。起动阻力对城市轨道交通车辆而言，因其起动性能好，故影响不大。

3．制动力 B

制动力是由制动装置引起的与列车运行方向相反的外力。其作用是使列车产生较大的减速度或制动列车或防溜。驾驶员可以控制制动力。

（1）制动力的形成。制动俗称刹车，制动性能的好坏在很大程度上限制了车辆的载重和列车的运行速度。地铁车辆有两套制动系统，即电气制动和空气制动，以电气制动为主，停车和紧急制动时采用空气制动（也称为摩擦制动）。

摩擦制动和电气制动都是通过轮轨黏着产生制动力的。下面以闸瓦制动为例，说明通过轮轨黏着产生制动力的过程。图 1-25 所示为闸瓦制动力的形成。

设一个轮对上有两块闸瓦，在忽略其他各种摩擦阻力的情况下，轮对在无外力的平直轨道上滚动惰行。

若每块闸瓦以力 K 压向车轮踏面，闸瓦与踏面间会引起与车轮转动方向相反的滑动摩擦力 $2K\varphi_k R_i$（φ_k 为动轮与闸瓦间的滑动摩擦因数），对于列车来说，此摩擦力是内力，不能使列车减速。此时制动转矩 M_b 为

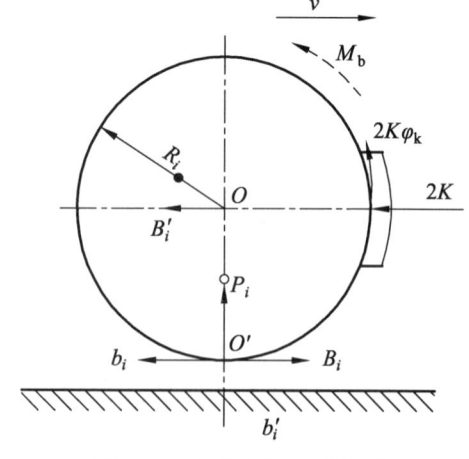

图 1-25 闸瓦制动力的形成

$$M_b = 2K\varphi_k R_i \tag{1-10}$$

应用类似牵引力形成的分析方法，转矩 M_b 可以用轴心和轮轨接触处的力偶（B_i，B_i'）代替。力偶的力臂为车轮 R_i，作用力 $B_i = B_i' = M_b/R_i = 2K\varphi_k$ 轮轨接触处因轮对的正压力 P_i 而存在黏着，切向力 B_i 将引起钢轨对车轮的静摩擦反作用力 b_i，$b_i = B_i = 2K\varphi_k$。b_i 作用在车轮踏面的 O' 点，方向与列车运行方向相反，是阻止列车运行的外力，称为制动力。制动力 b_i 也是轮轨间的黏着力，因而也受到黏着条件的限制，即

$$b_i \leqslant P_i u_b \tag{1-11}$$

式中　P_i——动车或拖车轮对的轴重；
　　　U_b——制动时轮轨间的黏着系数。

整个列车总的闸瓦制动力为所有轮对闸瓦制动力之和，即

$$B = \sum b_i \tag{1-12}$$

由以上分析可知，制动力的调节可以通过改变闸瓦压力来进行，但不得大于黏着条件所允许的最大值，否则车轮会被闸瓦"抱死"，使车轮与钢轨间产生相对滑动。此时车轮的制动力将变为滑动摩擦力，这种现象称为"滑行"。滑行时制动力大为降低，制动距离增加，还会擦伤车轮与钢轨的接触面，因此应尽量避免。

电气制动与摩擦制动的不同只是制动转矩由电动机产生，而制动力都是通过轮轨黏着产生的，同样应避免出现"滑行"。

（2）制动力与闸瓦系数。闸瓦与车轮间的摩擦因数 φ_k 与闸瓦材质、列车速度、闸瓦压力、闸瓦温度及状态有关。一般来说，闸瓦制动力 B 与速度成反比，速度越低，制动力越大。在一定的闸瓦压力 K 下，制动力的大小取决于闸瓦与车轮间的摩擦因数的值。从制动开始到停车，φ_k 不断变化。列车运行时，增大制动力可缩短制动距离并提高行车的安全性。但是并不是制动力越大，制动效果越好。制动力也和牵引力一样，必须遵守黏着定律，否则当制动力大于轮轨间的黏着力时，就像牵引力出现"空转"一样，也会发生轮轨间的"滑行"。列车一旦滑行，首先是制动力下降，其次会发生轮对踏面及轨面的擦伤。这就要求驾驶员在驾驶列车时（尤其是天气不好时，轮轨黏着状态不良），要特别加以注意。

为了保证正常制动，制动力必须不超过黏着力，即

$$\sum k\varphi_k \leqslant \varphi_k n \cdot 2G \tag{1-13}$$

式中　φ_k——闸瓦与车轮间的摩擦因数；
　　　n——每个轮对的闸瓦数；
　　　$2G$——轴荷重。

为了提高列车运行的可靠性，城市轨道交通列车上设有空气制动防空转/滑行保护装置，当某轴制动力过大，轮轨间发生滑动时，电子控制单元控制防滑阀将关闭压缩空气通路，开启制动缸通向大气的通路，进行排风缓解，然后再重新恢复正常制动。这样使车辆在黏着不利的情况下，尽快恢复制动作用，防止轮对踏面和钢轨造成擦伤。

 **思考题**

1. 简述城市轨道交通车辆电气控制系统的组成。
2. 以 A 型车为例，列表说明城市轨道交通车辆电气设备布置。
3. 分析线路滤波器在城市轨道交通车辆控制系统中的作用。
4. 分析高速断路器的结构组成和工作原理。
5. 说明受流器的种类和作用。
6. 区分接触器和继电器的相同点和不同点。
7. 牵引电器一般分为哪三大部分？
8. 请详细说明受电弓受流性能的基本要求。
9. 衡量 HSCB 性能的主要指标有哪两个？
10. 继电器的主要技术参数有哪些？
11. 列车牵引力是由传动装置引起的与列车运行方向相同的外力，是使列车产生运动和加速的力，牵引力受哪两个因素影响？
12. 解释黏着和蠕滑的概念。
13. 分析城市轨道交通车辆的运行工况，画出不同工况下城市轨道交通车辆的受力分析图。
14. 区分牵引力和制动力的形成原因。
15. 说明空转/滑行产生的原因，及其在城市轨道交通车辆上的防范措施。

第二章 城市轨道交通车辆牵引传动系统

在城市轨道交通车辆中，用电动机驱动实现车辆牵引的传动控制方式，称为电力牵引控制。它是以牵引电动机作为控制对象，通过控制系统对电动机的速度和牵引力进行调节，满足车辆牵引性能的要求。牵引电机有直流电机、直线电机、交流异步电机以及永磁同步电机，交流异步电机中的三相鼠笼式异步电机是目前应用最广泛的城市轨道车辆牵引电机。按照牵引电机的种类不同，车辆牵引传动系统可分为直流牵引传动系统、交流牵引传动系统和直线电动机牵引传动系统。

第一节 车辆电气牵引系统

一、车辆牵引系统的主要设备

车辆牵引系统的基本组成如图 2-1 所示。在车辆牵引系统的基本结构中主要有 6 部分设备：受流器；高压电器单元；牵引变压器；变流设备，主要是整流器或变流器；驱动设备，即牵引电动机和控制设备；转向架及车辆。此处重点介绍前 5 部分设备。

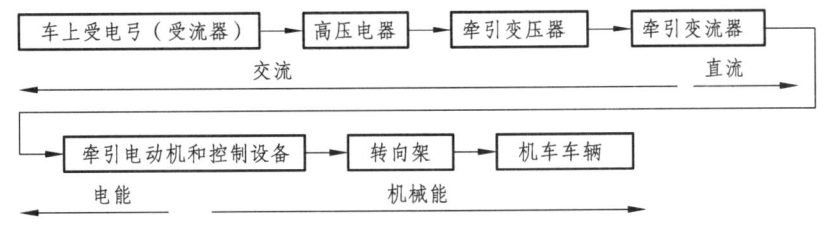

图 2-1 车辆牵引系统组成示意图

在牵引系统的实际组成中，变压器只有在交流供电制式中才需要，在直流供电制式中受流设备直接将直流电能送入变流器。实际控制设备是由多个微机构成的分布式结构。实际系统中为了完成牵引系统功能，许多辅助的设备也是不可缺少的，我们将在后面的任务中予以说明。

1. 受流器

受流器的功能是将电源引入车内。我国大部分城市的轨道交通车辆的受流器都采用受电弓，只有部分城市的地铁车辆采用第三轨受流器。另外，中低速磁悬浮列车也采用第三轨受流器。从接触网将电源引入车辆的装置称为受电弓。

2．高压电器单元

高压电器单元将受流器从接触线路采集的电能引入车内,为牵引设备和其他设施提供动力并进行高压系统的控制、检测和保护。高压电器单元主要包括主断路器、避雷器、接地开关和检测保护装置等。

主断路器将列车高压电路从接触网进行隔离切换,主断路器的关闭是通过控制电磁铁和其感应线圈动作来完成的。电磁励磁是在切换之后(由设备内部的一个接触器完成),给设备内的电容充电大约 1 s。打开电路断路器可以通过将其感应线圈断电来完成。

接地开关通常与主断路器集成在一起形成一个部件,起着切断主电路与主电路的接地保护作用,图 2-2 所示是接地开关的示意图。

接地开关是手动操作的,可将转轴旋转 90°,接地杆可从其他位(在安全夹内)转动到接地位。应当注意的是,当车辆受电弓升弓并带电时,或受电弓已升起但开关仍处在接地位置时,不可操作接地开关。

检测保护装置主要包括网侧电压互感器、网侧电流互感器、过电流互感器和避雷器等。检测保护装置给控制系统提供电网电压保护、电网电流保护和过流保护。避雷器限制由接触网传入的瞬时过电压(如雷电的入侵)对列车电气设备的危害。

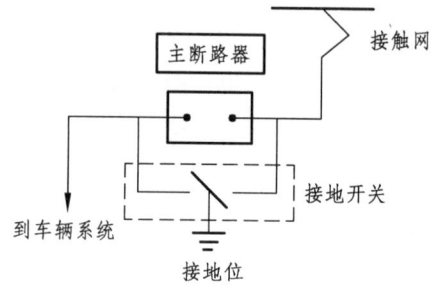

图 2-2 接地开关示意图

高压电器单元还包括车辆的接地装置、瞬时电抗器和高压电缆等一些设备。

3．牵引变压器

牵引变压器的作用主要是将电网电压转换为适当的电压供列车牵引系统和其他电气系统使用。另外,牵引变压器还可以将列车电气系统与接触网相隔离,并提供滤波、保护等手段,为列车提供安全、可靠、高质量的电源。

电力牵引系统使用的牵引变压器是单相、50 Hz 的整流变压器,仅在干线电力机车和动车组上使用。牵引变压器一般采用矿物油冷却,称为油浸式,因此牵引变压器还必须附带有油箱和油泵以及散热风扇。牵引变压器必须设置油保护,包括油温、油位、油流量压力等,通过这些参数的监测和保护,保证牵引变压器的正常工作。

牵引变压器从结构上可以分为立式和卧式,电力机车一般采用立式结构,而动车组只能采用卧式结构。

4．变流器

变流器是一类采用功率电子器件实现电源制式或性能变换的功率转换设备,它主要包括实现交流到直流变换的整流器、直流到交流变换的逆变器、实现直流电压变换的直流变换器和实现交流频率变换的交-交变流器。

变流技术和变流器的发展是随着功率电子器件的发展而发展的。从大功率硅二极管到可控硅(晶闸管),从大功率可关断晶闸管(GTO)到绝缘栅双极型晶体管(IGBT),一代代大功率电子器件的诞生推动了变流技术的发展和各种变流器的出现,同时也推动了电力牵引系统的发展。

车辆牵引系统中主要运用的是整流器、逆变器和直流变换器。在牵引系统中整流器将交流转换成直流提供给直流牵引电动机或逆变器使用；逆变器将直流转换成频率和电压均可改变的交流电给交流牵引电动机供电；直流变换器将较高的供电电压转换成适合直流牵引电动机运行的直流电。另外，值得一提的是，在车辆牵引系统中还有一类特殊的变流器，在列车牵引时该变流器作为整流器工作，在列车实施再生制动（能量反馈）时变流器作为逆变器工作，我们称这种变流器为四象限变流器。

5．牵引电动机

牵引电动机可分为直流牵引电动机、交流牵引电动机和直线牵引电动机，交流牵引电动机又可分为交流异步牵引电动机和交流同步牵引电动机。目前在车辆牵引系统中主要采用的是交流异步牵引电动机，只有磁悬浮列车的牵引系统采用交流同步牵引电动机。

直流牵引电动机的工作原理、结构与普通直流电动机没有区别，但在干线电力机车上运用的直流牵引电动机需要在设计和结构方面采取一些特别的措施。因为干线电力机车的直流电压上附加有脉动的交流分量，而这个交流分量引起的电磁脉动会造成电动机换向的恶化并产生较大的换向火花。因此，我们也将这类直流牵引电动机称为脉流牵引电动机。脉流牵引电动机除了需要改善换向之外，还需要改善电动机的散热，因为电磁脉动同时会造成较大的铜耗和铁耗，增加了发热。

交流异步牵引电动机的结构与普通工业用交流异步电动机基本相同，但交流异步牵引电动机的工作频率范围宽广，在整个工作频率范围内交流异步牵引电动机的各个参数要求保持一致，因此电动机的结构和材料需要特殊的设计，特别是转子的导体材料、转子导体的电阻性能、转子的槽形、漏抗等。另外交流异步牵引电动机定子绕组的绝缘也需要特殊的考虑。简单来说就是不能用普通的交流异步电动机来代替交流异步牵引电动机。

牵引电动机与普通电动机的差别还表现在运用环境的不同。首先，列车的牵引电动机悬挂在转向架上，需要承受巨大的振动和冲击力，因此其结构必然需要特殊设计；其次，牵引电动机一般都是2个或4个并联工作，因此要求各个电动机的参数一致性要好，否则各牵引电动机的负载分配不均匀，会致使个别电动机过载、发热，甚至出现其他严重问题。

近年来，直线牵引电动机在轨道交通车辆中的应用越来越受到各国的重视。直线电动机无旋转部件，呈扁平形，可降低车辆高度，从而缩小地铁隧洞直径，降低工程造价。直线电动机运行不受黏着限制，可得到较高的加速度和减速度，噪声较小，这些都是适合轨道交通车辆应用的突出优点。

6．牵引控制设备

牵引控制设备是保证牵引系统有序、正常工作的核心设备。早期的控制设备由一些有节点的电器，如继电器、接触器等构成，功能上实现"与""或""非"等逻辑运算的逻辑电路，从而可有序地控制牵引功能的实现。随着电子技术的发展和大功率电子器件的运用，控制设备逐步用电子器件取代了有节点电器，出现了以模拟电子器件和数字电子器件混合的控制设备。这种数-模混合的控制设备可实现的控制功能有很大的增强，可完成一些复杂的控制，但设备的体积却大大减小。从20世纪70年代开始，计算机进入列车的牵引控制系统，控制设备变成微机控制系统，牵引控制开始向着智能化方向发展。20世纪90年代以来，牵引控制系统由单个微机的控制系统发展为多个微机的控制系统，并且引入了网络技术，由于网络技术的运用，牵引控制设备正在朝着分布式控制系统的方向发展。

第二节 直流牵引传动系统

多年以来，因直流串励牵引电机具有启动性能好、调速范围大、过载能力强、功率利用充分、运行较可靠且控制简单等优点，一直作为各种铁道车辆的主要牵引动力。

一、直流牵引电动机的牵引性能

直流电动机的机械特性与励磁方式有关，直流电机的励磁方式有：串励、并励、复励等，如图 2-3 所示。

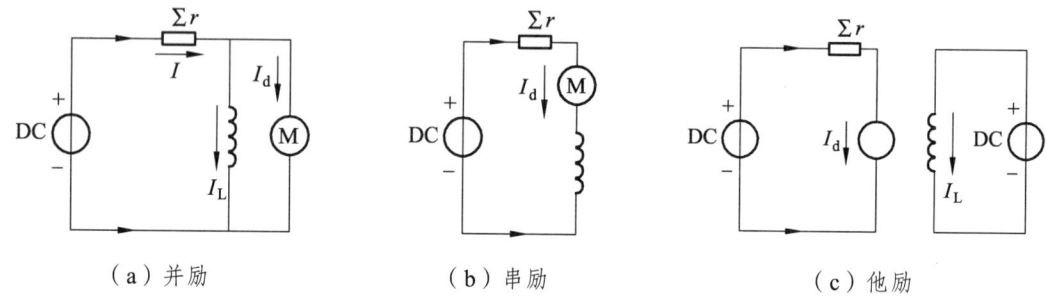

（a）并励　　　　　（b）串励　　　　　（c）他励

I_d—电动机的电枢电流；I_L—励磁电流；$\sum r$—电气回路中所有电阻的总和。

图 2-3　直流电动机的励磁方式

直流牵引电动机的基本工作原理可以用下述两个方程表示：

$$T_d = C_m \Phi I_d \tag{2-1}$$

$$U_d = I_d \Sigma_r + C_e \Phi n \tag{2-2}$$

式中　C_m——电动机电磁转矩结构常数；
　　　T_d——电磁转矩；
　　　n——电动机转速；
　　　Φ——每极磁通量；
　　　C_e——电动机感应电动势结构常数。

直流牵引电动机的机械特性表达式为 $T_d = f(n)$，电磁转矩 T_d 是电动机转速 n 的函数，可以通过式（2-1）和式（2-2）获得。如图 2-4 所示为直流牵引电动机的机械特性曲线。

从图 2-4 中或电机学中我们得知，他励电动机与并励电动机的特性相近，因此，可以选取并励和串励两种方式进行分析，通过比较这两种电动机的优缺点，了解

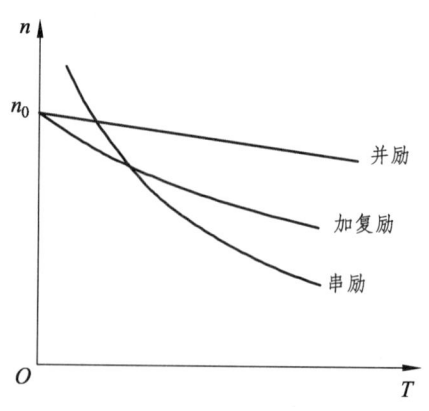

图 2-4　直流牵引电动机的机械特性

选用牵引电动机时应考虑的因素及基本原则。除此之外还有一种复励式电动机,它的励磁由并励和串励两部分组成,其复励特性也由串励和并励两种特性组合而成。

并励牵引电动机在转矩变化时,转速变化很小,这种特性称为"硬特性";而串励牵引电动机在转矩变化时,转速变化很大,基本是随着转矩的增大(减小)而减小(增大),这种特性称为"软特性"。

1. 牵引电动机之间的负载分配

理论上,机车上各台牵引电动机的负载应当是相同的,但是各台牵引电动机的特性不可能完全相同,实际的动轮直径也有所差异(包括公差和磨耗),这些差异都将引起电动机之间负载分配的不均匀。图2-5(a)表示在轮径相同的条件下,两台并励式电动机由于特性上的差异所引起的负载分配不均匀;图2-5(b)表示两台串励式电动机由于特性上的差异所引起的负载分配不均匀。比较图2-5(a)和图2-5(b)可以看出,串励式牵引电动机负载分配不均匀的程度远比并励式小。

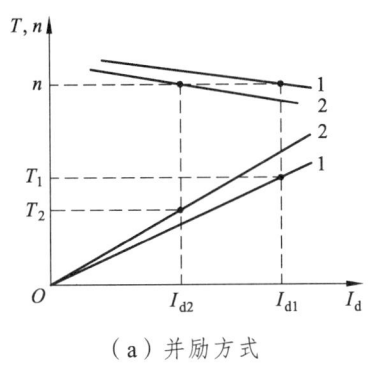
(a)并励方式

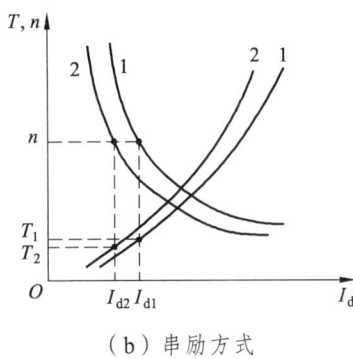
(b)串励方式

图 2-5 电动机特性不同时的负载分配

分析动轮直径不同对负载分配的影响。如果两台电动机的特性相同,而它们各自的轮径不同,在机车运行时两台电动机的转速就会有差异。设一台电动机的转速为 n,另一台电动机的转速为 T。图2-6(a)表示转速差异在两台并励式电动机之间引起的负载分配不均;图2-6(b)表示同样的转速差异在两台串励式电动机之间引起的负载分配不均。对比之下,两台牵引电动机在并联运用时,它们的励磁方式显然是串励方式优于并励方式。

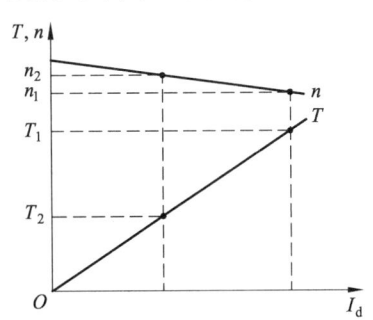
(a)并励式电动机的转速特性和转矩特性

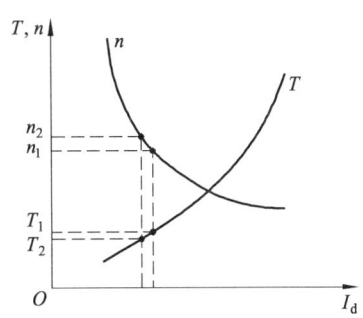
(b)串励式电动机的转速特性和转矩特性

图 2-6 轮径不同时的负载分配

2．电压波动对牵引电动机工作的影响

接触网电压经常会发生波动，例如，当电力机车运行经过两个牵引变电所供电的交界处时，供电电压就会突然变化，这种变化进行得很快，而列车的速度还来不及改变，就可能产生大的电流冲击和牵引力冲击。

图 2-7（a）所示为并励式电动机在电压波动时产生的电流和牵引力的变化。设电动机原来的端电压为 U_1，相应的转速特性曲线为 n_1，变化后的电压为 U_2，相对应的转速特性曲线为 n_2。由于电压波动的时间很短，并励磁场的电流来不及随电压波动而变化，所以对应于 U_1 与 U_2 的转矩特性曲线可以视为是同一条曲线。由图 2-7（a）中可以看出，电流和牵引力的冲击是相当的，这将导致牵引电动机工作条件的恶化和列车运行中的冲动。图 2-7（b）表示串励式电动机在电压波动时电流和牵引力的变化情况，因为串励式电动机具有"软特性"，所以它所产生的电流冲击和牵引力冲击显著地小于并励式电动机。

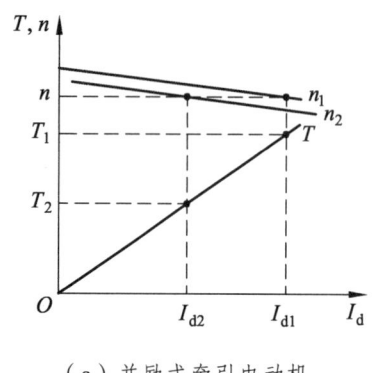

（a）并励式牵引电动机　　　　（b）串励式牵引电动机

图 2-7　电压波动对牵引电动机的影响

3．直流牵引电动机的功率利用

从牵引供电的角度，不希望机车的牵引功率在整个列车运行过程中有大幅度的波动。我们用图 2-8 来分析串励式牵引电动机和并励式牵引电动机的功率利用性能。当转矩自 T_1 变化到 T_2 时，串励式牵引电动机的工作点由 D 点改变为 B 点，它的功率变化是 B 点横纵坐标所围成的矩形面积与 D 点横纵坐标所围成的矩形面积之差；而并励式牵引电动机的工作点从 C 点改变为 A 点，它的功率改变是 A 点横纵坐标所围成的矩形面积与 C 点横纵坐标所围成的矩形面积之差。两者相比，串励式牵引电动机的功率变化比并励式牵引电动机的功率变化要小很多；从曲线也可以看出，串励式牵引电动机的特性曲线更接近于恒功率曲线。

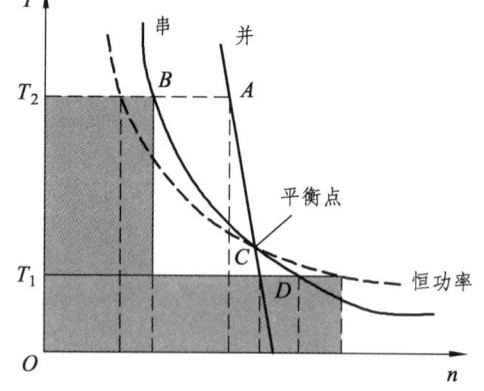

图 2-8　直流牵引电动机功率利用

4．直流牵引电动机的黏着特性

由图 2-4 我们得知串励式牵引电动机具有"软特性"，其转速允许有很大的变化范围。也就意味着当牵引电动机在黏着失去时，牵引电动机的转速增大，牵引电动机的工作点可以大范围地改变，转速甚至可以无限地增加，这将造成严重的后果。并励式牵引电动机的"硬特性"表示其转速的变化范围很小，即便是转矩很小，电动机的转速仍然有个确定的值。因此并励式牵引电动机具有较好的防空转特性。

另外，在多台牵引电动机串联运用的情况下，对于串励式牵引电动机来说容易产生电压转移。在正常工作情况下，如图 2-9 所示，串励式直流牵引电动机的串联 $U_d = U_1 + U_2$，且 $U_1 = U_2$。若牵引电动机 M_2 发生空转，其转速上升，从而使其反电动势 E_2 上升，U_d 不变，于是 $U_2 > U_1$。这种现象称为电压转移。电压转移会引起空转的加剧，从而造成严重的后果。

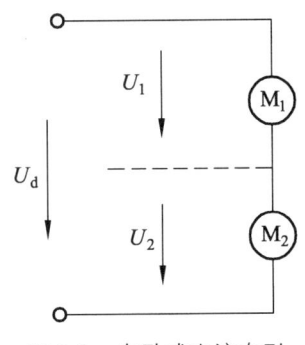

图 2-9　串励式直流牵引电动机的串联

综上所述，我们可以看出，串励式牵引电动机的特点更适合于列车运行，因此在直流牵引系统中基本上使用的都是串励式牵引电动机。但是由于串励式牵引电动机的黏着特性差，牵引系统必须配置完善的黏着控制功能，采用牵引电动机串联的主电路时，对黏着控制的性能要求更高，需要采用灵敏、高效的黏着控制手段。我国 20 世纪 80 年代从欧洲引进的 8K 型电力机车是个很好的范例。

在直流牵引系统发展的过程中，串励式牵引电动机在运用中不断完善的同时，人们还一直在寻求更好的牵引系统。复励式牵引电动机和他励式牵引电动机就曾经引起过广泛的注意和研究。复励式牵引电动机兼有串励和并励的特点，可以改善串励式牵引电动机的黏着特性，我国的 SS7 型电力机车采用的就是复励式牵引电动机。他励式牵引电动机由于其控制的灵活性，可以获得理想的牵引特性，但他励式牵引电动机的控制相对比较复杂。在交流牵引系统开始广泛应用之后，人们已经不再对直流牵引系统投入更多的研究，采用他励式牵引电动机的牵引系统并未获得真正意义上的运用和发展。

二、直流牵引传动系统的牵引特性

车辆牵引力的表达式为

$$F = \frac{\mu\eta}{D/2} T_d \quad (2-3)$$

式中　μ——齿轮传动比；
　　　η——齿轮传动效率。

车辆的速度为

$$v = \frac{60\pi D}{1\,000\mu} \text{（km/h）} \quad (2-4)$$

根据式（2-3）和式（2-4），对于特定的列车而言，D、μ、η 和 n 等都是常数，因此机车牵引力与电动机转矩 T_d 之间只差一个比例常数；机车速度与电动机转速 n 之间也只差一个比例常数。我们可以将直流牵引电动机的机械特性近似地与牵引特性等效。

由于直流牵引系统中采用的基本是串励式牵引电动机，因此该章所述的牵引特性均指采用串励牵引电动机的直流牵引系统。在串励式牵引电动机的条件下,电动机的电枢电流 I_d 就是励磁电流 I_L。则有

$$n = \frac{U_d - I_d \Sigma_r}{C_e C_\Phi I_d} \tag{2-5}$$

$$T = C_m C_\Phi I_d^2 \tag{2-6}$$

式中　C_Φ——磁化曲线斜率。

1. 恒电压牵引特性

保持牵引电动机的端电压不变,机车牵引力与车辆速度之间的关系称为恒电压牵引特性。给定一个电压值就有一条牵引特性曲线,因此随着牵引电动机端电压的变化,恒电压特性曲线是一族曲线。根据式(2-5)和式(2-6)可以得到恒电压下的电动机机械特性也就是牵引特性的表达式,即

$$n = \frac{U}{a\sqrt{T}} - b \tag{2-7}$$

图2-10所示为恒电压牵引特性曲线的示意图。在恒电压 U_1 时牵引特性曲线与阻力特性曲线相交于 A 点。列车以速度 v_1 运行;若提高电压至 U_2,由于列车速度不可能突变,于是牵引力提高到 B 点;这时 B 点的牵引力大于阻力,列车加速,沿 U_2 曲线加速至 C 点;在 C 点牵引力与阻力平衡,于是列车稳定运行在 C 点,列车速度为 v_2。

恒电压牵引特性曲线是一条自然特性曲线,它与牵引电动机的机械特性曲线具有相同的形状,因此恒电压牵引特性具有很大的调速范围。恒电压牵引特性在列车启动时是跳变的,没有启动性能。在牵引电动机黏着失去发生空转时,恒电压牵引特性允许速度有很大的改变,而且不能由曲线的性能使黏着恢复,我们称这种现象为特性曲线不具备"再黏着"性能。

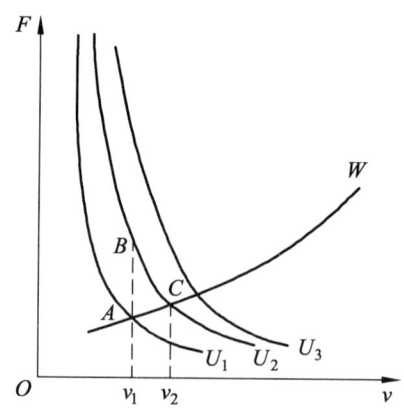

图2-10　恒电压牵引特性曲线

我国 SS1 型电力机车采用恒电压牵引特性控制,它有33个电压等级,因此有33条牵引特性曲线。

2. 恒功率牵引特性

在保持牵引电动机输入功率 $P = U_d I_d$ 为常数的条件下,牵引力与速度之间的关系称为恒功率牵引特性。恒功率牵引特性曲线如图2-11所示,恒功率牵引特性是 $F-v$ 平面上的一条双曲线,因为轮对上的输出功率等于牵引电动机的输入功率乘以效率 η。若列车稳定运行在功率为 P_2 的 A 点上,速度为 v_1 时降低功率到 P_3,由于速度在瞬间不会改变,运行点变成 B 点,这时阻力 W 大于牵引力,

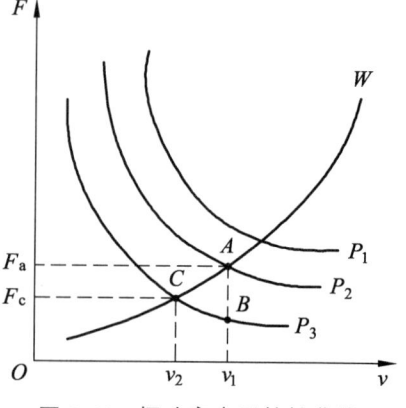

图2-11　恒功率牵引特性曲线

列车减速,沿 P_3 曲线运行至 C 点,在 C 点牵引力与阻力平衡,列车稳定运行,速度等于 v_2,显然 $v_2<v_1$。

恒功率牵引特性曲线也不具备再黏着性能,因此在采用恒功率牵引特性控制的牵引系统中,要求配置较好的黏着控制系统。另外,恒功率牵引特性也没有启动性能。

恒功率牵引特性的范围受到牵引电动机最大电压 U_{max} 的限制,但机车要求的调速范围却很大,因此如何扩大牵引电动机的恒功率工作范围,是直流牵引系统一直关注的一个重要课题。

恒功率牵引特性主要应用于内燃机车的牵引系统,或者说内燃机车只能采用恒功率牵引特性。其原因一方面在于内燃机车的柴油机输出功率是恒定的;另一方面要求在不同的运行速度时都能充分发挥柴油机的功率,所以恒功率牵引特性是内燃机车唯一的选择。除此之外,在其他复合牵引特性中,也使用恒功率牵引特性。

3. 恒电流牵引特性

保持直流牵引电动机的电枢电流恒定,即 I_d 为常数时,牵引力和速度之间的关系称为恒电流牵引特性。由于在串励式牵引电动机中电枢电流与电动机的转矩成正比,因此恒电流牵引特性也就是恒转矩特性。恒电流牵引特性曲线如图 2-12 所示,从图中可以看出,恒电流牵引特性曲线是一条水平的直线,每一条曲线代表一个电流值(牵引力)。如果图中 A 点是稳定运行点,这时牵引力 F_4 与阻力 W_1 平衡,若牵引力改变为 F_5,这时阻力 W_1 大于在速度 v_1 下的牵引力,列车沿 F_5 曲线减速至 B 点,在 B 点牵引力 F_5 等于阻力 W_1,列车稳定运行在速度 v_2。若在 A 点运行时,阻力由 W_1 改变为 W_2,这时 F_4 大于 W_2,列车沿 F_4 加速到 C 点。在 C 点 $F_4=W_2$,于是建立起新的平衡,列车稳定运行在 v_3 的速度下,这时速度 $v_3 > v_1$。

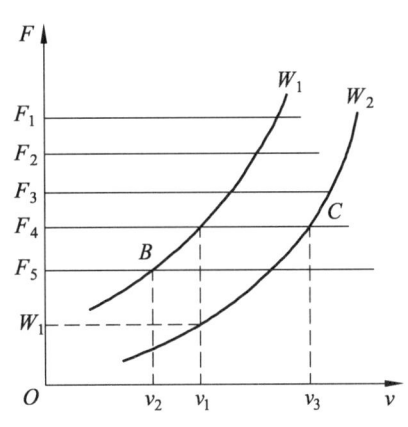

图 2-12 恒电流牵引特性曲线

恒电流牵引特性的特点表现为曲线可以从速度的零点出发,因此恒电流牵引特性具有稳定的启动牵引力。恒电流牵引特性的最大缺陷是当牵引电动机发生空转时,牵引电动机的电流减小,控制系统为了维持电流恒定,将不断加大电流,于是加剧空转,形成一个恶性循环。所以恒电流牵引特性也不具备再黏着性能。

列车牵引系统单独采用恒电流牵引特性控制的比较少,但是恒电流牵引特性的启动性能好,因此几乎所有的组合牵引特性控制中均采用恒电流牵引特性作为列车启动阶段的牵引特性。我国 SS3 型电力机车也采用了恒电流牵引特性控制。

4. 恒速度牵引特性

列车调速是牵引系统控制的基本功能。保持列车速度恒定的特性曲线在 $F-v$ 平面上表现为一条垂直线,如图 2-13 中的 v_1、v_2、v_3 曲线。

恒速特性的最大特点是其防空转性能,由于它的恒速特性使得牵引电动机的转速不可能增大,即便牵引电动机转速有增大的趋势,牵引系统本身的调节功能也使得牵引电动机转速保持稳定,因此牵引电动机不可能产生空转。但是恒速特性曲线同时也意味着允许牵引力有大幅度变化，即在一个稳定的速度下，牵引力可以较大幅度地增大或减小，这种牵引力的波动会造成列车运行的冲动，轻者使旅客没有舒适感，重者会造成车厢间连接装置的破坏。因此在实际的运用中，可以将恒速牵引特性曲线略微倾斜，允许速度在一个基准上略有变化，以避免牵引力的大幅变化。我们将这种特性称为准恒速特性，如图 2-13 所示。图中 A 点表示在恒速特性曲线上的工作点，A' 点表示在准恒速特性曲线上的工作点，其速度为以 v_1'，Δv 表示准恒速与恒速特性的速度偏离值。准恒速特性目前在车辆的牵引系统中获得广泛的运用。

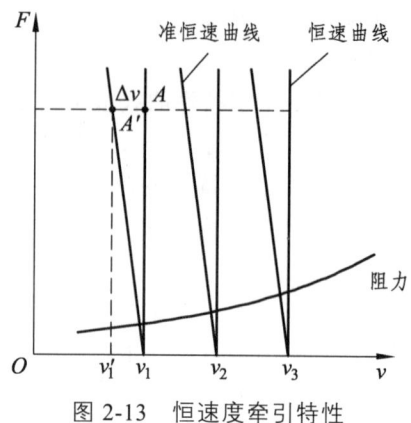

图 2-13 恒速度牵引特性

5．组合牵引特性

为了使列车运行获得一个能兼顾各个方面性能的牵引特性，将上述特性曲线组合起来运用，图 2-14 表示的是两种组合特性曲线。

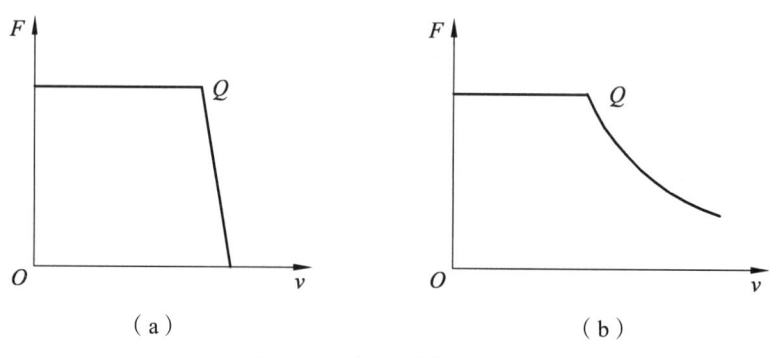

图 2-14 组合特性曲线

图 2-14（a）表示的是恒电流特性与准恒速特性的组合。列车启动采用恒电流特性，使列车获得一个恒定的加速度，在 Q 点转为准恒速特性，使列车稳定运行。图 2-14（b）表示的是恒电流特性与恒功率特性的组合，恒电流特性在 Q 点后转为恒功率特性。图 2-11 所示的内燃机车恒功率牵引特性是典型的组合特性曲线。在图 2-15 中，从速度 0 到 v_1，牵引力恒定在 F_1，这是受到牵引电动机最大电流的限制而形成的，但这一段的牵引功率直线上升，速度达到 v_1 后转为恒功率（牵引电动机的额定功率），速度达到 v_2 后，受到牵引电动机最大转速的限制，列车速度保持为 v_2。当然，在实际的牵引特性曲线中，恒流段恒速段的曲线并非水平线和垂直线。

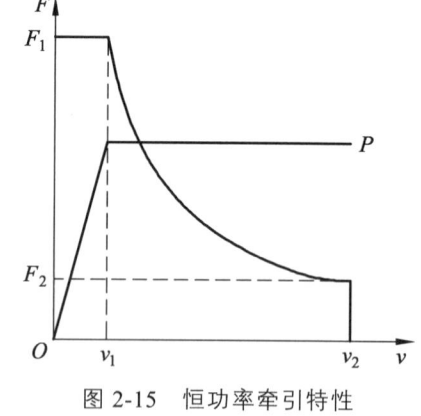

图 2-15 恒功率牵引特性

三、直流牵引传动系统的控制

城市轨道交通车辆直流主传动系统由网侧高压电路、牵引电动机调速电路组成，主要设备有受流器、断路器、直流牵引电动机、传动齿轮箱、轮对、接地回流装置。城市轨道交通车辆直流主传动结构组成如图 2-16 所示。

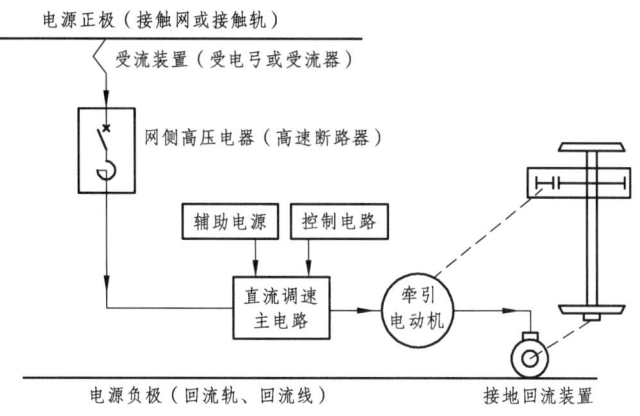

图 2-16 城市轨道交通车辆直流主传动结构组成

城市轨道交通车辆主传动系统的工作过程为：接触网或接触轨的直流电（DC 1 500 V 或 DC 750 V）经动车上的受流器引入车内，经断路器、网侧高压电路、直流牵引电动机调速电路，再经接地回流装置回电源负极。随着电动机接入电源并进行旋转，电能转换为机械能，牵引电动机产生的牵引转矩经过齿轮传动装置传递到动车轮以实现牵引运行。

直流传动的城市轨道交通车辆，其调速控制方式一般有两种基本形式：变阻控制和斩波调压控制。

1．直流斩波器

直流斩波动车（组）利用斩波器进行调压调速。斩波器是能快速接通和切断主电路的一种电力半导体变流装置，犹如一个大功率、高速无触点电子开关。

斩波器的工作原理可用图 2-17 说明，图中 S 代表斩波器开关，快速反复接通开关 S，就能控制加于负载 R_{LD} 上的电压平均值。当开关 S 接通时，加于负载上的电压 u_{LD} 等于电源电压 U_s；断开时，负载上电压为零。负载电压平均值 U_{LD} 将随着开关的接通与断开的时间比例的不同而发生变化，并有以下关系：

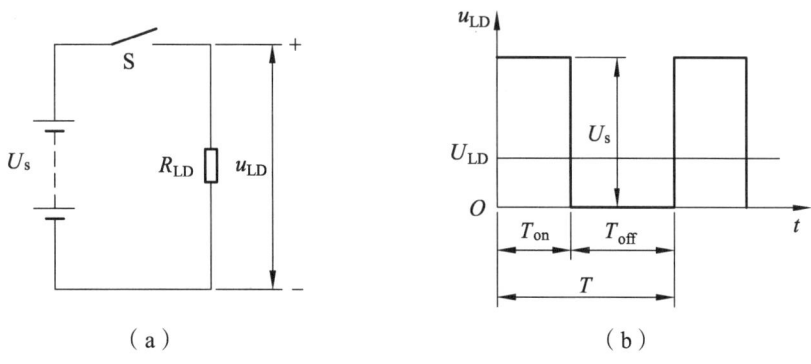

图 2-17 斩波器原理示意图

$$U_{LD} = \frac{T_{on}}{T_{on}+T_{off}} U_s = \frac{T_{on}}{T} U_s \tag{2-8}$$

式中　T_{on}——斩波器导通时间；
　　　T_{off}——斩波器关断时间；
　　　T——斩波周期。

一般将 T_{on}/T 定义为导通比 α，即

$$\alpha = \frac{T_{on}}{T} \tag{2-9}$$

因此只要改变导通比的比值，负载电压的平均值就可以从零变化到电源电压值 U_s。改变负载平均电压 U_{LD} 有三种典型的控制方法：

（1）定频调宽控制（脉宽调制）。即保持斩波周期 T 不变，改变斩波器导通时间 T_{on}，从而改变负载平均电压。

（2）定宽调频控制（频率调制）。即保持斩波器导通时间 T_{on} 不变，通过改变斩波器周期 T 来改变负载平均电压。

（3）调频调宽混合控制。即不但改变斩波器的工作频率，而且改变斩波器的导通时间。

在直流斩波动车中，第一种控制方法用得比较普遍，这种控制方法的特点是斩波器的基本频率固定，所以消除高次谐波的滤波器设计比较容易。第二种控制方法的特点是斩波回路的控制电路比较简单，但斩波器的频率是变化的，当斩波频率大幅度变化时可能与输入滤波回路及电机驱动系统的频率发生共振，且对通信信号干扰可能性较大，故这种方法在直流斩波动车上用得较少。第三种方法的特点是可较大幅度改变输出电压，但也存在由于频率变化而引起的滤波器设计较难、系统易共振及引起通信干扰等问题，故亦很少用于直流斩波动车上。

2．变阻控制

变阻控制是通过调节串入电动机回路的电阻，改变直流牵引电动机端电压而达到调速目的，主要方法有凸轮调阻和斩波调阻。

（1）凸轮调阻控制。如图 2-18 所示，通过转动凸轮，接触器 KM 形成不同的开闭组合，接入或切除若干启动电阻 R，以达到调节牵引电动机端电压的目的。这种调速方式是通过凸轮控制电阻进行的有级调节，因此会产生牵引力冲击，乘客乘坐的舒适度欠佳，另外存在能耗，因此并不是经济的调速手段。

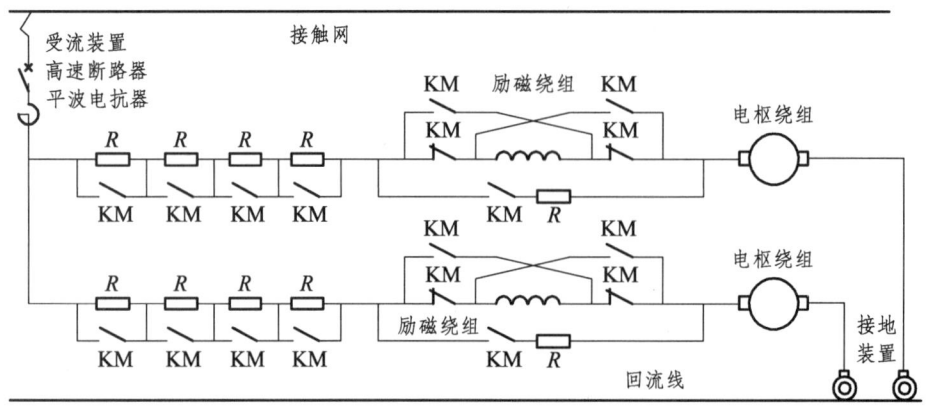

图 2-18　凸轮调阻控制

（2）斩波调阻控制。它是将晶闸管或 GTO 等功率器件组成的斩波器（CH）作为电子开关，与启动电阻 R 并联，通过控制 CH 的导通时间，改变串入主电路的电阻，从而改变电动机的端电压，实现调速的方法，其原理如图 2-19 所示。

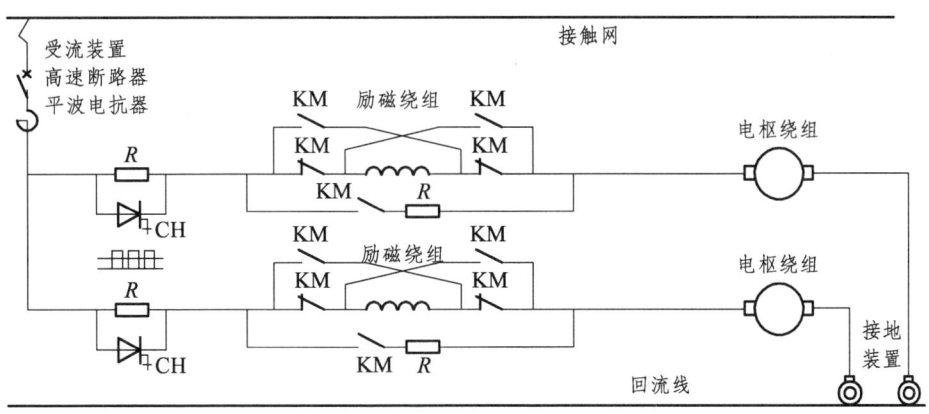

图 2-19 斩波调阻控制

设调速电阻为 R，功率器件的导通及关断时间分别为 T_{on}、T_{off}，$T_{on}+T_{off}$ 为一个周期 T。在一个周期的时间内，随着器件的通断，R 所呈现的平均电阻为 $\frac{T_{on}}{T}R$，调节 T_{on} 即可改变平均电阻，可获得范围较宽的平滑变化的电阻，减少调速时的冲击，提高黏着性能，改善乘坐的舒适度。

3．斩波调压控制

斩波调压控制是通过控制接在电网与牵引电动机之间的斩波器的导通与关断来改变牵引电动机端电压的，其原理如图 2-20 所示。

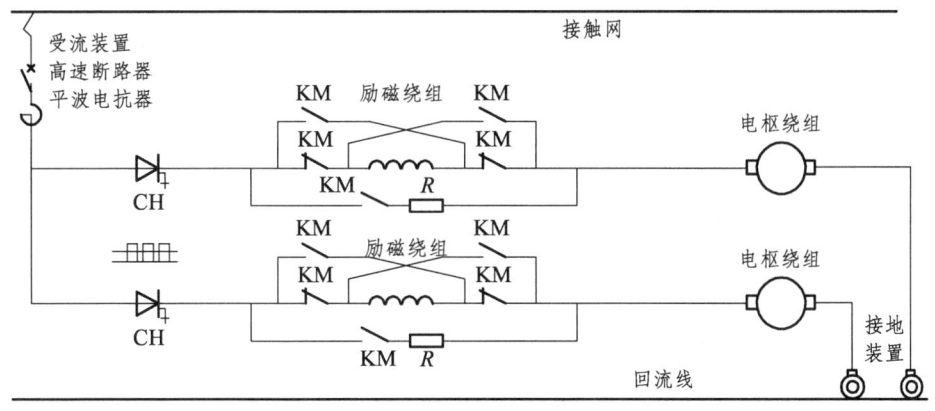

图 2-20 斩波调压控制

在图 2-20 中，与斩波调阻相比，斩波调压控制用斩波器取代了启动电阻，组成了一个直流电动机斩波调速电路。在该电路中，当开关闭合时，负载两端获得电源电压，而当开关断开时，负载两端的电压为零。若开关周期性高速通断，则在负载两端得到一个脉冲序列电压。只要斩波开关的切换速度足够高，则可认为电动机的转速是稳定的，且仅由电压平均值的大小来决定。由于斩波控制的是电动机的电枢电压，因此这种调速控制称为电枢斩波控制。

斩波控制调速是一种经济的调速手段，而且随着电力电子技术的发展，大功率全控型电力电子器件的出现，使得斩波器的结构得以简化，所以在直流传动的城市轨道交通车辆调压线路中已广泛使用由门极可关断晶闸管（GTO）或绝缘栅双极性晶体管（IGBT）器件组成的大功率斩波器。

4．直流牵引传动系统的电制动

城市轨道车辆的电制动是利用电机的可逆原理。一台电机即可作为发电机也可作为电动机，只是运行条件不同，这就是电机的可逆性原理。城市轨道车辆牵引运行时牵引电机为串励，作为电动机运行，将电网的电能转换为列车运行的动能，在制动时通过将电机与电网分离，可以把牵引电动机变为发电机，将列车运行的动能变为电能，这时牵引电动机轴上的反向转矩作用在动轮上形成电制动力。电制动可以提高列车下坡时的运行速度，降低城市轨道车辆轮对及其闸瓦的摩擦损耗。

电制动时牵引电机所产生的电能如果利用电阻使之转换为热能耗散掉，则称为电阻制动或能耗制动；如果将电能重新反馈回电网中加以利用，就称为再生制动或反馈制动。

（1）电阻制动。直流串励牵引电动机的电阻制动，按其接线方式不同可以分为两种，即他励式电阻制动和串励式电阻制动，如图 2-21 所示。

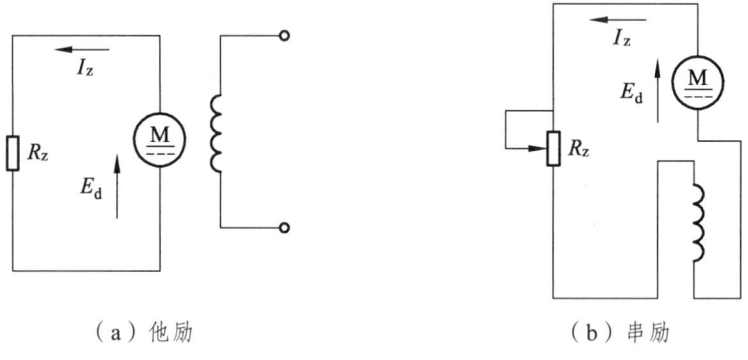

（a）他励　　　　　　　（b）串励

图 2-21　电阻制动

① 他励式电阻制动。将串励电动机的串励绕组与电枢绕组分离，串励绕组改由单独的电源供电，电枢绕组则与制动电阻 R_z 相连接，这种方式称为他励式电阻制动，如图 2-21（a）所示。改变他励绕组的励磁电流和磁通，可以调节电动机的制动电流和制动力。

② 串励式电阻制动。牵引电动机励磁绕组反向与电枢串联，再接到制动电阻 R_z 上，电动机仍保持串励形式，如图 2-21（b）所示。这种方式不需要有额外的励磁电源，但是需要改变制动电阻 R_z 的大小来调节制动电流和制动力。城市轨道交通车辆常采用斩波器与制动电阻并联方式，依靠调节斩波器的导通比改变制动电阻的大小来调节制动电流和制动力。

（2）再生制动。再生制动时，牵引电机处于发电机状态向电网反馈电能，如图 2-22 所示。采用 GTO 斩波装置可以比较方便地实现再生制动。

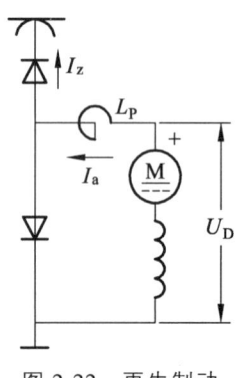

图 2-22　再生制动

四、直流传动装置主回路电器配置与工作原理

城市轨道交通车辆的主回路是将"电力传动车辆"产生牵引力和制动力的各种电器、电机、电子设备连成一个电系统,实现电动车辆的功率传输,它是电动列车最重要的组成部分之一。上海地铁 1 号线 DC01 型列车的主回路使用的是直-直传动装置,采用斩波器调压的控制方法。它和传统变阻调压比较,具有节能、容易维修和连续、平滑可调的特点。上海地铁 AC01/02 型列车采用直-交传动装置,它和直流传动装置相比,具有很大的技术上的先进性。

主回路应满足车辆启动、调速和制动三种基本工作状态的要求。启动、调速及制动三种基本工作状态是通过车辆主回路、控制电路和辅助系统共同作用实现的。它是车辆传动系统必须达到的基本任务,尤其调速更是三种运行工况的共同基础。因为车辆牵引时需根据不同的运行条件来调节车辆的速度,为了充分发挥车辆的功率,要求车辆能在不同的线路和荷载条件下改变牵引力,因此车辆主回路必须保证牵引电动机的转矩和转速都可进行调节,且有宽广的调节范围。

1. 直流传动装置的主回路(下面叙述中的 A、B、C 车见图 1-5)

上海地铁 DC01 型列车主回路(见图 2-23)是由架空线网通过装在 B 车上的受电弓(Q_1)得到 DC 1 500 V 电源正极,由轮对通过钢轨回到电源负极。它的构成主要有以下 3 个部分。

(1)线路滤波部分。线路滤波部分主要由线路电抗器 L_1 和线路电容器 C_1 组成。线路滤波部分的作用是减少外界因素和接触网电压波动突跳等对主回路的影响,使主回路得到一个平稳的电源电压,同时也可减少电压、电流波动对周围通信、信号等设施的干扰。

(2)主回路部分。主电路部分主要由 2 串 2 并 4 个直流牵引电机 $M_1 \sim M_4$ 组成,它的作用是建立牵引工况、制动工况和设定电机的转动方向。

(3)斩波器控制部分。斩波器的作用是在电机启动时,调节电机两端电压来满足电机电流恒流启动要求,在电制动时,能实施再生反馈制动或电阻制动。

其工作电流流向为:当 B 车的受电弓升起与接触网接通时,车辆从牵引变电所,通过接触网得到 DC 1 500 V(+)电源,通过 L_1 线路电抗器与 C_1 线路电容器构成线路滤波电路,为主回路输入一个平稳电源电压,流出电流经钢轨回到牵引变电所负极。

列车通过 B 车上的受电弓从电网取得正极(+),供给 B、C 车主回路用电以及提供一个单元 A、B、C 三节车辅助系统高压电源,其主要负载是 A、B、C 车辅助逆变器及 C 车空压机组,则受电弓上的电流 $I_总 = I_B + I_C + I_{辅A} + I_{辅B} + I_{辅C}$($I_B$ 为 B 车主回路电流,I_C 为 C 车主回路电流,$I_{辅A}$、$I_{辅B}$、$I_{辅C}$ 为各车辆高压辅助系统用电电流)。F_2 熔断器、R_1 预充电限流电阻、VD_6 隔离二极管组成电容预充电装置。在对 C_1 线路电容充电时,充电电流要加以限制,充电电流过大会损坏电容器,所以要对电容初始充电电流通过 R_1 进行限制。当 C_1 线路电容器两端电压达到 400 V 时,为了加快电容充电,对预充电装置通过 K_{16} 电容接触器常开触头闭合进行旁路,此时 K_{16} 触头闭合,直接对 C_1 电容充电,充电电流不是很大,但充电时间大大缩短。当 C_1 线路电容器两端电压达到接触网电压时,才可启动主电路用电,使之供给主电路一个平稳的电源电压。

C_1 线路电容器电压可以通过并联电压传感器进行检测,将检测到的电容电压信息输入 TCU 牵引控制单元,由 TCU 控制 K_{16} 电容接触器在 C_1 两端电压达 400 V 时触头闭合,以及

C_1 两端电压达到线网电压后，由 TCU 控制启动主电路工作。

U_1 电流差动传感器是检测流入主回路线路电流与流出主回路电流的差值。当主回路正常时，流入和流出电流是相同的，即无差值；当主回路中出现接地现象时，流出电流要小于流入电流，出现差值，把检测到的差值输入 TCU 牵引单元中，由 TCU 控制切断主回路中的 K_{15} 线路接触触头，起到接地保护的作用。

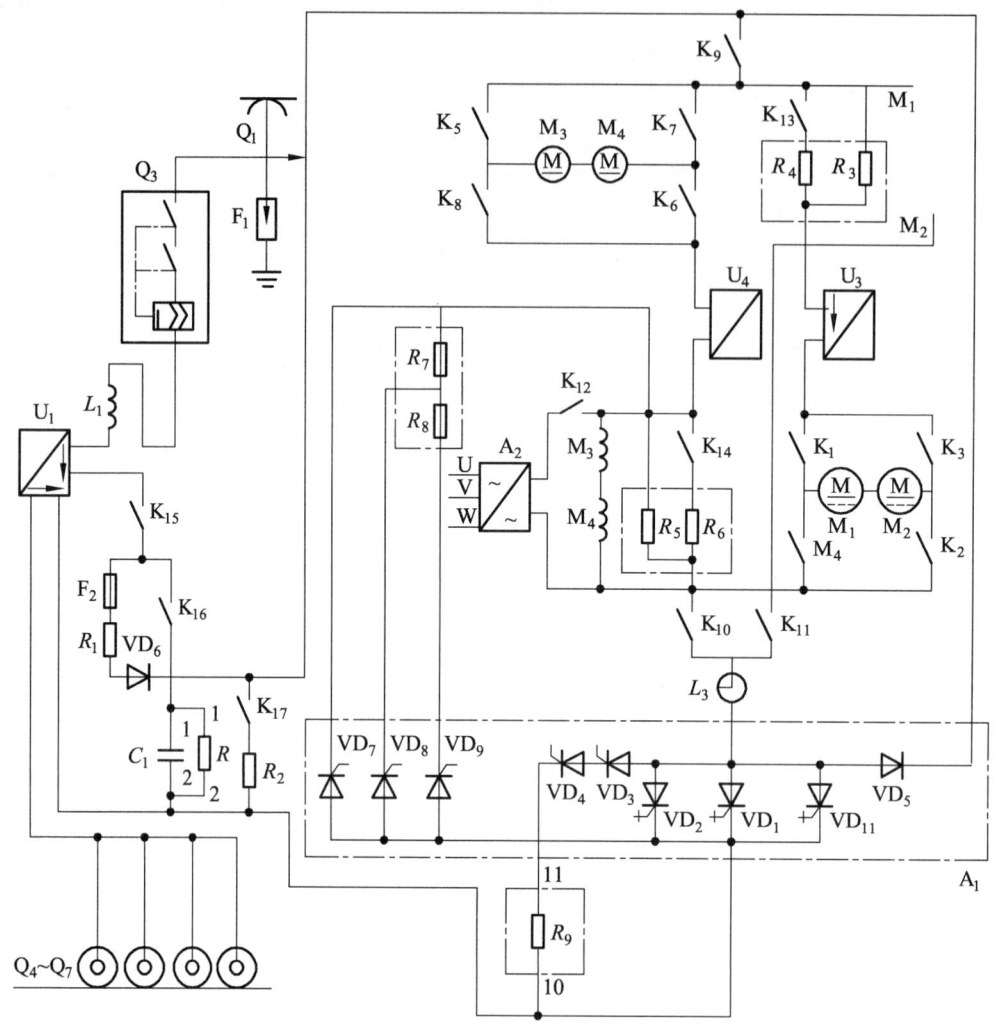

Q_1—受电弓；F_1—避雷器；Q_3—高速断路器；L_1—滤波电感；C_1—滤波电容；U_1—差动电流继电器；
$Q_4 \sim Q_7$—接地装置；F_2—熔断器；R_1—限流电阻；R—过压保护电阻；R_2—放电电阻；
$K_1 \sim K_{17}$—接触器；$U_3 \sim U_4$—电流互感器；A_2—预励磁装置；$M_1 \sim M_4$—牵引电动机；
$R_3 \sim R_6$—磁场削弱电阻；L_3—平波电抗器；$R_7 \sim R_9$—制动电阻；A_1—斩波器；
VD_1、VD_2—GTO 大功率可关断晶闸管；VD_3、VD_4—制动晶闸管；
VD_7、VD_8—晶闸管；VD_5—续流二极管；VD_9—二极管；
VD_{11}—保护晶闸管；VD_6—隔离二极管。

图 2-23 斩波调压主电路原理图

与 C_1 并联的电阻 R 在正常工作条件下，对线路电容进行缓慢放电，其作用是对 C_1 线路电容器进行过电压保护。

当车辆停止工作时，要落弓切断高压回路电源，但 C_1 线路电容器仍带有 DC 1 500 V 高压，此时通过 K_{17} 常闭触头闭合接通 R_2 放电电阻，C_1 电容上的电压加到 R_2 上产生放电电流，使 C_1 电压下降。经过 1min 后，C_1 上的电容电压应小于 60 V，使检修人员免受高电压的伤害。

$Q_4 \sim Q_7$ 为接地装置，接地装置装在每根车轴上，因车轴是转动的，流出电流通过碳刷（静止）与接地装置接触，使流出电流通过车轴→轮对→钢轨回到牵引变电所负极。

当列车需要启动、牵引时，首先要操纵主控制器的方式方向手柄，选择是自动驾驶还是人工驾驶。若是 ATC 自动驾驶，列车运行方向只能向前；若是人工驾驶，那就可选择列车运行方向是向前或向后。选择向前运行，则方向接触器 K_1、K_2、K_5、K_6 控制线圈得电，常开主触头闭合；选择向后运行，则方向接触器 K_3、K_4、K_7、K_8 控制线圈得电，常开主触头闭合。确定运行方向之后再操纵主手柄推向牵引位。一是给出车辆牵引所需指令，即牵引指令常用制动非指令，制动非指令到每节动车车辆的 TCU 牵引控制单元和每节车辆的 BCU 制动电子制动控制单元，再由 TCU 牵引控制单元发出指令，使牵引接触器 K_9、K_{10} 的控制线圈得电，常开主触头闭合，使之建立牵引电路；二是主手柄（或 ATO）发出指令经脉宽调制器（基准值发生器）给出不同的脉宽信息（即不同基值）输入到 TCU 牵引控制单元。与此同时，电机电流舍信息经 U_1、U_2 电流检测装置也输入到 TCU 牵引控制单元，经 TCU 运算之后，由 TCU 来控制斩波器中 VD_1、VD_2（GTO 可关断晶闸管）的导通比 Q，使电机端电压值受到控制，从而控制电机电流值满足基准值要求。

2. 牵引电路运行工况的建立

当确定了运行方向，且主手柄在牵引位，TCU 牵引控制单元可建立起牵引电路。设运行方向为向前运行，牵引工况电路建立并确定电流流向，此时 K_1、K_2、K_5、K_6 方向接触器主触头闭合，K_9、K_{10} 牵引接触器主触头闭合，线路电流的流向轨迹如图 2-24 所示。

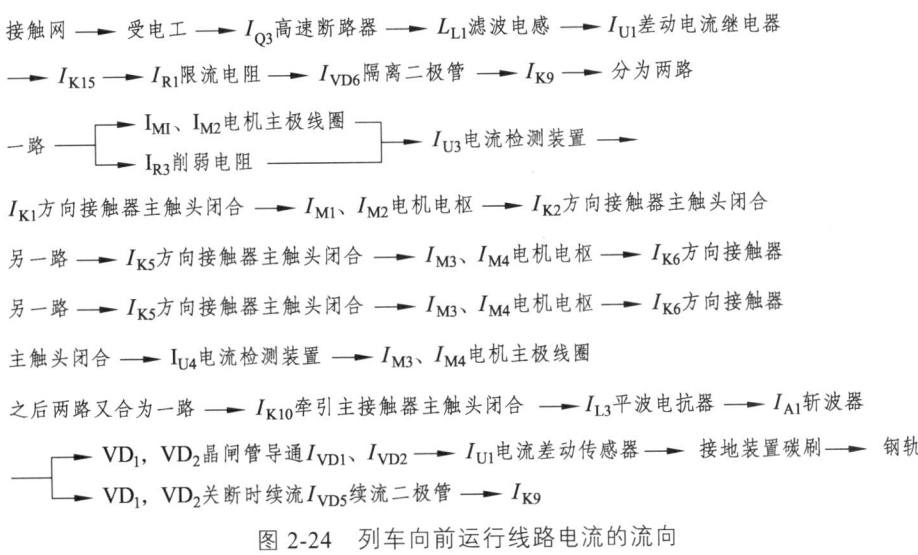

图 2-24 列车向前运行线路电流的流向

此时牵引电路为每 2 台牵引电机串联之后再并联，构成 2 串 2 并的向前牵引工况电路，通过 A_1 斩波器中的 VD_1、VD_2（GTO 可关断晶闸管）导通比的控制，来启动牵引电机按列车运行方向转动。

当 VD_1 或 VD_2 导通时,电机由接触网得到 DC 1 500 V(+)经 VD_1 或 VD_2 可关断晶闸管,电流由 $Q_4 \sim Q_7$ 接地装置与碳刷到钢轨;与此同时,L_3 平波电抗器亦得到相同电流而产生电感电势;当 VD_1、VD_2 管均关断时,通过 L_3 上的电感电势经过 VD_5 续流二极管给 4 台牵引电机电流续流,起到平滑 4 台电机电流的作用。由于 L_3 和续流二极管的存在,VD_1、VD_2 管进行开通和关断时,电机不会出现断电流引起车辆冲撞现象。

在正常牵引工况下,分流电阻 R_3 和 R_5 分别并联在电机励磁绕组 M_3、M_4 和 M_1、M_2 旁,形成一个 93% 的磁场削弱。由于受电机特性的限制,当速度达到 36 km/h 时,此刻斩波器导通比 $\alpha = 0.95$,速度再上升则车辆功率将下降,无法满足车辆正常运行的需求。此时磁场削弱接触器 K_{13} 和 K_{14} 受车辆控制单元 TCU 控制吸合,将磁场削弱电阻 R_4、R_6 并入磁场绕组,形成 50% 的磁场削弱,从而使电机反电势减小,电机电流增加,车辆的功率和牵引力也随之增加,转速 n 增加,以满足列车运行的要求。

当运行方向改为向后运行时,方向接触器改为 K_3、K_4、K_7、K_8 主触头闭合,此时牵引接触器 K_9、K_{10} 主触头仍为闭合状态。则在牵引电路中,4 个牵引电机的电枢电流方向与向前位时相反。根据直流电动机的左手定则,上述电路中,M_1、M_2、M_3、M_4 电机主极线圈电流方向未变,则主极磁场方向未变,即 N、S 极未变,M_2、M_1 与 M_4、M_3 电机电枢电流方向相反,电机转矩反向,故电枢的转动方向相反,从而使列车运行方向变成向后运行,如图 2-25 所示。

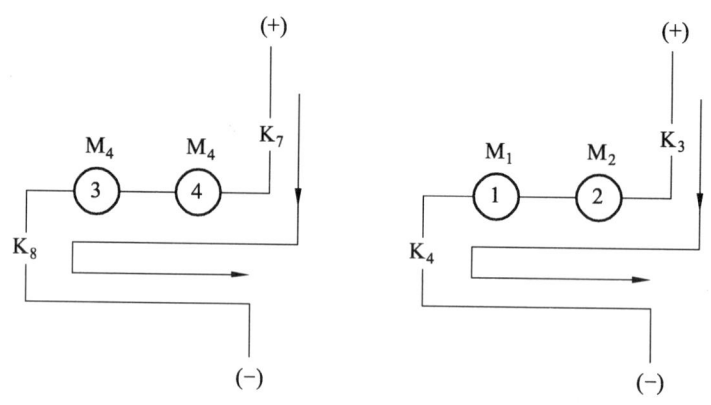

图 2-25 列车向后运行电机电枢电流的方向

从电路中可看出,K_1、K_2、K_3、K_4 方向接触器与 K_3、K_4、K_7、K_8 方向接触器的主触头不能同时闭合,如 K_5 和 K_8 或 K_4 同时闭合就会发生短路现象,所以对二组方向接触器的控制一定要具有电气上的互联锁,以保证不会出现同时闭合。

当列车在惰行时,由于运行方向与牵引方向是一致的,列车向前运行惰行时,其方向接触器 K_1、K_2 与 K_5、K_6 的主触头一直处在闭合状态,而牵引接触时 K_9、K_{10} 和制动接触器 K_{11} 的主触头都处在断开状态。由于列车惰行时牵引电机的电枢被动车车轮带动而转动,此时电机的主极线圈无电流流过。据电机的磁化曲线可知此时只有剩磁 ϕ,则在 M_2、M_1 和 M_4、M_3 的电机电枢上产生一个很小的电势,按右手定则可确定其正极及负极,形成 M_2、M_1 两台发电机串联,M_4、M_3 两台发电机串联,之后再并联的工况电路,但没有接通负载,而不会形成电制动工况电路,所以此时列车运行处在既无牵引力又无制动力的惰行状态。

当列车在惰行中需要制动时,通过主控制器中主手柄的指令,由牵引控制单元 TCU 使

K_{11} 制动接触器的主触头闭合 K_{13}、K_{14}，磁场削弱。此时接触器主触头闭合，使并联供电的发电机经 L_3 平波电抗器和 A_1 斩波器中的 VD_1、VD_2（GTO 可关断晶闸管），VD_3、VD_4 制动电阻晶闸管与 R_9 制动电阻，VD_9 隔离二极管，VD_7、VD_8 短接降压电阻晶闸管，R_7、R_8 降压电阻构成一个可调 R_9 的电阻制动工况主电路。此时牵引电机工作在发电机工况下。从图中可看出，在各台牵引电机的主极线圈电流方向和电机电枢转动方向不变的情况下，按右手定则可确定各电机的电枢电势方向。当与外接负载接通之后，就会产生一个与牵引工况相反的电流对外并联供电电路。电流流向轨迹如图 2-26 所示。

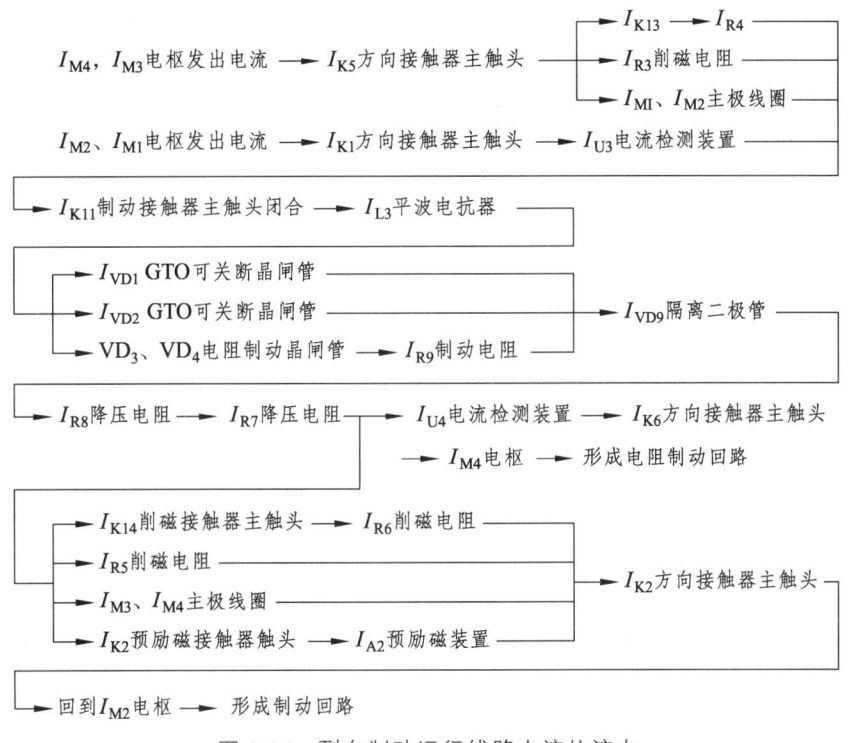

图 2-26 列车制动运行线路电流的流向

从上述电流追踪可看出，M_1、M_2 主极线圈电流由 M_3、M_4 的电枢电流供给，而 M_3、M_4 主极线圈的电流由 M_2、M_1 电枢电流供给，这样形成一个二组电机交叉励磁电路。当二组电机电流出现不平衡时，若 I_{M3}、I_{M4} 电流大，会使 M_1、M_2 的主极产生磁通增加，从而引起 M_3、M_4 电机电枢电势增加，使 I_{M1}、I_{M2} 电流也增大。而 I_{M1}、I_{M2} 电流减小时会使 M_3、M_4 主极产生磁通减小，从而引起 M_3、M_4 的电机电势减小，这样 4 台牵引电机在电制动时达到电流的平衡，即电流 I_{M1}、I_{M2} 和 I_{M3}、I_{M4} 一直被调整到处在相等的状态下工作，则 4 台牵引电机产生的反力矩也被调整到相等状态下工作。

3．制动电路运行工况的建立

电制动时，电机由惰行状态转为发电机工况，依靠剩磁所建立很低的电机电势，虽接通负载，但其制动功率是很小的，起不到有效制动减速的目的，这就需要加快建立起电机的势电压。因此在 M_3、M_4 主极线圈上通过 A_2，预励磁装置经 K_{12}，预励磁接触器主触头的闭合得到一个预励磁电流，使 M_3、M_4 电枢电势很快地建立起来并向外供电。由于 M_1、M_2 主

极线圈电流是由 M_4、M_3 电枢供电的，从而使 M_2、M_1 的电机电枢电势被建立起来，在 M_4、M_3 和 M_2、M_1 电枢电势建立之后，电机所需要的励磁电流可由电机电枢产生的电流进行交叉励磁来提供。此时不需要再外加预励磁给 I_{M3}、I_{M4} 主极线圈电流，最多经过 2 s 后，A_2 预励磁装置被 K_{12} 预励磁接触器主触头断开而切除。

电阻制动工况主电路建立后，电机接通负载就会有电流，之后产生制动力使列车减速。由列车减速电机电枢的转速下降，引起电机的电势下降，使电流下降，制动力下降。在主控制器的主手柄给出制动指令的同时也给出对制动电流的要求，即有一个基准值的指令，要求电机在电制动过程中产生电流，无论在什么速度下都应达到基准值要求。通过对 U_3、U_4 电流检测装置实测二回路的电机电流与基准值要求，经 TCU 牵引控制单元对 A_1 斩波器中的 VD_1、VD_2、VD_3、VD_4 的控制来调节 R_9 制动电阻值：当列车减速时，通过 VD_1、VD_2 的导通比控制和 VD_3、VD_4 导通的控制，从而使 R_9 的制动电阻值减小。虽然列车减速引起电机电势的下降，但 R_9 的制动电阻值也相应减小来维持电机电流值达到基准值所提出的要求。当 R_9 调到很小值时，由 TCU 牵引控制单元对 VD_8 晶闸管发出正脉冲信息，使 VD_8 晶闸管导通。R_8 降压电阻被短接，与此同时，通过 TCU 控制 VD_1、VD_2、VD_3、VD_4 使得 R_9 电阻值重新被提高，即 R_8 被短接电阻值等于 R_9 提高电阻值（这样不会引起 R_8 被短接所引起电机电流突跳，而产生列车的撞击）。再由 TCU 控制 VD_1、VD_2、VD_3、VD_4 随着列车减速对 R_9 电阻值进行调节，继续保持电机电流达到基准值所提出的要求。当 R_9 电阻值被调到很小时，由 TCU 控制 VD，晶闸管导通 R_7 被短接。R_9 电阻值又被重新提高，其工况同 VD_8 晶闸管导通 R_8 被短接后的工况。

上述工况电阻制动方式从高速到极低速度都可以实施电制动，但当列车速度很低时，其制动功率是较低的，制动效果也下降。为了保持低速制动效果，在列车速度低于 10 km/h 时，将电制动切除，改由空气制动系统实施摩擦制动来停车。当列车惰行速度在中速或低速时实施电阻制动，可由 TCU 直接控制 VD_8 或 VD_7 晶闸管导通，使 R_8 或 R_8、R_7 降压电阻被短接，经 VD_1、VD_2、VD_3、VD_4 元件调节 R_9 电阻值，实施电阻制动，达到列车减速目的。

要实施再生制动，必须满足以下两个条件：

（1）回馈给接触网的电压 $U_反$ 必须大于接触网上的电压 U_H，即 $U_反 > U_H$。

（2）一定要有其他列车吸收电能。此条件不能由本车车辆承担，而取决于外界运行条件。再生制动工况主电路除了负载和由 TCU 控制的斩波器中的一些元件有变化外，其他都同电阻制动工况主电路。与电阻制动工况主电路相比较，在负载方面，由于 VD_3、VD_4 制动电阻晶闸管处在关断状态，则 R_9 制动电阻被切除了，R_9 留下来的负载值被其他列车用电负载替代，即回馈电流轨迹是经 VD_5 续流二极管→C_1（+）→Q_i 受电弓→接触网→其他列车用电→钢轨→$Q_4 \sim Q_7$→VD_1、VD_2（GTO 晶闸管的负极）。

由此看出，二组电机成交叉励磁电路，削磁系数为 $\beta = 50\%$，A_2 预励磁装置经 K_{12} 预励磁接触器主触头关断。为了帮助建立电机电枢电势电压，R_7、R_8 降压电阻经 VD_7、VD_8 晶闸管可被短接。工况与电阻制动工况完全相同，所不同的是 L_3 平波电抗器和 R_8、R_7 降压电阻所起的作用及 VD_1、VD_2（GTO 晶闸管）与其他列车吸收电能的工况。

其工况如下：当 VD_1、VD_2（GTO 晶闸管）导通时，由（+）极点出发电流 I 及经 L_3 平波电抗器→VD_1 或 VD_2（GTO 晶闸管）→VD_9 隔离二极管→R_8、R_7 降压电阻→（−）极点，

产生制动力。L_3平波电抗器就会有一电感电势E_{1L3}；当VD_1、VD_2（GTO晶闸管）关断时，由（+）点出发I反电流经VD_5续流二极管→其他列车吸收电能→VD_9隔离二极管→R_8、R_7降压电阻→（−）极点，产生制动力。这时

$$U_{反} = E + E_{1L3} - I_{反}(R_7 + R_8) \geqslant 1\,850（V）\tag{2-10}$$

式中　$U_{反}$——反馈给接触网的电压；

　　　E——二串二并的电机电枢电压；

　　　$I_{反}$——反馈接触网电流；

　　　R_7、R_8——降压电阻；

　　　E_{1L3}——电感电势。

随着制动力产生，列车将减速、电机转速n下降，E随之下降，$U_{反}$同时下降。为了确保$U_{反} \geqslant 1\,850$ V，需提高E_{1L3}电感电势，可通过VD_1或VD_2、α导通比的控制来实现，即导通比α大，E_{1L3}电势也增大。当导通比α调到0.95时，可通过VD_8晶闸管的导通短接R_8降压电阻。为了不使反馈电压$U_{反}$突升，此时VD_1、VD_2的α导通比调小，使E_{1L3}减小，但仍维持$U_{反} = E + E_{1L3} - IR_7 \geqslant 1\,850$ V，列车进一步减速，使E下降，则使α导通比加大，α得到提高，来维持$U_{反} \geqslant 1\,850$ V。列车速度进一步降低，则可通过VD_7晶闸管把R_7降压电阻短接，再对VD_1、VD_2晶闸管的α导通比来控制$U_{反} \geqslant 1\,850$ V直至停车电机转速n为0而结束。

从上述情况可得出，L_3平波电抗器产生E_{1L3}电势，是与电机电势叠加在一起经VD_1、VD_2晶闸管控制，使反馈电压$U_{反}$大于接触网电压U_H，满足再生制动所提出的条件。R_8、R_7降压电阻是为了在列车高速进行再生制动时，在电机电势电压太高时采取降压作用，使反馈电压$U_{反}$不致太高。

上海地铁电动客车的电制动是再生制动优先，其次采取电阻制动。在外界有吸收时，车辆将优先进行再生制动；当外界无吸收时，列车电制动将从再生制动转换到电阻制动，只要使VD_3、VD_4电阻晶闸管导通，R_9制动电阻将接入来代替外界的吸收实施制动。

上述VD_1、VD_2、GTO晶闸管、VD_7、VD_8短接电阻晶闸管，VD_3、VD_4电阻制动晶闸管都由TCU牵引控制单元进行控制。

第三节　交流牵引传动系统

一、交流牵引电动机的原理分析

直流电动机必须通过换向器才能工作，除结构较复杂外，它的检修工作量较大，这使直流牵引电机的发展受到了很大限制。

从20世纪80年代开始，在电力电子技术和微电子技术的强力支持下，三相交流传动系统以其固有的优越性在铁道牵引领域，尤其是在地铁等由直流电网供电的电动车组中的应用得到迅速发展，特别是采用了大功率自关断电力电子器件IGBT（绝缘栅双极型晶体管）后，使交流电机VVVF（可变电压可变频率）控制得以实现。交流牵引电动机具有结构简单、单

位功率的体积小、质量轻、制造成本低及维护维修简单等一系列优点。进入20世纪90年代后，欧洲各国相继停止了直流牵引系统的生产，交流牵引系统全面取代了直流牵引系统。

目前城市轨道交通车辆普遍采用的是交流异步牵引电动机，这是因为同步电动机需要集电环和电刷，或者在转子上安装旋转整流器，不适于频繁起动和停止的工作需要，也不能在轮径不同或牵引电动机转速有差别时，由一台逆变器驱动多台电动机并联工作。

交流异步牵引电动机在空间利用和自重上都优于同步电动机，尤其是笼型异步电动机，在工业上是最常用的。这种电动机非常经济、耐用、可靠。异步电动机采用VVVF控制，即直流电通过逆变器变为三相交流电，用电压和频率的变化来控制异步电动机的转速，获得最佳的调速性能，并实现再生制动。

（一）三相异步电动机的转差率和转速

三相异步电动机最基本的工作原理之一是在气隙中建立旋转和正弦分布的磁场，若忽略槽的影响，则三相绕组分布对称。正弦三相对称电源加到三相定子绕组上会建立一个同步旋转磁场。若初始时转子处于静止状态，磁场将从转子导条上扫过，在短路的转子电路中感应出相同频率的电流。气隙磁链和转子磁动势相互作用产生转矩。只有当转子的转速与磁场的转速（同步转速）出现转速差，才会感应出转子电流，从而产生转矩。旋转磁场的同步转速n_s与电动机转子实际转速n之差与旋转磁场的同步转速之比称为转差率。

$$s = \frac{n_s - n}{n_s} \quad (2\text{-}11)$$

异步电动机的转速为

$$n = n_s(1-s) = \left(\frac{60 f_1}{p}\right)(1-s) \quad (2\text{-}12)$$

式中　f_1——定子频率，单位为Hz；

　　　P——电动机；

　　　S——转差率。

（二）三相异步电动机械特性

在参数齐全的条件下，分析三相异步电动机的特性一般不采用T形等值电路，而是将它简化成如图2-27所示的简化等值电路。

考虑到异步电动机空载电流较大，故在励磁支路中串入定子的漏阻抗。这种简化会造成一定的误差，但在工程上是允许的，因为这样既可以使分析、计算简化，又可以得到比较满意的精度。

异步电动机输出的机械功率主要表现在输出转矩与转速上，因此转速或转差率是异步电动机的基本变量之一。当三相异步电动机的外加定子电压及频率不变，转差率s变化时，电磁转矩T的变化规律曲线$T = f(s)$称为机械特性。

下面推导异步电动机的机械特性，其中包括机械特性的三种表达式，并分析各种参数对异步电动机机械特性的影响。

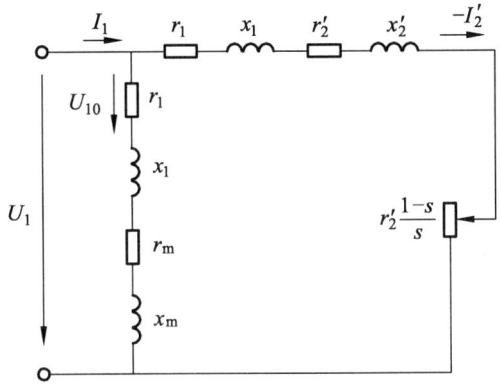

图 2-27 简化等值电路

1. 机械特性的参数方程式

$$I' = \frac{U_1}{\sqrt{(r_1+r_2'/s)^2 + (x_1+x_2')^2}} = I_2' \tag{2-13}$$

通常情况下，除转差率 s 外，电源电压 U_1、电源频率 f_1、定子电阻 r_1、定子电抗 x_1、转子电阻折算值 x_2' 都是常数，则定子电流的负载分量 I' 是转差率 s 的函数，又因，$I_1 = I_{10} + (-I_2') = I_{10} - I_2'$，所以 I_1 也为转差率的函数。图 2-28 中给出了 $I_1 = f(s)$ 及 $I_1' = f(s)$ 的函数关系，称为转速特性。

根据电机原理与等值电路可知，通过空气隙传入转子的电磁功率为：

$$P_{dc} = m_1 I_2'^2 \frac{r_2'}{s} = T\Omega_1 \tag{2-14}$$

式中 T——异步电动机的电磁转矩；
Ω_1——转子机械角速度；
m_1——结构参数。

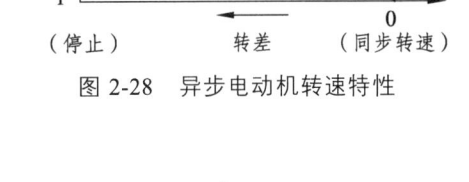

图 2-28 异步电动机转速特性

异步电动机的电磁转矩为

$$T = \frac{P_{dc}}{\Omega_1} = \frac{m_1 p I_2'^2 r_2'}{2\pi f_1 s} \tag{2-15}$$

将式（2-13）代入式（2-15），得：

$$T = \frac{m_1 p U_1^2 r_2'/s}{2\pi f_1 [(r_1+r_2'/s)^2 + (x_1+x_2')^2]} \tag{2-16}$$

式中 m_1——结构参数，一般取值为 3；
P——定子极对数；
f_1——电源频率；
s——转速差；

n——转子转速。

式（2-16）就是异步电动机机械特性方程的特性参数方程。当电源电压、电源频率一定，并且没有人为改动异步电动机的极数及各项参数时，得到的机械特性称为异步电动机的固有机械特性。如图 2-29 所示为一定频率下和电压下的 $T=f(s)$ 固有机械特性曲线。

$T=f(s)$ 的曲线可由式（2-16）解释，当 s 较大（$s\approx1$）时候，r_2'/s 的值较小，式（2-16）分母中 $x_2'\gg r_1+r_2'/s$ 即 r_1+r_2'/s 可以忽略，电磁转矩 T 近似地与转差率 s 成反比；当 s 值很小（$s\approx0$）时，r_1+r_2'/s 的值很大，式（2-16）分母中 r_1 和 x_2' 都可以忽略，此时电磁转矩近似地与转差率 s 成正比。

2．三个重要转矩和四个特殊点

从特性曲线上可以看出，有 3 个重要转矩，此外还有 4 个特殊点可以决定特性曲线的基本形状和异步电动机的运行性能。

1）三个重要转矩

（1）额定转矩 T_N。异步电动机带额定负载时的输出转矩，用字母 T_N 表示，此时的转差率为额定转差率 s_N。T_N 可由铭牌上的额定功率 P_N（kW）和额定转速 n_N 来确定。

$$T_N = 9\,550\frac{P_N}{n_N} \tag{2-17}$$

（2）最大转矩 T_m。当 s 达到临界转差率 s_m 时，电磁转矩达到最大值 T_m，称为最大电磁转矩。它也是异步电机带动最大负载的能力。最大电磁转矩与额定转矩之比称为电动机的过载能力 λ_k，即 $\lambda_k = T_m/T_N$，它是衡量电动机过载能力的一个重要指标。最大电磁转矩越大，短时过载能力越强。根据数学分析，对于一定结构的电机，最大值 T_m 为

$$T_m = \frac{pm_1U_1^2}{4\pi f_1[r_1+\sqrt{r_1^2+(x_1+x_2')^2}]} \tag{2-18}$$

三相异步电动机的 T_m 和电压的平方成正比，所以三相异步电动机对电压的波动很敏感，使用时要注意电压的变化。三相异步电动机转子轴上机械负载转矩 T_L 不能大于 T_m，否则将造成堵转（停车）。异步电动机堵转时转子转速 n 为零，转子电流 I_2' 增大，定子电流 I_1 急剧增大，将导致电机严重过热而烧损。

（3）启动转矩 T_{st}。电机在启动的瞬间，即 $s=1$ 时的电磁转矩为启动转矩 T_{st}（又称为堵转转矩）。把 $s=1$ 代入式（2-16），启动转矩 T_{st} 为

$$T_{st} = \frac{m_1pU_1^2r_2'}{2\pi f_1[(r_1+r_2')^2+(x_1+x_2')^2]} \tag{2-19}$$

当施加在定子每相绕组上的电压降低时，启动转矩会明显减小。T_{st} 体现了电动机带负载启动的能力，若 $T_{st}>T_N$，则电机能启动，否则不能启动。通常把在固有机械特性上启动转矩 T_{st} 与额定转矩 T_N 之比 λ_{st} 称为启动转矩倍数，即 $\lambda_{st}=T_{st}/T_N$ 是衡量异步电动机启动能力的一个重要数据。一般为 $\lambda_{st}=1.0\sim1.2$。

2）四个特殊点

（1）启动点 a。当异步电动机接入电网时 $n=0$，$s=1$，电磁转矩 $T=T_{st}$，如图 2-29 中的

a 点，为启动点。启动点的启动电流（堵转电流）很大，但由于转子绕组的功率因素 $\cos\varphi_2$ 很小，故启动转矩 T_{st} 并不很大。

（2）临界点 b。如果启动转矩大于轴上的负载转矩，电机将加速。随着转速的上升，转差率 s 减小，在 $s > s_m$ 范围内，随着 s 减小，转矩 T 是逐渐增大的。当 $s = s_m$ 时，转矩达到 T_m，出现了图中 b 点所示的最大值。我们把这一点称为机械特性曲线的临界点，s_m 称为临界转差率，转矩 T_m 称为临界转矩（又称为最大转矩）。

（3）额定点 c。转速继续上升，转差率 s 减小，在 $s < s_m$ 范围内，随着 s 减小转矩 T 是逐渐减小的。当 $s = s_m$ 时，如图中 c 点所示，转矩 $T = T_N$，这一点称为额定工作点。不改变电机的参数，当电源电压、电网频率和轴上输出功率都为额定值时，电机运行在这一点上。

（4）同步转速点 d。如果轴上的外加转矩与电磁转矩的方向相同，帮助异步电动机克服空载转矩，电磁转矩 $T = 0$，$n = n_1$，$s = 0$，我们称点 d 为同步转速点。显然，当轴上没有外转矩时，靠电机本身的力量不可能在这一点上运行。这一点是电动工作状态与发电（制动）状态的分界点。

一般地，电动机具有转速增加时转矩减小、转速减小时转矩增大的特性才能稳定运行。设电动机原在额定转矩 T_N 下运行，则对应的转速为 n_s（转差率 s_N），现假设负载转矩突然增加，如图 2-29 所示，则电动机转速将减小（s 将增大），随着 s 的增加，电动机产生的转矩也将增加，当增加到与新的负载转矩相等时，电动机即在稍大的转差率 s（稍低的转速下）稳定运行。这同时也是为什么电动机的空载转速稍高于额定转速的原因。

从图 2-29 分析可知，异步电动机不能稳定地运行在 $1 - s_m$ 区间。当负载转矩小于电机转矩时，电机很快加速进入稳定运行区；当负载转矩大于电机转矩时，电机很快减速而堵转。而在 $0 \sim s_m$，电动机的电磁转矩可以随负载的变化而自动调整（这种能力称为自适应负载能力），即异步电动机可以稳定运行的区域是在最大转矩点到同步转速之间，只限于转差率为 0%～10% 的狭小区域。正是由于这种硬的机械特性，才使它的自动调速变得困难，也正是由于这种硬特性，它作为牵引电机使用时具有良好的防空转性能，从而可以充分利用电动车的黏着重量。

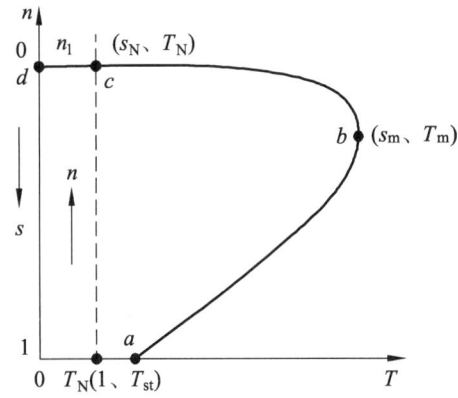

图 2-29　异步电动机固有机械特性曲线

二、三相异步电动机的调速

人为地改变电动机的转速，称为调速。异步电动机的转速公式如下：

$$n_1 = (1 - s)\frac{60 f_1}{P} \qquad (2\text{-}20)$$

从式（2-20）可以看出，改变异步电动机转速的方法有 3 种：
（1）变极调速：改变异步电动机定子绕组的磁极对数 p。
（2）变转差率调速：改变异步电动机的转差率 s。
（3）变频调速：改变异步电动机定子所加电源的频率 f_1。

1. 变极调速（有级调速）

变极调速是通过改变电动机定子绕组的接线方式以改变电机极数实现调速。这种调速方法是有级调速，不能平滑调速，而且只适用于鼠笼式异步电动机。因为鼠笼式异步电动机的磁极对数能自动地随着定子磁极对数的变化而变化，从而保证定子、转子磁极对数相等，以使转子产生恒定的电磁转矩。

变极调速通常采用的方法是单绕组变极调速，即在定子铁芯中装一套绕组，通过改变定子绕组的连接方式，使部分绕组中电流的方向改变，来实现电动机的磁极对数和转速的改变。

变极调速接线原理如图 2-30 所示。设异步电动机每相有相同的线圈组，当这两个线圈组首位正向串联后，气隙中形成 4 个磁极，如图 2-30（a）所示；当采用图 2-30（b）所示的反向并联时，气隙中形成 2 个磁极，即磁极对数减少了一半。由此可见，只要让定子每相的一半绕组中电流的方向改变，就可以改变磁极对数。

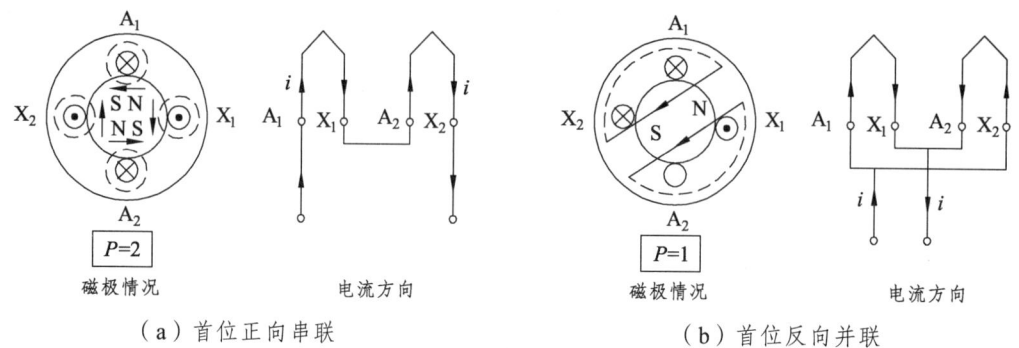

（a）首位正向串联　　　　　　　　　（b）首位反向并联

图 2-30　变极调速接线原理

这种调速方法的特点：具有较硬的机械特性，稳定性良好；无转差损耗，效率高；接线简单、控制方便、价格低；有级调速，级差较大，不能获得平滑调速；可以与调压调速、电磁转差离合器配合使用，获得较高效率的平滑调速特性。变极调速适用于不需要无级调速的生产机械，如风机等。

2. 变转差率调速（无级调速）

变转差率调速可以通过调节定子电压、转子电阻（适用于绕线式异步电动机）、转差电压（适用于绕线式异步电动机）等方法来实现。如图 2-31 所示为改变外加定子电源电压来改变转差率 s。

图 2-31 中，由负载特性曲线 1 与不同电压下电动机的机械特性曲线的交点 A、B、C 可知，其调速范围很小。负载曲线 2 与不同电压下机械特性曲线的交点为 D、E、F，可以看出，其调速范围稍大。

这种调速方法能够无级调速，但当降低定子电压时，转矩也按电压的平方呈比例减小，所以调速范围不大。为了扩大调速范围，调压调速应采用转子电阻值大的笼型电动机，如专供调压调速用的力矩电动机。

目前常用的调压方式有串联饱和电抗器、自耦变压器以及晶闸管调压等几种。晶闸管调压方式为最佳，其特点是：调压调速线路简单，易实现自动控制；调压过程中转差功率以发热形式消耗在转子电阻中，效率较低。此方式一般适用于 100 kW 以下的生产机械。

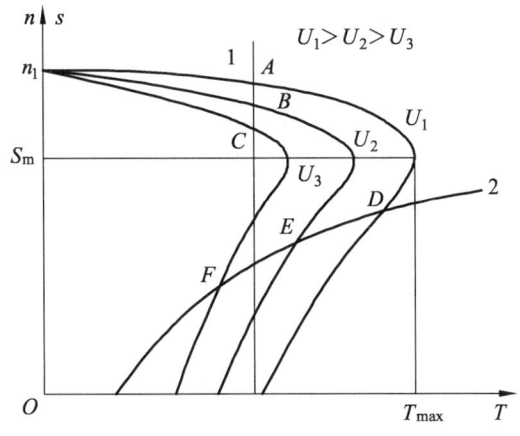

1—恒转矩负载；2—风机泵类负载。

图 2-31 异步电动机变转差率调速

3. 变频调速（无级调速）

变频调速通过改变电机定子的供电频率改变电机的同步转速，以达到调速的目的。其调速性能优越，调速范围宽，能实现无级调速。进行变频调速时，为使电机得到满意的性能，通常应保持气隙磁通 ϕ_m 不变，即保持铁芯磁路的饱和程度，励磁电流和电动机的功率因数基本不变。此种调速方法不仅调速范围大、效果好，而且效率也较高。如略去异步电动机定子阻抗压降，则 $U_1 \approx E_1 = 4.44 f_1 K_1 N_1 \phi_m =$ 常数，为使 ϕ_m 保持不变，应使电压 U_1 随频率成正比变化，即

$$\frac{U_1}{f_1} \approx \frac{E_1}{f_1} = 4.44 f_1 K_1 N_1 \phi_m = 常数 \tag{2-21}$$

也就是说，在改变频率的同时，必须相应调节电压，这种变频调速常用英文 VVVF 来表示。VVVF 调速也可用于异步电动机的启动。异步电动机启动时，按负载的要求选择合适的启动频率，获得所需的启动转矩，然后随着电机转速的上升相应地升高电源的频率，这种方式称为软启动。

从调速范围、平滑性以及调速过程中电动机的性能等方面来看，变频调速最为优越，可以和直流电动机相媲美，但需要专门的变频变压电源。控制轨道交通动车异步电动机的变频变压装置通常采用脉冲宽度调制器，亦称为 PWM 变频器。变频调速的特点：效率高，调速过程中没有附加损耗；应用范围广，可用于鼠笼式异步电动机；调速范围大，特性硬，精度高；技术复杂，造价高，维护检修困难。变频调速适用于要求精度高、调速性能较好的场合，如电力机车、内燃机车、动车组、城市轨道交通车辆等。

综合上述三种调速方式可以看出，异步电动机的调速性能不如直流电动机的调速性能好。这是因为，异步电动机的运行特点就是在接近同步转速工作时（即转差率 s 较小），机械性能较硬，效率和功率因数都较高，如果远低于同步转速（即转差率 s 较大），各方面的性能都要变差，因此改变转差率 s 不是理想的调速方法，而变极调速和变频调速又不像直流电动机改变电枢电压那么方便。

三、车辆运行过程中对牵引电机的要求

从城市轨道交通车辆的运行来看,在不同运行阶段对牵引电机有不同的运行要求。例如,在启动过程中要求有一个均匀的加速度以实现平稳启动,这种方式称为恒转矩启动。当列车加速到额定速度并进入稳定运行状态时,为了使传动设备的装机能力得到充分利用,要求在任何速度上都达到额定功率值,即按恒功率特性运行。如图 2-32 所示为城市轨道交通车辆在不同阶段的运行模式及参数特性。

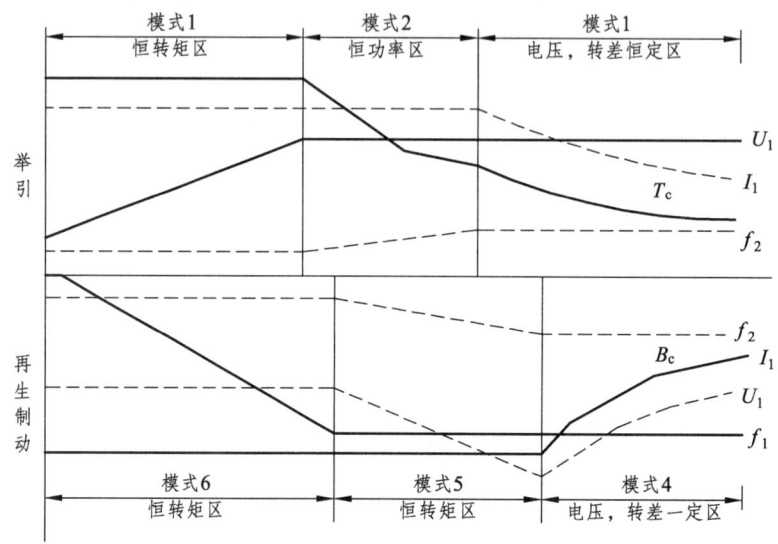

U_1—逆变电压;I_1—定子电流;f_1—逆变频率;f_2—转差频率;T_e—牵引力;B_e—制动力。

图 2-32 城市轨道交通车辆在不同阶段的运行模式及参数特性

表 2-1 是针对车辆从启动到停止整个过程中不同的运行模式的说明。在车辆的牵引加速和制动减速两个阶段中的运行模式主要包括以下几种:牵引加速的恒转矩模式、恒功率模式、恒转差频率模式,以及制动减速的恒转差频率模式、恒转矩模式。

表 2-1 车辆运行模式

指令	模式	状态	需要控制的因素		转矩	定子电流
牵引加速	1	恒转矩模式		$\dfrac{U_1}{f_1}$—定,f_2—定	T_e—定	I_1—定
	2	恒功率模式	f_1 提高	U_1—定,$f_2 \propto f_1$	$T_e \propto \dfrac{1}{f_1}$	
	3	恒转差频率模式		U_1—定,f_2—定	$T_e \propto \dfrac{1}{f_1^2}$	$I_1 \propto \dfrac{1}{f_1}$
制动减速	4	恒转差频率模式		U_1—定,f_2—定	$T_e \propto \dfrac{1}{f_1^2}$	$I_1 \propto \dfrac{1}{f_1}$
	5	恒转矩模式	f_1 降低	U_1—定,$|f_2| \propto f_1^2$	T_e—定	$I_1 \propto \dfrac{1}{f_1}$
	6			$\dfrac{U_1}{f_1}$—定,f_2—定		I_1—定

1．模式 1：牵引加速——恒转矩模式

（1）保持转差频率 f_2 恒定的同时，慢慢提高逆变频率 f_1 使其与车辆的运行速度相符合。

（2）在保持逆变电压频率比恒定的情况下，对逆变电路输出电压进行 PWM 控制。

（3）该模式的控制结果：牵引力保持一定，定子电流 I_1 也大致一定；当负载变化时，有必要改变牵引力，且保持 U_1/f_1 不变时，就要改变转差频率 f_2 以此来改变电机电流，从而获得所要求的牵引力。

（4）转矩控制一直进行到速度上升到逆变器输出电压达到上限为止。逆变器的输出电压上限（$U_{1\max}$）和输入电压（U_c）的关系如下：

$$U_{1\max} = \frac{\sqrt{6}U_c}{\pi} \tag{2-22}$$

2．模式 2：牵引加速——恒功率模式

（1）当逆变器电压达到上限后保持一定，然后增大转差频率的同时定子电流维持恒定。由于电压电流都不变，所以处于恒功率模式。

（2）由于牵引力大致与逆变频率成反比，所以牵引力将随速度的上升而减小。

（3）恒功率控制将持续到转差频率达到所规定的最大值。

在逆变器容量有较大余量，并在模式 1 逆变电压达到最大的情况下，可使电机定子电流随速度成正比上升，继续进行保持牵引力恒定的恒转矩控制。在这种情况下，如果电机电流达到了逆变器容量所限制的最大值，则要转入模式 2。

3．模式 3：牵引加速——恒转差频率模式

（1）逆变输出电压保持可控最大值，补偿由于增加逆变频率 f_1 而导致 U_1/f_1 降低的值，转差频率 f_2 无法再增加，即转差频率也保持最大值，随着速度的上升缓慢增加逆频率。

（2）电机定子电流与逆变频率成反比地减少，牵引力也与逆变频率的平方成反比，这相当于直流电动机最弱磁场下的自然特性区。

4．模式 4：制动减速——恒转差频率模式

（1）逆变电压取最大值，转差频率也保持所规定的负最大值，随着速度的下降缓慢减小逆变频率。

（2）电机电流与逆变频率成反比地增加，制动力与逆变频率的平方成反比增加。

（3）使电机电流增加到与下述模式（恒转矩控制）相符合的值，但是在达到恒转控制模式之前，电机电流已达到逆变器容量所制约的上限值的情况下，则要从电机电流到最大值的时刻起保持电机电流恒定，进行恒流控制。在这种情况下，制动力将随逆变率成反比增加，这相当于直流复励电动机的电流限制区。

5．模式 5：制动减速——恒转短模式

（1）逆变电压取最大值，在控制转差频率（负值）与逆变频率的平方成反比的同时，使逆变频率随速度下降而缓慢减小。

（2）电机电流将随逆变频率成反比地减少，制动力大致保持一定。

6．模式 6：制动减速——恒转矩模式 Ⅱ

（1）保持转差频率为最小值，使逆变频率随速度下降而缓慢减小。

（2）采用 PWM 控制，在保持（逆变电压/逆变频率）恒定的条件下减少逆变频率（U_1/f_1 恒定）控制。

（3）其结果是制动力保持恒定，电机电流也大致保持一定。

（4）这种模式下再生制动可持续到列车停止前（理论上再生制动可持续到速度为 0）。

四、交流牵引系统的逆变器

城市轨道交通车辆的传动主要依靠电能转换单元将车辆的直流供电电压转换为三相交流信号，继而驱动车辆上的电机使车辆得以运行。而电能转换单元的主体为逆变电路，逆变电路因为其性能可靠，动、静态性能卓越和节能等优点，在各个领域获得越来越广泛的应用。在包括城市轨道交通在内的电力牵引领域，以 VVVF 逆变电路为核心的交流传动正在以很大的优势，逐步取代直流传动及其配套的斩波器。除了 VVVF 电压频率可调逆变电路，还有恒压恒频的逆变电路。恒频恒压的逆变电路则可以为车辆的空调、空气压缩机提供三相、50 Hz 的供电电源。

早在 20 世纪 30 年代，欧洲一些国家的电气化铁路就曾利用多台交流和直流旋转电机，实现了将来自电网的单相工频电能变成三相调频电能，驱动感应电动机作为电力机车的牵引电机。但当时的装置十分复杂、笨重，价格也很昂贵。20 世纪 50 年代，又曾采用水银整流器、引燃管和闸流管等离子器件构成静止式变频器，但这些器件的管压降大，同时存在控制性能差、体积大、需要水冷却、寿命短等缺点。20 世纪 60 年代，开始用电力半导体器件构成逆变电路，实现了高性能、高效益的轨道车辆交流传动。

牵引逆变器的发展过程中根据中间直流环节电源性质的不同有两种类型的逆变器，即电压源型逆变器和电流源型逆变器。直流环节表现为理想电流源的是电流源型逆变器；直流环节表现为理想电压源的是电压源型逆变器。两类逆变器有各自的特点，但随着电力电子器件的发展，电压源型逆变器获得了广泛的应用。目前，在牵引系统中均采用电压源型逆变器。

逆变电路一般包括三部分：第一部分是电力电路及缓冲电路，电力电路是利用电力电子器件进行能量变换的主体，缓冲电路与电力电子器件并联，用于吸收电力电子器件上的换流过电压；第二部分是控制电路，完成对主电路的控制，实现逆变，并使逆变器具有调压、调频，或稳压、稳频等良好的动、静态性能；第三部分是电力电子器件的门控电路，包括设计门控电路中的过电流保护等部分。

由全控型电力电子器件构成的逆变电路不必另设强迫换流电路，主电路相对简单，结构犹如一个逆向工作的可控整流电路，把直流电能变为可变频调压的交流，送给单相或三相等负载。而且采用不同的全控型电力电子器件如 GTR（Giant Transistor，电力晶体管）、GTO、IGBT 时，其主电路没有原则差别，差别主要在于门极（栅极）控制电路和保护方法有所不同。

1．单相桥式逆变电路

逆变电路从其结构而言，也像整流电路那样有零式（中间抽头式）、桥式、单相和多相之分。

图 2-33 所示为一个单相桥式逆变电路的原理示意图，其中 T_1、T_2 和 T_3、T_4 两组理想开

关轮流接通时，负载 R 上就可得到交流电压 u_d，这是一个幅值为直流电源电压 U_d 的周期性交变电压，相应的交流电流为 i_R。负载电压和负载电流的频率取决于两组理想开关的频率。

用全控型器件，如 IGBT 取代图 2-33 中所示的开关后，得到图 2-34（a）所示的单相桥式 IGBT 逆变器的主电路。

图 2-34（b）和图 2-34（c）所示是 IGBT 逆变器

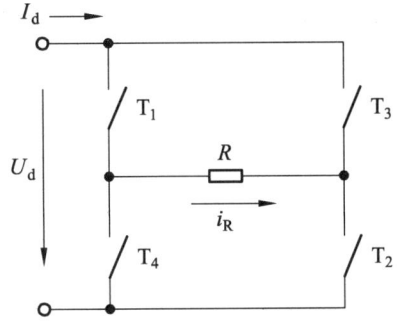

图 2-33 单相桥式逆变电路原理示意图

在电阻负载下的输出电压和输出电流波形。在 $0 \sim \pi$ 期间，$IGBT_1$（用 T_1 表示）和 $IGBT_2$（用 T_2 表示）导通；在 $\pi \sim 2\pi$ 期间，$IGBT_3$ 和 $IGBT_4$（分别用 T_3 及 T_4 表示）导通。图 2-34（d）所示则为直流输入电流 i_d 的波形，图中假设 IGBT 的开关是瞬时完成的理想过程。

对于感性负载，交流电流滞后电压一个相位角，当两组开关已经切换，电压已经反向时，感性负载电流仍将在滞后角时间内保持原来的流通方向，如果强迫关断这一感性负载的滞后电流。必然会引起过电压，造成电力电子器件的击穿损坏。为此，在感性负载下，每个电力电子器件上还需反向并联一个快速二极管，以构成滞后电流的通路，如图 2-35（a）所示。

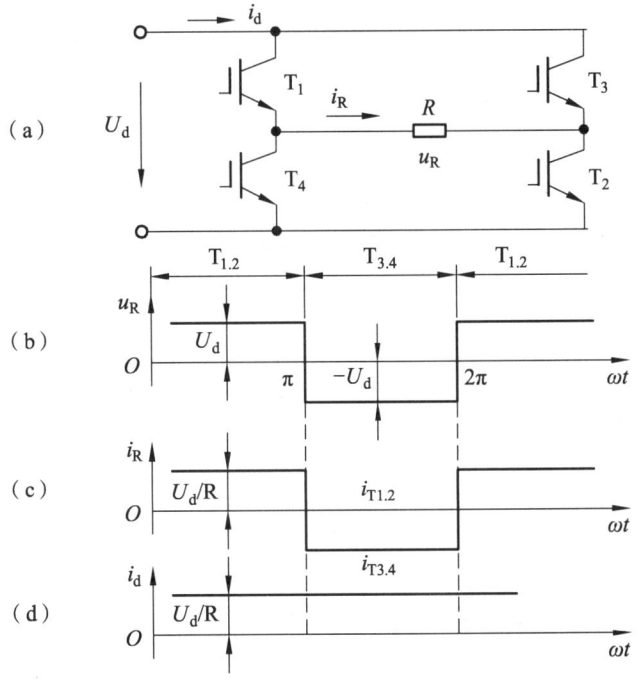

图 2-34 单相桥式 IGBT 逆变主电路及波形

在图 2-35（a）中 $\omega t = \pi$ 时刻，当 $IGBT_1$（T_1）和 $IGBT_2$（T_2）关断，感性负载电流从 T_1、T_2 转移到由 VD_3，VD_4 及电源所构成的续流回路中，使负载电流在滞后角内继续保持原方向流通，之后 $IGBT_3$（T_3）和 $IGBT_4$（T_4）导通。同理，在 T_3、T_4 切换到 T_1、T_2 前，负载电流改经 VD_1、VD_2 和电源电路续流。负载电流的波形如图 2-35（c）所示，由两段指数曲线组成，阴影部分为二极管中的电流，其余为 IGBT 中的电流。图 2-35（d）所示为直流输入电流 i_d

的波形，它由正方向的 IGBT 电流和反方向的 i_d 电流组成。由图可见，在二极管导通期间，感性负载向电源回馈了能量。

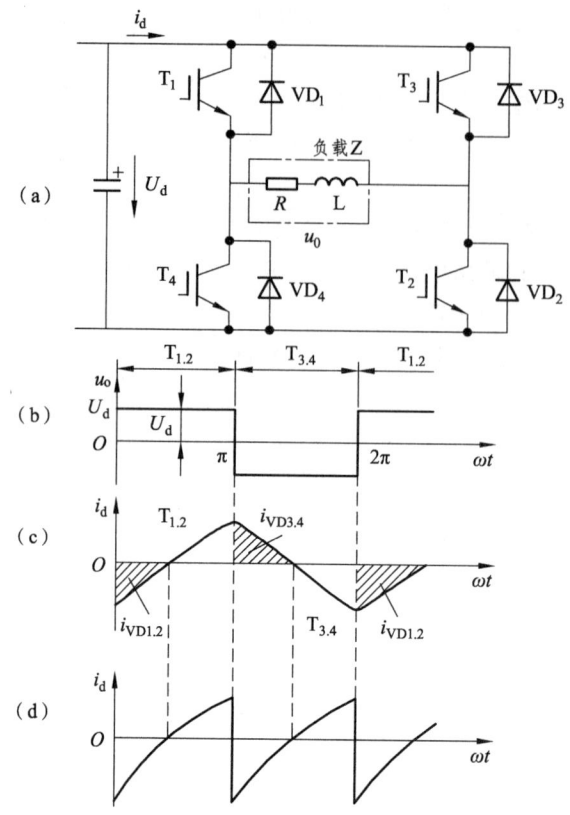

图 2-35　感性负载单相桥式 IGBT 逆变器主电器及波形

2．三相牵引逆变器

三相牵引逆变器的基本作用是将直流电源转换为三相交流电源。在图 2-36 所示的逆变电路中，由 6 个开关组成了一个三相桥式电路。交替开通和关断这 6 个开关，就可以在输出端得到相位各相差 120° 的三相交流电源。该电源的频率由开关频率决定，幅值则等于直流电源的幅值。

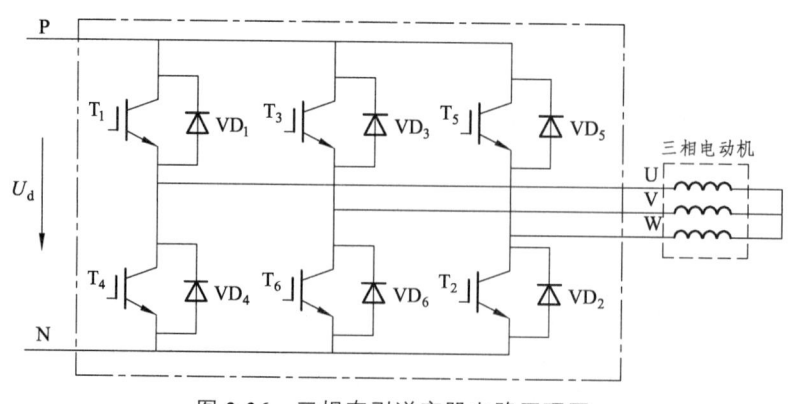

图 2-36　三相牵引逆变器电路原理图

如需改变异步电动机转向,只要改变各个开关开通和关断的顺序即可。因为这些开关同时起着改变电流流向的作用,所以它们又被称为换流开关或换流器件。逆变器输出波形如图2-37所示。

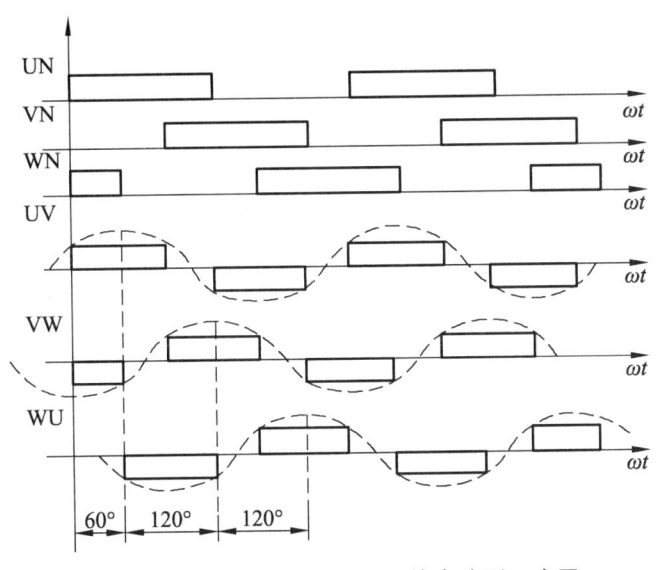

图 2-37 交流牵引系统逆变器输出波形示意图

逆变器在实现三相电源变频调速的过程中,其电压也常常需要根据牵引电动机的工况而改变。作为增加或降低逆变器输出电压的一种手段,采用了控制平均电压的方法,即斩波的方法。这种 PWM 方法不仅在改变频率的同时调整了电压,还可以使逆变器输出电压的高次谐波分量大大减小,因此获得了普遍的运用,其调制示意图如图 2-38 所示,这就是称为 VVVF 的逆变器。

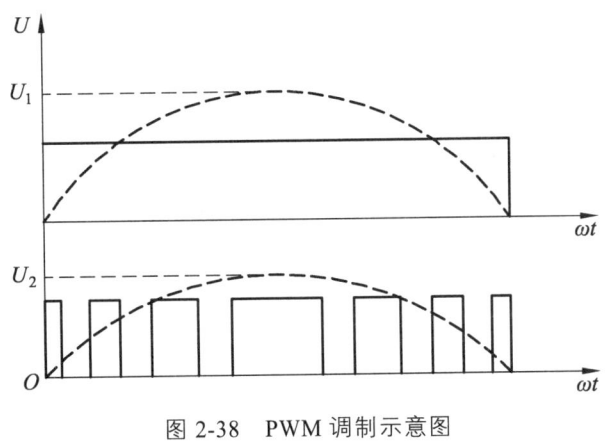

图 2-38 PWM 调制示意图

图 2-39 所示的是二电平电路的逆变器。所谓二电平逆变器,就是通过控制开关管的导通和关断,在输出端把直流电源的正极和负极电压分别引出,从而将直流电能转换成交流电能。在电压型逆变器的主电路中,最早广泛应用的是二电平电路。这种变换器最大的弱点是受开关管功率和耐压的限制,不宜实现高压大功率输出。为了减少逆变器输出电压的谐波含量和 du/dt,产生了两种不同的研究方向:一种是二电平研究方向,利用 PWM 控制方式,通过提

高开关频率的方法，使输出电压波形正弦化；另一种是多电平研究方向，即利用增加主电路电平数来减少 du/dt 和输出电压中的谐波，并使逆变器的开关管工作在低压（或工频）状态，以减小开关损耗及电磁干扰。由于增加了逆变器主电路电平数，电路结构必然要发生改变，逆变器的开关管数必然要增多，但增多的是低频开关器件。多电平逆变器更适用于高压大功率应用，它和二电平逆变器相比，不存在开关管串联的静态和动态均压问题，而且 du/dt 小，电磁干扰小，逆变效率更高。

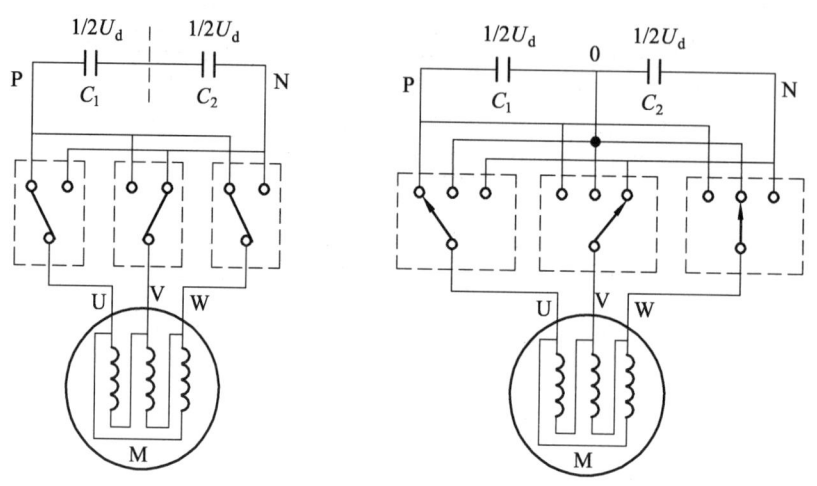

图 2-39　二电平逆变器和三电平逆变器的原理图

3．三电平逆变器

逆变电路中的电平数对于电压型逆变器来说，指的是输出电压波形中从正的最大值到负的最大值之间所包含的阶梯数。多电平逆变器是指这种逆变器输出电压波形中的电平数等于或大于 3 的逆变器，如果等于 3，就称为三电平逆变器，也称为三点式逆变器。

图 2-39 中二电平逆变器和三电平逆变器的原理图中 U、V、W 三相的电压波形如图 2-40 所示。

三电平逆变器最早是由德国学者 Holtz 于 1977 年提出来的，他在二电平半桥式逆变器电路的基础上加入了开关管辅助箝位电路，得到了三电平电压输出。但这种三电平逆变器由于采用的是开关管辅助箝位结构，故只能得到三电平输出，即使增加开关管也不能得到多电平输出，所以只能算是一种多电平逆变器的雏形，还算不上是真正的多电平逆变器。1980 年，日本长网科技大学的难波江章（Akira Nabae）等人对其进行了改进和发展，在 IEEE（电气和电子工程师协会）工业应用（IAS）年会上提出了一种二极管箝位式三电平逆变器主电路的结构，这才开始进入多电平逆变器研究的新阶段。目前在牵引系统中只有三电平逆变器尚有一些应用，其他的多电平逆变器只在电力系统中有所应用。

三电平逆变器是多电平逆变器中最简单也最有实用意义的一种电路。与传统的二电平拓扑结构相比较，三电平拓扑结构的主要优点是：能有效地降低开关频率并减少谐波，从而使系统损耗减小，如以达到同样输出性能指标来衡量，三电平的开关频率将是二电平逆变器的 1/5。还有一个对异步电动机工作性能极为有利的显著优点，就是其电压变化率（di/dt）比二电平通用逆变器降低一半，随之污染电气性能的电流变化率（du/dt）也减少，这样将明显降低对电动机绝缘性能的损害而延长其工作寿命。随着电平数的增加，电压变化减少，主电路电流含有的脉动成分减小,转矩脉动和电磁噪声也降低。因为与吸收电路有关的电路电压只有一半,流入吸收电路电流的能量小,即发热量少,可使电路体积减小(仅对 GTO 而言,因为 IGBT 的吸收电路本身体积就比较小)。若三电平逆变器接上中点悬空的三相对称的星形负载,则负载中将不会有 3 次谐波电流流过。

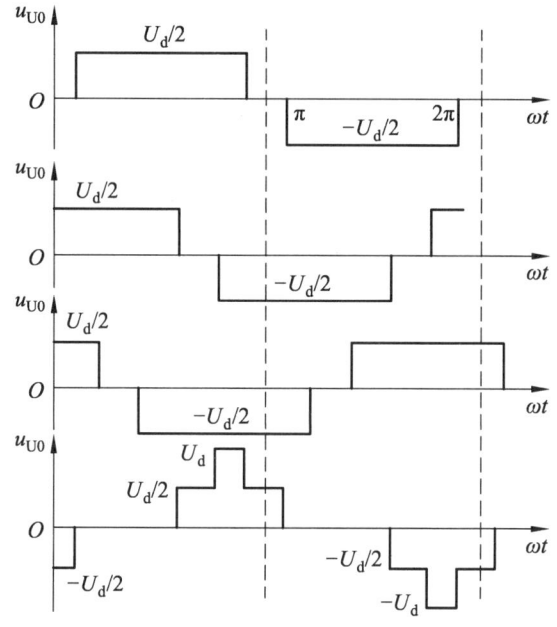

图 2-40 三电平逆变器的电压波形示意图

三电平逆变器的主要问题在于电路所需器件数量大大增加,成本较高;主电路结构复杂,降低了可靠性及平均无故障工作时间;控制上比较复杂,技术上比较难以掌握。目前的牵引系统中,三电平逆变器在日本、德国均有所应用。图 2-41 所示是一个二极管箝位的 IGBT 三电平电压型逆变器电路原理图。我国目前生产的高速动车组 CRH 应用的就是三电平逆变器。

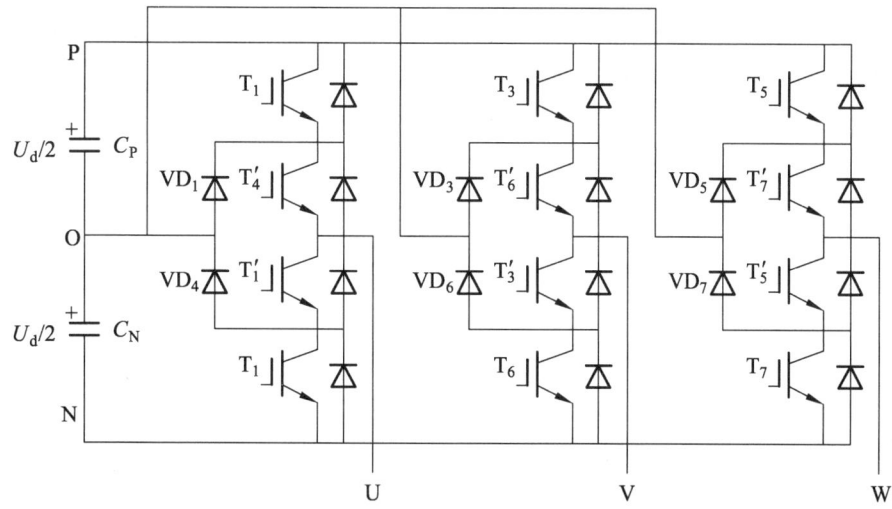

图 2-41 二极管箝位的 IGBT 三电平电压型逆变器电路原理图

五、交流牵引系统 VVVF 转速控制

车辆的交流牵引传动控制，就是通过对逆变电路输出信号的相关参数进行调节，使之满足车辆运行过程中不同运行模式的要求。目前对逆变电路输出信号的可控调节广泛采用的是基于 PWM 调制方式的 VVVF 控制方法，它通过对逆变输出电压信号的频率和幅值这两个参数的调节来实现对车辆的运行速度的开环控制。但是仅仅对车辆的速度进行开环控制还无法很好地满足车辆各种运行模式的运行要求。为了增强对车辆的传动控制，可以采取针对车辆的转速和力矩进行双闭环控制的传动控制方法。目前采用的闭环控制方法主要包括转差频率控制、磁场矢量控制和直接转矩控制。

逆变电路的输出电压驱动交流异步电动机后，就可以实现对城市轨道交通车辆的传动了。但是车辆运行过程中有不同的运行模式，不同模式下对逆变电路输出信号的要求也是不同的。针对这些要求需要对逆变电路信号的频率、幅值进行调节和控制，才能完成对整个车辆的传动控制。在车辆的传动控制中，关键在于对逆变输出电压进行 VVVF 控制——可变电压、可变频率控制，从而完成对车辆的传动系统的转速控制。

1. 脉宽调制

目前，VVVF 转速控制中主要采用的是 PWM 调制技术，这主要是为了得到更加接近于正弦波的逆变输出电压波形，减少谐波干扰。脉宽调制（PWM）的调压方法是把逆变电路的输出电压斩波成为脉冲，通过改变脉冲的宽度、数量或者分布规则，改变输出电压的数值和频率。这种方法分为很多类，它只需对逆变器本身加以控制，使调压、调频一次完成，调节迅速而不需增加功率设备，因而是逆变电路调压调频（VVVF）的主要方法，其中尤以正弦脉宽调制（SPWM）的谐波分量最少、应用最广。

从获得 SPWM 波的方法来看，有三角波（载波）与正弦波（调制波）相交，得出开关切换模式的 SPWM 逆变器；还有锯齿波（载波）与正弦波（调制波）相交，马鞍形波与正弦波相交，三角波（载波）与准正弦的阶梯波（调制波）相交的方法得出的 SPWM 波。所有这些控制方法和指定次数的谐波消去法所追求的目标，都是使输出的波形中谐波最少，最接近正弦波。

从逆变电路的负载端来看，又有追求电动机的气隙磁通（磁链）尽量接近圆形的磁链跟踪型逆变器。它是将 6 种开关状态的 6 阶梯波逆变器输出电压，加到三相电动机的定子绕组上，与逆变器的每一种开关状态相对应，电动机中就有一个合成的空间电压矢量。6 阶梯波逆变电路输出的电压空间矢量为 6 条等幅对称的矢量，逆变器的开关状态切换一次，合成的电压矢量在电机绕组中跳跃式地转动 60°的空间，如图 2-42 所示，在气隙中形成一个六边形的跳跃式旋转的磁场，与正弦电压下电动机的圆形旋转磁场一样，在电磁力的作用下使电动机旋转。但是由于 6 阶梯波逆变器只能提供六边形的旋转磁场，在低频下，电动机的力矩不均衡，会出现电动机转轴的轻微颤动或步进现象。但经过 PWM 控制，电压矢量相应增加，其磁链可逼近圆形，从而使电动机气隙中获得准圆形的旋转磁场。

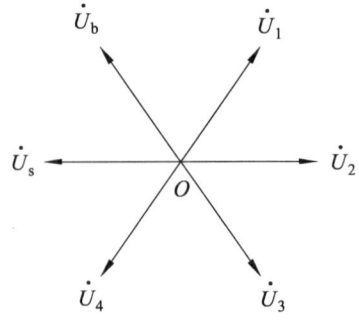

图 2-42 逆变器—感应电机系统的电压矢量

电流跟踪型逆变电路的基本思想是将电动机定子电流的检测信号与正弦波电流给定信号进行比较,如果实际电流大于给定值,可通过开关的切换使电流下降,反之则增加。结果是实际电流接近正弦波给定电流。显然这样的逆变电路开关动作也是一种 PWM 控制。

2. 正弦脉宽调制(SPWM)逆变电路

在城市轨道交通车辆中,逆变电路的负载大多是感应电动机,要求可以调压、调频,而且输出是正弦波形。为此可以把一个正弦半波进行 i 等分,把正弦曲线每一等分所包含的面积都用一个与其面积相等的等幅矩形脉冲来代替。这样,由数量足够多的等幅而不等宽的矩形脉冲所组成的波形就与正弦波的半波等效,数字符号相同的矩形波面积与正弦波所围面积相同,如阴影部分所示;而另半波也可用相同的方法得到。与正弦波等效的等幅矩形脉冲序列波形如图 2-43 所示,各脉冲的幅值是相等的,所以逆变器可由恒定的直流电源供电。当逆变器各开关元件在理想状态工作时,显然驱动开关元件的控制信号也应该是与图 2-43 相似的一系列脉冲波。

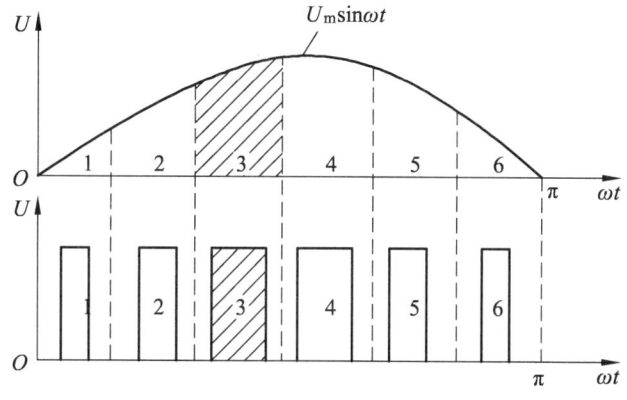

图 2-43 与正弦波等效的等幅矩形脉冲序列波形

(1)单极性正弦脉宽调制。单极性 SPWM 是指逆变器输出相电压在任何半周内始终为一个极性,如图 2-44(a)所示。它的控制信号由两个半周中不对称的等腰三角形载波与正弦调制波相交得出,如图 2-44(b)所示。当正弦波的瞬时绝对值超过三角波时,逆变器的开关管导通,反之关断。如图 2-44 所示,图(a)中脉冲面积与其下面对应的图(b)的面积相等,如阴影部分所示,从而获得按正弦规律分布的一系列脉冲。正弦调制波的频率即为逆变器输出电压的频率。每个正弦半波中三角形载波数为整数[图 2-44(b)中其值为 6],这样输出的电压波形对称,谐波分量较少。

设三角形载波电压的幅值为 U_{TM},正弦调制电压的幅值为 U_{RM},显然,无论改变哪个幅值,两个控制电压波的交点都起变化,因而可获得不同宽度的输出电压脉冲。通常是改变正弦调制电压的幅值,若使其幅值 $U_{RM}=0$,则各脉冲宽度都等于零。又如 U_{RM} 变得相当大时,各脉冲连成一片,成为矩形输出波,其输出电压达到最大值。当然,实际上的正弦调制电压幅值不应超过三角形载波电压的幅值,若正弦波幅值过分接近三角波的幅值,则在三角波峰值附近的脉冲间隙时间太小,会导致开关管特别是开关速度较慢的晶闸管来不及关断,而使输出脉冲相连,在双极性 SPWM 逆变中则造成贯穿短路。

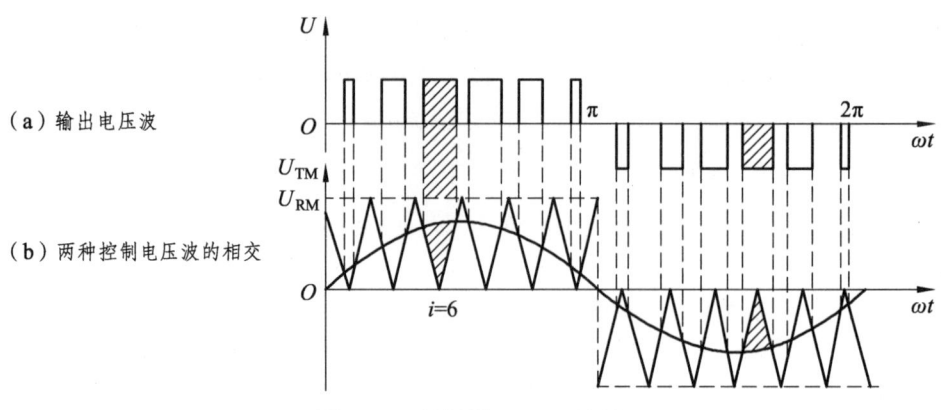

图 2-44 单极性 SPWM 波形

图 2-45 所示是单极性 SPWM 在载波比为 20 时的基波和谐波,其谐波分量 U_n($n=1$,3.5.7,…)和基波分量 U_1 的比值与调制深度 U_{RM}/U_{TM} 的关系。

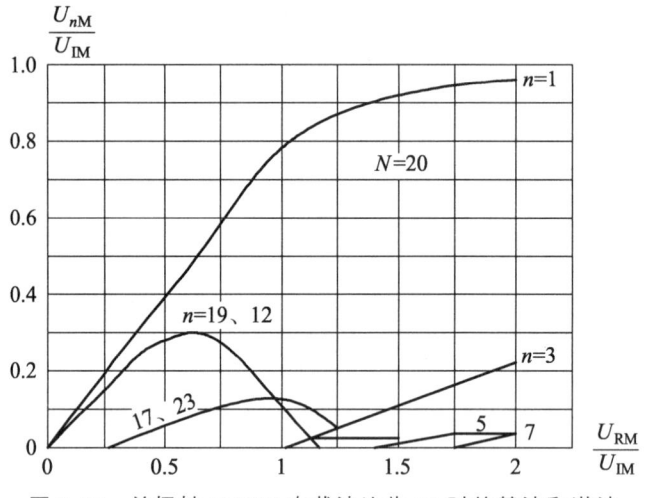

图 2-45 单极性 SPWM 在载波比为 20 时的基波和谐波

由于图 2-44(a)所示的电压脉冲波为奇函数,波形对称于 $\pi/2$,所以输出电压的傅氏级数表达式中无常数项和余弦项。由图 2-45 可见,其谐波分量仅在第 20±1 次较大,这是由于其载波比 N 为 20 的缘故。逆变器输出的基波分量随着调制深度的加大而线性增加。

综上所述,单极性 SPWM 逆变器输出电压中的低次谐波分量很少,$N±1$ 次谐波因其谐波次数较高而容易被电感性负载所抑制。此外,在实用阶段这种逆变器可随调制深度的不同,线性控制输出电压。

(2)双极性正弦脉宽调制。双极性 SPWM 是逆变器输出半个周期内,同一桥臂的上、下两个元件进行互补式通断工作的控制方式,所以逆变器输出相电压在任何半周内都有正、负极性交替出现,由此取其基波,可得交变的正弦波电压,其输出电压的脉冲波如图 2-46(b)所示。双极性 SPWM 是由对称于横坐标的三角形载波与正弦调制波相交得出的,如图 2-46(a)所示。与单极性 SPWM 相同,它也只需要控制正弦波的频率和幅值就能调节双极性 SPWM 逆变器输出电压的频率和数值。

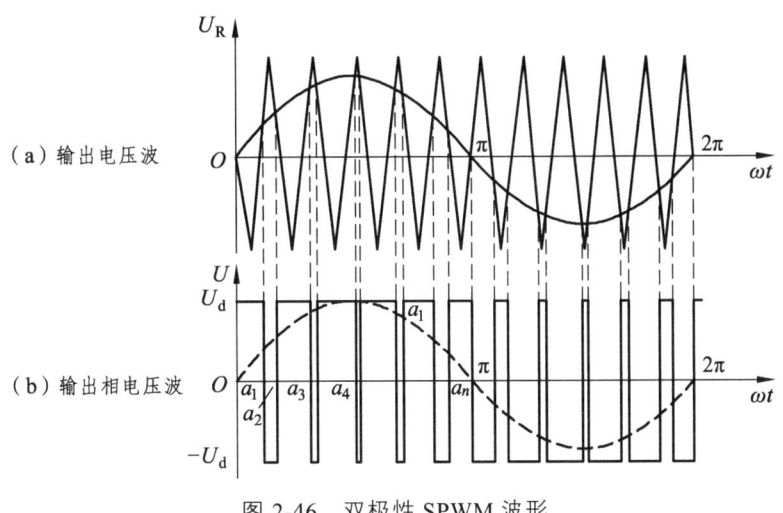

图 2-46 双极性 SPWM 波形

由图 2-47 可见,双极性 SPWM 的低次谐波也很少,$n = N \pm 1$ 的谐波较大,但易被电动机等感性负载所抑制,此外基波分量随调制深度的加大而线性增加。这种调制方式对目前通用的二点式(二电平)逆变器是合适的,但要预防上、下桥臂上的两个互补管的贯穿短路,为此必须先关断后开通。

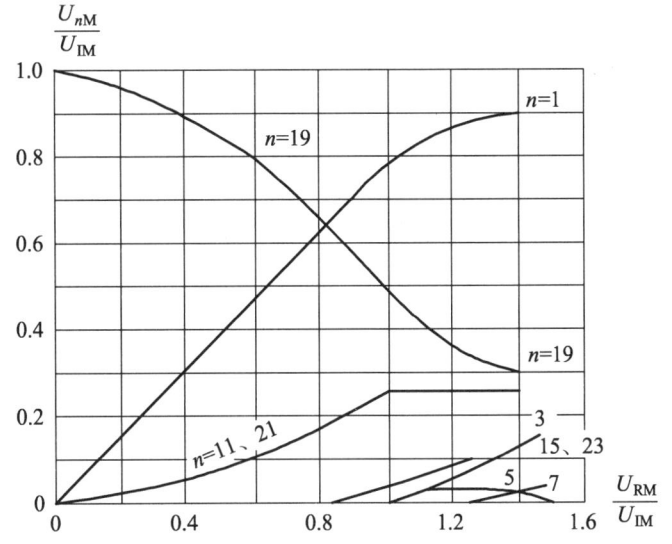

图 2-47 双极性 SPWM 在载波比为 19 的基波与谐波

在实际应用中,不能超出所采用的开关管的最高工作频率,所以在输出频率高的阶段,载波比应取较小值。在输出频率很低的阶段,载波比可以取得相当高,甚至载波比也可以不为整数,这就是所谓"异步正弦脉宽调制"。但大功率逆变器的 N 不宜太高,以便降低开关损耗。

六、交流牵引系统力矩转速闭环控制

城市轨道交通车辆的牵引传动系统要求在一个相当宽的范围内,对每个速度点都能提供适当的力矩值。上述基于 PWM 方式的 VVVF 速度控制是一种开环控制方式，这种开环控制传动系统不能保证在突然加速或减速等定子频率突变时不超过颠覆点，所以，必须采用当电压和负载波动时具有快速动态响应能力和精确的稳态运行性能的反馈闭环控制系统，速度和力矩值是系统的被调量，作为反馈控制信号。一个具有力矩和速度双闭环控制的交流传动系统框图如图 2-48 所示。

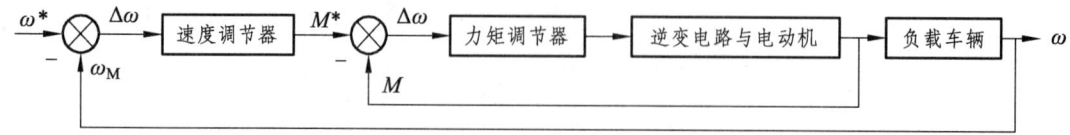

图 2-48　力矩和速度双闭环控制的交流传动系统框图

在牵引传动中，力矩环是一个必不可少的基本单元。如图 2-48 中内环所示，指令力矩 M^* 由一个直流参考电压表示，实际力矩信号 M 由测定的电流和磁通等确定，二者比较后所产生的偏差：$\Delta M = M^* - M$ 送到力矩调节器，以获得满意的力矩控制性能。

图 2-48 所示的中外环是速度控制环，其参考信号为 ω^*，用于模拟电压的大小和极性，表示电动机转速与转向的指令值。这个指令速度与负载的实际转速 ω_M 相比较，所得的速度偏差信号为 $\Delta\omega = \omega^* - \omega_M$，提供给速度调节器。从速度外环得到的补偿误差信号作为力矩内环的力矩指令信号，从而获得双闭环的速度控制系统。

城市轨道交通车辆所使用的感应电动机是一个复杂的、非线性、多变量控制对象，尤其对于鼠笼式异步电动机无法检测鼠笼结构中的转子电流。异步电机的励磁电流隐含在电机定子绕组之中，定子电流中的励磁电流分量检测与控制比较困难。为了可以有效地控制力矩，又可以在快速暂态过载和稳态过载时保护功率变流器和电动机，人们开发出了各种交流传动系统的控制方法。

城市轨道交通车辆要求高性能的异步电动机传动系统，为了建立一个有效的力矩控制环，根据异步电动机的基本性能方程组，可以有两种方法：一种是利用直接测定或估算的力矩值作为反馈信号，与给定力矩进行比较，产生力矩调节器的输入偏差信号；另一种是间接地由给定力矩信号产生相关联的其他物理量，如气隙磁通、滑差频率或定子电流作为给定信号，并测定这些物理量的实际值作为反馈信号，也可以有效地控制电动机力矩。当然，无论控制结构如何复杂，或采取什么样的反馈环和反馈量，功率变流器（逆变电路）只有两个控制变量，即电压和频率。

（一）转差频率控制

目前，城市轨道交通车辆交流异步牵引电机较多采用转差频率控制，这种控制方式力求保持恒气隙磁通，易于实现，技术也比较成熟。电机产生的力矩和流过的电流大致与转差率成比例。在不同给定供电频率之下，控制转差，即可控制异步电机的转速和力矩，以及相应的功率。但其主要问题是，在暂态条件下无法精确地控制转子磁通向量与定子电流向量之间的相位角。

（1）基本概念。通常异步电动机都在转差率很小的范围内运行。因为转差率 s 小，所以 $\cos\varphi_2 \approx 1$。

则电动机的力矩：

$$M = C_M \phi I'_2 \cos\varphi_2 \approx C_M \phi I'_2 \tag{2-23}$$

而 $I'_2 \propto \varphi f_s$，其中 f_s 为转差频率（也就是转子频率 f_2），C_M 为力矩常数，ϕ 为气隙磁通。

$$M \propto \phi I'_2 \propto \phi^2 f_s \propto \phi^2 \Delta\omega \tag{2-24}$$

可见异步电动机工作在转差率较小的情况下，只要保持气隙磁通中不变，力矩近似和转差频率 f_s 成正比，这样用转差频率作为力矩的控制指令值，就可以得到与直流电动机恒磁通下调速相同的特性。这就是转差频率控制的出发点。

（2）基本规律。异步电动机可控电流是定子电流 I_1，其中包含励磁电流分量 I_m 和负载电流分量 I'_2。只有保持 I_m 恒定，才能在采用转差频率控制时，保持电动机气隙磁通中不变。I_m 和 I'_2 均难以直接测量，当负载改变引起 $\Delta\omega$ 变化时，根据 I_m、I'_2 和 $\Delta\omega$ 之间的函数关系，调整 I_1，可以使 I_m 维持不变。

据交流电机等值电路及并联电路的分流关系有

$$\dot{I}_m = \dot{I}_1 \frac{r'_2 + j\omega_1 s L'_2}{r'_2 + j\omega_1 s (L'_2 + L_m)} \tag{2-25}$$

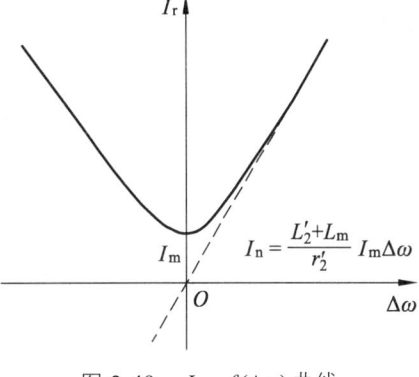

图 2-49 $I_1 = f(\Delta\omega)$ 曲线

令 I_m 为常数，可以画出 $I_1 = f(\Delta\omega)$ 曲线，如图 2-49 所示。当 $\Delta\omega = 0$ 时，$I_m = I_1$，在工作区内且 $\Delta\omega$ 较大时，曲线也可以近似以 $I_1 = \Delta\omega I_m (L_m + L'_2)/r'_2$ 代替。当 $\Delta\omega$ 变化时，控制电流按此函数规律变化，即可维持 I_m（即 Φ）为恒定，保证电动机在每个速度点输出所要求的力矩。

（二）磁场定向式矢量控制

为了使异步牵引电机具有更加优良的动态性能，提出了另外两种控制方案：磁场定向式矢量控制和直接转矩控制

磁场定向式矢量控制（简称为磁场矢量控制）的转速闭环系统是实现高性能交流调速的有效办法。在一定条件下，矢量控制系统相当于把非线性、强耦合的异步电动机调速系统分解成两个独立的线性系统：转速控制系统和磁链控制系统。线性系统的调节器比较容易设计，因此矢量控制交流调速系统的静、动态性能可以和直流调速系统的性能媲美。系统的具体结构原则上可分成两种：磁链闭环（直接磁场定向）和磁链开环（间接磁场定向）型矢量控制系统。

采用磁场矢量控制方式控制异步牵引电机，是以异步电机的转子磁场为基准，基于直流调速系统的控制思想对异步电机进行矢量分解，把一次电流分解为励磁电流分量和力矩电流分量进行单独控制，在保持磁通一定的情况下控制力矩电流分量，即使力矩目标值急剧变化时也不至于产生显著的振荡和超调，从而实现快速动态响应控制。此方式的调速范围宽，可使电机力矩迅速变化到目标值，从而大大提高了对空转和滑行控制的效率。矢量控制最大的缺点是要经过两次坐标变换，并且求矢量的模和相角的计算特别复杂。

磁场矢量控制的基本思路是：以产生相同的旋转磁场为准则，三相交流电动机中 A、B、C 三相固定对称绕组通以三相正弦交流电流 i_a、i_b、i_c；二相交流电动机中 α、β 二相固定对称绕组通以二相正弦交流电流 i_α、i_β；以旋转磁场同步转速旋转，互相垂直的绕组 M、T 通

以直流电流 i_M、i_T 时都可以产生同样的转速。也就是说，这些电流之间存在着确定的矢量变换关系。只要按照某种规律控制三相交流电动机中的三相正弦交流电流，就可以得到好的力矩控制性能。

为了找出这种控制规律，通常以矢量变换为工具，将定子电流矢量分解为两个相互垂直的分量：一个相当于直流电动机的磁场电流，称为励磁电流分量；另一个相当于电枢电流，称为力矩电流分量。对各自独立的两个电流分量进行控制，就构成了力矩瞬时值的矢量控制。为此必须经过坐标变换，第一步是将 A、B、C 三相坐标系的交流量变换为 α-β 坐标系的交流量（相当于把三相交流电动机变换为等值的二相交流电动机），第二步是将 α-β 坐标系的交流量再变换为以转子磁场定向的 M-T 坐标系的直流量（相当于把交流电动机模型转换为直流电动机模型）。在控制调节过程中，对用两相表示的电压、电流和磁通进行分析，确定幅值的大小和相位。

完成矢量交换运算的相应单元有三相两相变换器、直角坐标/极坐标变换器（K/P）和矢量旋转变换器（VR），这些矢量变换最后必须将直流量还原为交流量以控制交流电动机。因此，这些运算功能的变换是可逆的。

（三）直接转矩控制

近年提出的直接转矩控制比矢量控制简单，易于实现。牵引电机的响应快，动态性能优良，对空转时电机动态特性及其黏着恢复有利。由于列车具有巨大的惯性，在正常运行条件下，与列车的机械时间常数相比，异步电机的电磁时间常数可以忽略不计。从此观点出发，对牵引电机快速响应的动态性能不必有过高要求，尤其对于牵引功率不太大、空转发生比高速重载干线机车少的城市轨道交通电动车，是否要采用复杂的控制方案是一个值得研究的问题。

采用直接转矩控制方式控制异步牵引电机，是以异步电机的定子磁场为基准，使控制性能不受转子参数变化的影响，此外力矩和磁链都采用直接反馈的双位式 Band-Band 控制，从而不用将定子电流分解成力矩和励磁分量，有很优良的动态响应性能。

1. 直接转矩控制原理

直接转矩控制系统是近十几年发展起来的另一种高动态性能的交流变压变频调速系统，其核心问题是力矩和定子磁链反馈模型，以及如何根据力矩和磁链控制信号来选择电压空间矢量控制器的开关状态。和矢量控制系统一样，它也是分别控制异步电机的转速和磁链，而且采用在转速环内设置力矩内环的方法，以抑制磁链变化对转速的影响，因此，转速与磁链也是近似解耦的。

2. 直接转矩控制的特点

（1）力矩和磁链都采用直接反馈的双位式 Band-Band 控制，避开了将定子电流分解成力矩和励磁分量，省去了旋转坐标变换，简化了控制器的结构，但却带来了力矩脉动，因而限制了调速范围。

（2）选择定子磁链作为控制对象，而不像磁场矢量控制系统那样选择转子磁链。这样一来，稳态的机械特性虽然差一些，却使控制性能不受转子参数变化的影响，这是它优于磁场矢量控制系统的主要方面。

（3）直接转矩控制系统和磁场矢量控制系统的比较

直接转矩控制系统和磁场矢量控制系统都是已经获得实际应用的高性能异步电机调速系统。两者都采用力矩和磁链分别控制，符合异步电机数学模型所需要的控制要求。在性能上，磁场矢量控制系统偏重力矩 T_e 与转子磁链 φ_2 的解耦，有利于分别设计转速与磁链调节器；实行连续控制，调速范围宽，可达 1∶100 以上。直接转矩控制系统直接进行力矩 Band-Band 控制，简化了控制器的结构；控制定子磁链 φ_1 而不是 φ_2，不受转子参数影响；但不可避免地产生力矩脉动，降低了调速性能，因此适用于风机、水泵及牵引传动等对调速范围要求不高的场合。两种系统的特点与性能比较如表 2-2 所示。

表 2-2 直接转矩控制系统和磁场矢量控制系统的特点与性能比较

特点与性能	直接转矩控制系统	磁场矢量控制系统
磁链控制	定子磁链	转子磁链
转矩控制	Band-Band 控制，脉动	连续控制、平滑
旋转坐标变换	不需要	需要
转子参数变化影响	无	有
调速范围	不够宽	较宽

七、交流牵引传动系统制动控制

车辆制动与黏着控制是车辆稳定运行的保障。城市轨道交通车辆均采用了以电制动为主、空气制动为辅的空电联合制动。电动车组主要有三种不同的制动工况，即电阻制动、再生制动和空气制动。

车辆的电气制动首选再生制动，如接触网电压过高或邻近供电区段无其他车辆吸收反馈能量，则电路自动转为电阻制动，把能量消耗在电阻上。再生制动时，电机处于发电机工况，且向电网反馈电能，它给出的能量等于电网吸收的能量。一般采用在电制动使车辆速度低至 8~10 km/h 时，通过控制系统自动切除电制动，代之以空气制动，直至列车停止在预定位置。

例如，4M2T 6 节编组的列车中，拖车为两节控制车，动车的电制动力限制为 84 kN，控制车的机械制动力限制为 55 kN。列车正常运行时，为了减少制动部件的磨耗，首先充分使用电制动力，只有在下述情况时，才启动其他制动方式。

（1）4 节动车的电制动力达到 336 kN，尚需更大的制动力时，拖车才开始施加机械制动力，但两辆拖车的机械制动力最大不超过 110 kN。

（2）如果制动力达到上述的限制值仍不够时，则启动 4 节动车中的机械制动。

（3）当动车中的电制动出现故障时，动车中的机械制动立即启动，以替代电制动。

（4）当轮轨黏着条件恶化到引起某 2 轴或 4 根轴滑动时，制动系统将会减少制动力，严重时会全部撤除，以抑制滑动的发展，一旦滑动消失，即恢复施加制动力。

（5）当遇紧急状态需要紧急停止时，施行紧急全机械制动，保证列车以最短距离停止。

为了实施上述情况下的机械制动，制动系统设有一个用于电－空制动和防止车轮滑行控制的微处理系统。

当列车在运行中施行制动时，将所有与制动有关的参数信号送入该微处理机中，计算出一个当时所需制动力的制动指令,这个指令由电空转换器转换成一个与电指令成一定比例的控制空气压力,由控制空气压力使制动缸充入压力空气或者使制动缸排气,最终使制动缸压力与控制空气压力相对应,完成制动控制的全过程。

1．输入信号

（1）制动指令：微处理系统根据司机施加制动的百分比（常用全制动为 100%）所下达的指令,是脉宽调制信号（PWM）。

（2）制动信号：表示进行制动,是制动指令的一个辅助信号。

（3）负载信号：来自空气弹簧,由空气弹簧的空气压力通过气－电转换器转换成电信号。

（4）电制动关闭信号：表示电制动即将消失,立即施加空气制动。

（5）紧急制动信号：跳过电子制动控制系统,直接驱动制动控制单元中的紧急阀动作的安全保护信号。

（6）保持制动信号：防止车辆在停止前的冲动,使车辆平稳地停车。它的功能分三个阶段实施。

第一阶段：当车速低于 10 km/h 时,首先保持制动,然后电制动逐步消失,并开始接受空气制动。保持制动信号出现后,电制动的减小延迟 0.3 s。动车和拖车的空气制动力只可达到制动指令的 70%。

第二阶段：当车速低于 4 km/h 时,将制动缸压力降低,开始实施小于制动指令的保持制动。这个保持制动的级别取决于制动指令并与时间有关,是由停车检测状态决定的。

第三阶段：停车检测和保持制动信号共同产生一个固定的停车制动级别,直至平稳停车而与制动指令无关,与保持制动信号一起消除。

（7）停车制动信号：若在车辆运行时出现这一信号,则表示发生故障。信号传给故障诊断系统。

（8）速度信号：速度传感器以与速度相应的频率产生脉冲信号,提供给防滑系统。

2．输出信号

输出信号包括电空转换器控制信号、安全阀控制信号、故障信号、速度信号、公里信号、速度限制信号。

其中,电空转换器控制信号控制电空转换器的 TY 口和出口电磁阀门,以产生预控制压力。

控制信号每公里提供一个脉冲给公里计数器。

公里信号是表示必须减小最大运行速度,如从 80 km/h 减小到 60 km/h。

如果多个故障同时发生,则所有故障以 3 s 的周期依次显示出来,在按下某一键后,即使在电源中断的情况下,这个故障信号也得以保持。显示器上显示出的故障集中分为三个故障组：故障组 A 为非常严重的故障,故障组 B 为严重故障,故障组 C 为轻微故障。

第四节　直线电动机牵引传动系统

随着社会的发展,城市交通系统降低建设、维护和运营成本,提高其便利性和创造舒适环境的要求日趋强烈,采用直线电机牵引系统逐渐被广泛接受。广州地铁4号线与5号线采用的牵引电机是直线牵引电机。直线电机牵引系统避开了传统的利用轮轨黏着的驱动方式,避免了车辆牵引力与爬坡能力受限制等弊端。近年来,作为最有实用价值的非黏着驱动方式,直线牵引电动机在轨道交通车辆中的应用越来越受到世界各国的重视。直线电动机无旋转部件,呈扁平形,可降低车辆高度,从而缩小地铁隧洞直径,降低工程成本。直线电动机运行不受黏着限制,可得到较高的加速度和减速度,噪声较小,这些都是适合轨道交通车辆应用的突出优点。

一、直线电动机的基本结构

图 2-50(a)和图 2-50(b)所示分别为一台旋转电动机和一台直线电动机的基本结构。直线电动机可以认为是旋转电动机在结构方面的一种演变,它可看作是将一台旋转电动机沿径向刨开,然后将电动机的圆周展成直线,如图 2-51 所示,这样就得到了由旋转电动机演变而来的最原始的直线电动机。由定子演变而来的一侧称为初级,由转子演变而来的一侧称为次级。

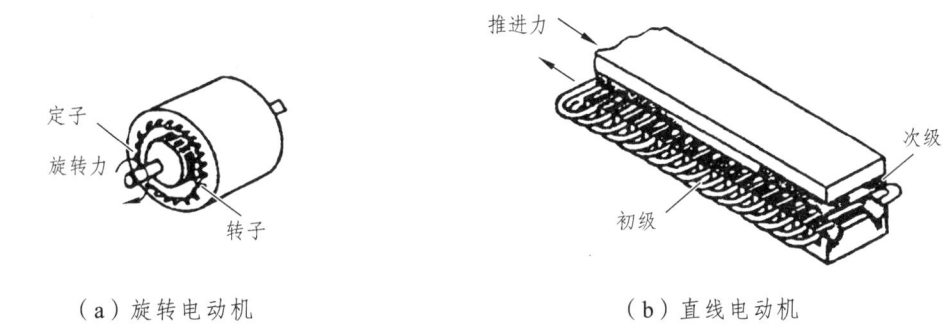

图 2-50 旋转电动机和直线电动机示意图

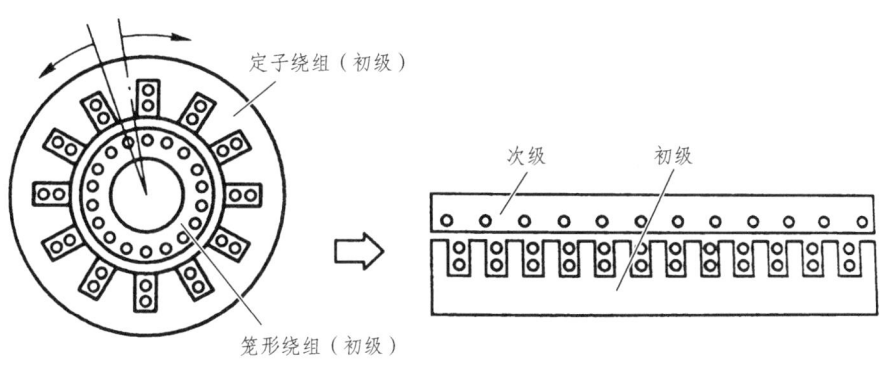

图 2-51 旋转电动机演变为直线电动机的过程

图 2-51 中所示的由旋转电动机演变而来的直线电动机,其初级和次级长度是相等的,由于在运行时初级和次级之间做相对运动,如果在运动开始时初级与次级正巧对齐,那么在运动中,初级与次级之间互相磁耦合的部分将越来越少,以致不能正常运动。为了保证在所需

的行程范围内初级与次级之间的磁耦合保持不变，在实际应用时，将初级与次级制造成不同的长度。在制造直线电动机时既可以是初级短、次级长，也可以是初级长、次级短。前者称为短初级长次级，后者称为长初级短次级。但是由于短初级在制造成本上、运行的费用上均比短次级低得多，因此，除特殊场合外，一般均采用短初级长次级的方式，如图 2-52 所示。

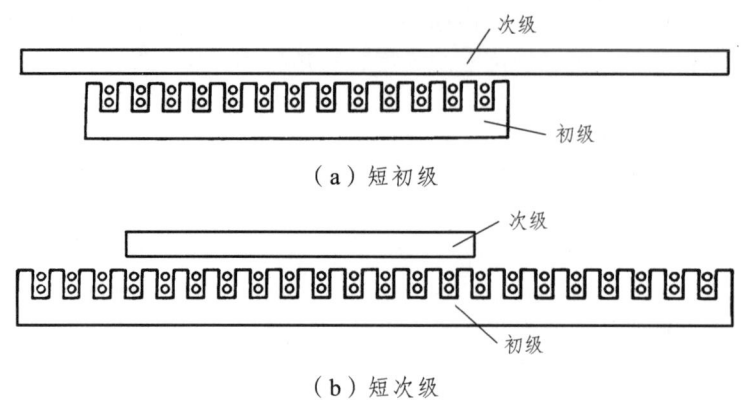

图 2-52 单边型直线电动机

图 2-52 中所示的直线电动机中仅在一边安放初级，这样的结构形式称为单边型直线电动机。这种电动机结构的最大特点是在初级与次级之间存在着一个很大的法向吸力，这个法向吸力在钢次级时约为推力的 10 倍。在大多数的场合下，是不希望存在这种法向吸力的。如果在次级的两边都装上初级，那么这个法向吸力可以相互抵消，这种结构形式称为双边型，如图 2-53 所示。

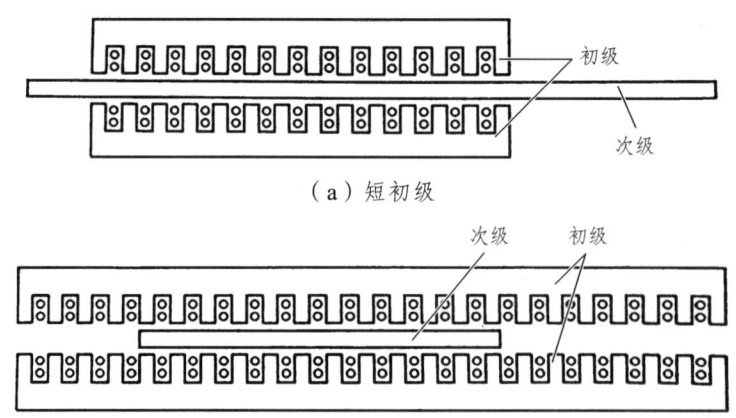

图 2-53 双边型直线电动机

上述介绍的直线电动机称为扁平型直线电动机，是目前应用最广泛的。除了上述扁平型直线电动机的结构形式外，直线电动机还可以做成圆筒型（也称为管型）结构，它也可以看作是由旋转电动机演变过来的，其演变的过程如图 2-54 所示。

图 2-54（a）所示为一台旋转电动机以及由定子绕组所构成的磁场极性分布情况；图 2-54（b）表示转变为扁平型直线电动机后，初级绕组所构成的磁场极性分布情况；将扁平型直线电动机沿着和直线运动相垂直的方向卷接成筒形，这样就构成了图 2-54（c）所示的圆筒型直线电动机。

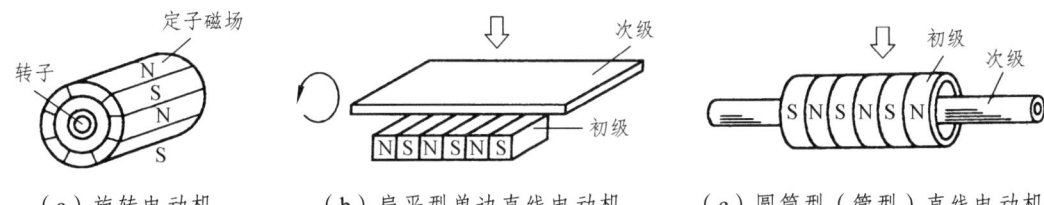

(a) 旋转电动机　　　(b) 扁平型单边直线电动机　　　(c) 圆筒型（管型）直线电动机

图 2-54　旋转电动机演变为圆筒型直线电动机的过程

二、直线电动机的工作原理

直线电动机不仅在结构上相当于是从旋转电动机演变而来的，而且其工作原理也与旋转电动机相似，遵循电机学的基本原理。下面以直线感应电动机为例，从旋转电动机的基本工作原理出发，引申出直线电动机的基本工作原理。

1．旋转电动机的基本工作原理

一台简单的两极感应旋转电动机如图 2-55 所示。图中线圈 AX、BY、CZ 为定子 A、B、C 的三相绕组，当在其中通入三相对称正弦电流后，便在气隙中产生了一个磁场，这个磁场可看成是沿气隙圆周呈正弦分布的。

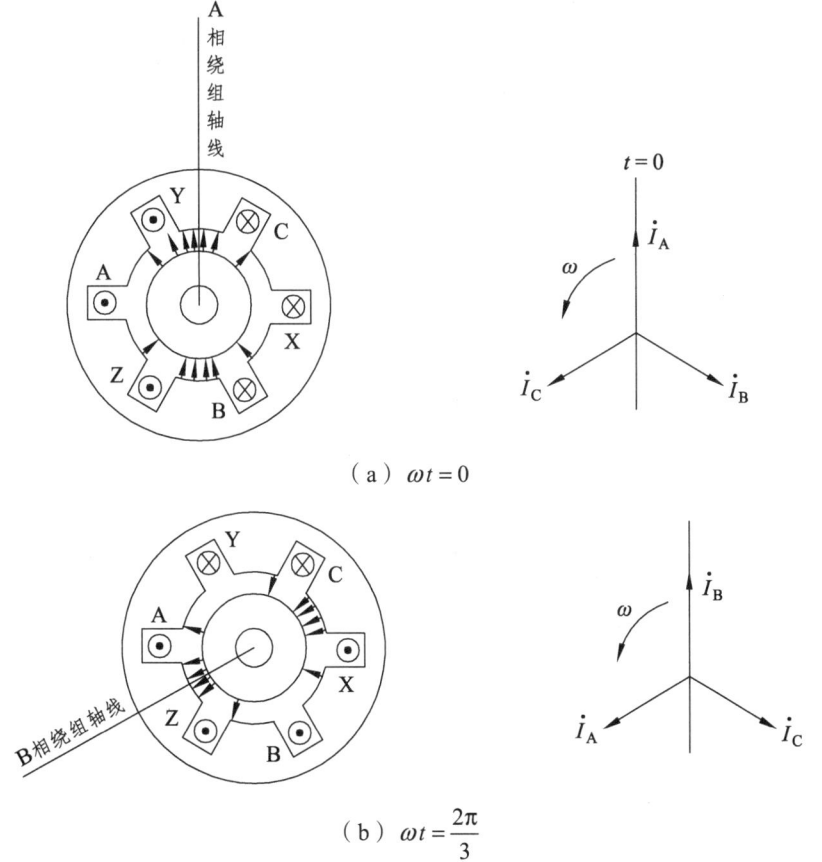

(a) $\omega t = 0$

(b) $\omega t = \dfrac{2\pi}{3}$

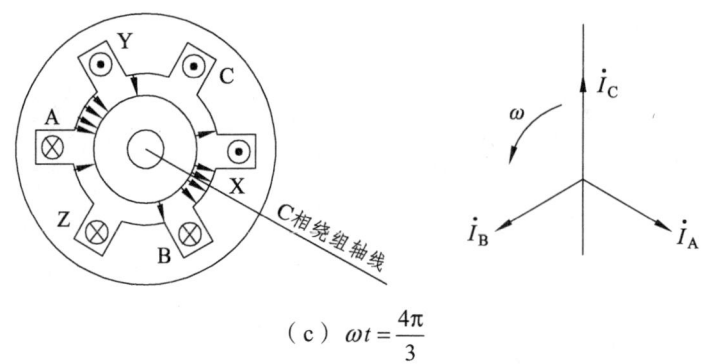

(c) $\omega t = \dfrac{4\pi}{3}$

图 2-55 旋转电动机的旋转磁

当 A 相电流达到最大值时，B 相和 C 相电流都为负的最大值的 1/2，这时磁场波幅处于 A 相绕组轴线上，如图 2-55（a）所示。经过 $t = \dfrac{2\pi}{3\omega}$ 时间后（其 ω 为电流的角频率），B 相电流达到最大值，这时 C 相和 A 相电流都为负的最大值的 1/2，而磁场波幅转到 B 相绕组轴线上，如图 2-55（b）所示。经过 $t = \dfrac{4\pi}{3\omega}$ 时间后，C 相电流达到最大值时，A 相和 B 相电流都为负的最大值的 1/2，磁场波幅又转到 C 相绕组轴线上，如图 2-55（c）所示。由此可见，电流随时间而变化，磁场波幅就按 A、B、C 的相序沿圆周旋转。电流变化一个周期，磁场转过一周，这种磁场称为旋转磁场。它的旋转速度称为同步转速，用 n_0（r/min）表示，它与电流的频率 f（Hz）成正比，而与电机的极对数 p 成反比，可表示为

$$n_0 = \frac{60f}{p} \tag{2-26}$$

如果用 v_s（m/s）表示在定子内圆表面上磁场运动的线速度，则有

$$v_s = 2\tau f \tag{2-27}$$

式中　τ——极距，单位为 m。

从图 2-56 可以看出旋转磁场对转子的作用。为了简单起见，图中的笼形转子只画出了两根导条。当气隙中旋转磁场以同步速度旋转时，该磁场就会切割转子导条，而在其中感应出电动势，电动势的方向应按右手定则确定，如图 2-55 中转子导条所示。由于转子导条是通过端环短接的，因此在感应电动势的作用下，便在转子导条中产生电流。当不考虑电动势和电流的相位差时，电流的方向即为电动势的方向。这个转子电流与气隙原磁场相互作用产生切向电磁力 F，电磁力 F 的方向应按左手定则确定。由于转子是个圆柱体，故转子上每根导条的切向电磁力乘以转子半径，全部加起来即为促使转子旋转的电磁转矩。由此可以看出，转子旋转的方向与旋转磁场的转向是一致的。转子的转速用 n 表示，在电动机运行状态下，转子转速 n 总要比同步转速 n_0 低一些，因为当

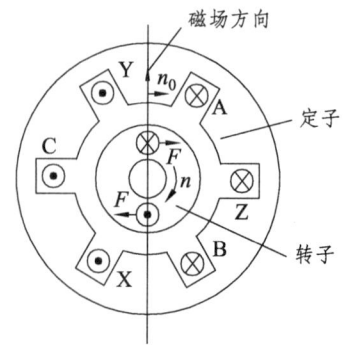

图 2-56 旋转电动机的工作原理

$n = n_0$ 时,转子就和旋转磁场相对静止,转子导条不切割磁场,于是感应电动势为 0,不能产生电流和电磁转矩。转子转速 n 与同步转速 n_0 的差值经常用转差率 s 来表示,即

$$\begin{cases} s = \dfrac{n_0 - n}{n_0} \\ n_0 - n = sn_0 \\ n = (1-s)n_0 \end{cases} \quad (2\text{-}28)$$

以上就是旋转电动机的工作原理。

2．直线电动机的工作原理

将图 2-56 所示的旋转感应电动机在顶上沿径向剖开并将圆周拉直,便成为图 2-57 所示的直线感应电动机。在这台直线感应电动机的三相绕组中通入三相对称正弦电流后,也会产生气隙磁场。当不考虑由于铁芯两端开断而引起的纵向边端效应时,这个气隙磁场的分布情况与旋转电动机相似,即可看成沿展开的直线方向呈正弦分布。

当三相电流随时间变化时,气隙磁场将按 A、B、C 相序排列方向沿直线移动。这个原理也与旋转电动机相似,两者的差异是：这个直线感应电动机的磁场是平移的,而不是旋转的,因此称为行波磁场。显然,行波磁场的移动速度与旋转磁场在定子内圆表面上的线速度是一样的,即为 v_s (m/s),称为同步速度,且 $v_s = 2\tau f$。

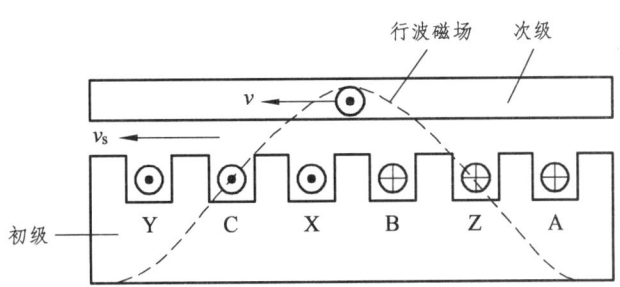

图 2-57 直线感应电动机的基本工作原理

再来看行波磁场对次级的作用。假定次级为栅形次级,图 2-57 中仅画出其中的一根导条。次级导条在行波磁场的切割下,产生感应电动势和电流。而所有导条的电流和气隙磁场相互作用便产生电磁推力。在这个电磁推力的作用下,如果初级是固定不动的,那么次级就顺着行波磁场运动的方向作直线运动。若次级移动的速度用 v 表示,转差率用 s 表示,则有：

$$\begin{cases} s = \dfrac{v_s - v}{v_s} \\ v_s - v = sv_s \\ v = (1-s)v_s \end{cases} \quad (2\text{-}29)$$

应该指出的是,直线感应电动机的次级大多采用整块金属板或复合金属板,并不存在明显的导条。但在分析时,可以把整块金属板看成是无限多的导条并列安置,这样仍可以应用上述原理进行讨论。

图 2-58 中分别画出了假想导条中的感应电流及金属板内电流的分布,图中 I_δ 为初级铁芯的叠片厚度,c 为次级铁芯在 I_δ 长度方向伸出初级铁芯的宽度,它用来作为次级感应电流的端部通路,c 的大小影响次级的电阻。我们知道,旋转感应电动机通过对换任意两相的电源线,可以实现反向旋转,这是因为两相绕组的相序对换后,旋转磁场的转向也随之反向,使转子转向跟着反过来。同样,直线电动机对换任意两相的电源线后,运动方向也会反过来。根据这一原理,可使直线电动机做往复直线运动。

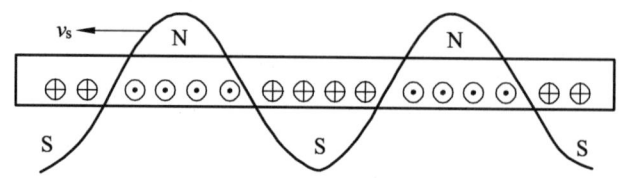

(a) 假想导条中的感应电流

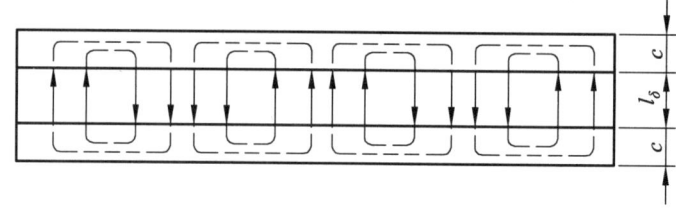

(b) 金属板内电流的分布

图 2-58 次级导体金属板中的电流

直线电动机最主要的优点是直接产生直线运动而不需要中间转换装置;启动推力大,可实现大范围的加速和减速,零部件不受离心力的作用,直线速度不受限制;直线电动机的初级和次级的结构都很简单,特别是次级,有时甚至可直接利用部分设备本体或运行轨道;直线电动机可在条件恶劣(潮湿、粉尘、有害气体)的环境中使用;总体结构简单,扁平形部件高度低;噪声小,质量轻,维修容易。短初级平板形直线电动机的次级长,因而散热面大,材料的热负荷可以取得较高。

直线电动机的缺点主要有:效率和功率因数低(一般为 0.6~0.65);通常直线异步电动机的极距气隙比值要比旋转异步电动机大一倍左右,初级和次级之间的气隙大,需要的磁化电流大,所以空载电流大;边缘效应特别是纵向边缘效应减小了驱动推力,增大了损耗;除驱动推力外,直线电动机初级和次级间有吸引力,因而必须增加构架强度。

三、直线电动机牵引传动系统和制动系统

与磁悬浮交通不同,直线电机轮轨交通仍有轮轨接触,它结合了传统轮轨交通和低速磁悬浮交通方式两者的优点,保留了传统轮轨交通方式的钢轮和钢轨,列车的支撑和运行导向依靠轮轨关系,同时借鉴了低速磁悬浮直线感应电机传递牵引力的方式。这意味着直线电机轮轨交通不仅克服了传统轮轨交通方式依靠黏着牵引的缺点,也省去了低速磁悬浮交通方式悬浮和导向的复杂控制系统,这就使得直线电机轮轨交通方式既具有爬坡能力强、曲率半径

小的优点,还具有控制简单、可靠且发生特殊情况时易于被传统轮轨列车救援的优点;另外,由于直线电机轮轨交通的钢轮不再利用黏着来传递牵引力,故可以减小钢轮直径,以降低列车的高度,这样挖隧道的土方面积就可减少约31%。20世纪80年代后,加拿大、日本、美国、马来西亚、中国等国家在部分城市轨道交通线路上都采用了直线感应电机驱动的轮轨交通系统。

直线牵引电动机应用于城市轨道交通车辆时,电动机可以设置在车上,也可以设置在地面,分别称为车载初级式和地面初级式。直线电动机没有旋转部件,不需要齿轮、轴承,不接触就可以传递动力。在城市轨道交通车辆中,利用直线电动机来实现非黏着驱动,突破了动轮和轨道之间依靠黏着传递动力的种种限制,同时可降低车辆高度,从而缩小地铁隧洞直径,降低工程成本。

城市轨道交通车辆较多采用车载初级式异步直线电动机,初级安装在车辆的转向架上。从地面接触网受电,电源的变换和控制设备都安装在车上,动车的重量比较大。而次级就是沿线路敷设在两根走行钢轨之间的导体板,建设费用比较便宜。对客流量很大的线路,为了减轻动车重量,实现地面对列车的集中控制,采用沿线路敷设线圈的地面初级式异步直线电动机比较有利。

1. 直线电动机牵引传动系统组成结构

直线电机轮轨交通的电气牵引与制动系统主要由牵引变流器、直线感应电机和牵引控制器三部分构成。直线感应电机由牵引逆变器供电驱动。根据线路特点和牵引计算,确定牵引逆变器的驱动方式,可以是车控(一个逆变器控制一个车辆上的所有牵引电机,一般4个电机)、架控(一个逆变器控制一个转向架上的所有电机,一般2个电机),或轴控(一个逆变器只控制一个轴上的电机,一般1个电机)。广州地铁4号线和北京机场线均采用架控方式,每辆车由2个逆变器电路组成,每个逆变器电路包括一个直流滤波电容器个牵引逆变器单元,分别向两台直线感应电机供电。每个牵引控制系统由一个牵引控制器实现控制。

2. 直线电动机控制方式

目前传统旋转感应电机的控制方式主要有VVVF标量控制、矢量控制和直接转矩控制。从原理上来看,直线感应电机与传统旋转感应电机有着相通性,都是通过三相交流电产生的磁场与导体相互作用产生驱动力,因而,用于传统旋转感应电机的控制方法也同样适用于直线感应电机。牵引逆变器采用大容量的ICBT模块作为开关器件,采用脉宽调制技术,按照控制方式的要求输出电压和频率,实现列车的启动、加速、匀速、惰行减速、制动减速、制动停车等。

3. 直线电动机制动系统

直线感应电机车辆和旋转电机车辆在驱动方式上有一定的差异,但它们对制动系统的基本性能和要求是完全一致的。由于直线感应电机的效率和功率因数大,能耗损失大,直线感应电机车辆的制动系统装置也应尽可能地从基础制动装置和电制动装置两方面来实现轻量化的要求。目前世界上的直线感应电机车辆实际使用的制动方式有电气制动(再生制动、电阻制动、反接制动)和摩擦制动(盘形制动、磁轨制动)。

磁轨制动的全称为电磁轨道制动,它是通过将车辆转向架上的电磁铁吸附在轨道上并使车辆在轨道上滑行产生制动。磁轨制动属于非黏着制动,制动力不受轮轨间黏着因素的限制。磁轨制动时,电磁铁与钢轨间的摩擦表面远远大于滚动摩擦表面,因此,其摩擦力数倍于滚动摩擦力,其制动效率也远大于闸瓦制动和闸盘制动。磁轨制动主要作为一种辅助的制动方式,用于黏着力不够的高速旅客列车的紧急制动中。国外设计的长途旅客列车,速度在 120 km/h 以下时,一般不采用磁轨制动;当速度在 140 km/h 及以上时,才采用磁轨制动;当速度在 200 km/h 以上时,就必须采用磁轨制动。

磁轨制动装置主要由励磁电路构架、制动梁、升降风缸、电磁铁等构成。励磁电路的阴、阳极引出口端子与提供电能的电池箱或集中供电电路相连接;构架焊接在转向架上,以传递制动力。制动梁的作用是保证两侧的电磁铁与轨道等距离,使其有相同的制动力。升降风缸用于提升或降落电磁铁,非制动时,升降风缸抬起电磁铁,距轨道 120～160 mm;制动时,升降风缸落下电磁铁,距轨道约 10 mm,此时励磁电路通电,电磁铁与钢轨相互吸引来产生摩擦力而达到制动。

磁轨制动时,由于电磁铁对钢轨的打磨作用,使得轮轨间的黏着系数明显增加,这一方面加强了盘形(或闸瓦)制动,另一方面减少了制动过程中轮对的滑行和擦伤,改善了轮轨间的黏着状态。在相同情况下,采用磁轨制动的列车比不采用磁轨制动的列车可提速 40 km/h 以上。另外,采用磁轨制动可缩短制动距离。试验表明,当初速度为 210 km/h 时,若仅用盘形制动,则制动距离为 2 500 m;当增加了磁轨制动后,制动距离可缩短 20%～25%。磁轨制动还起到安全运行的作用。当列车员操作失误闯入闭塞区间时,安装在信号灯前方轨道上的感应电磁铁带电,该感应电磁铁与列车上的电磁铁相互吸引,产生制动作用,阻止列车继续驶入闭塞区间。

 **思考题**

一、填空题

1. 在牵引系统的实际组成中_____只有在交流供电制式中才需要,在直流供电制式中_____设备直接将_____送入变流器。

2. 牵引控制设备是保证_____有序、正常工作的_____。

3. 我国 20 世纪 80 年代从_____引进的_____电力机车是一个很好的范例。

4. 主回路应满足车辆_____、_____和_____三种基本工作状态的要求。

5. 从城市轨道交通车辆的运行来看,在不同_____对牵引电机有不同_____。

6. 城市轨道交通车辆的牵引传动系统要求在一个_____的范围内,对每个_____都能提供适当的_____。

7. 车辆制动与_____控制,是车辆_____运行的保障。

8. 直线牵引电动机在轨道交通车辆中的_____越来越受到_____的重视。

二、问答题

1. 车辆牵引系统的基本组成主要有哪些设备?
2. 目前升弓装置有哪两种动力源?

3. 城市轨道交通车辆直流主传动系统由网侧高压电路、牵引电动机调速电路组成，其主要设备有哪些？

4. 变阻控制是通过调节串入电动机回路的电阻，改变直流牵引电动机端电压而达到调速目的，其主要方法是什么？

5. 目前常用的调压方式有哪几种？

6. 晶闸管调压方式为最佳，其特点是什么？

7. 直线电动机的缺点主要有哪些？

8. 直线电机轮轨交通的电气牵引与制动系统主要由哪三部分构成？

第三章　城市轨道交通车辆牵引与制动控制系统

城市轨道交通车辆的电气控制主要有两种。

一种是传统的有接点电路控制方式,它通过一系列接触器、继电器等器件的"接通"和"断开"来传递控制与检测信号,从而实现整车的控制。这种控制线路也称为继电器控制线路,其技术成熟,应用也比较广泛。图3-1所示为某城市轨道交通车辆电气控制柜内部接触继电器控制外观图。我国早期的城市轨道交通车辆,如上海地铁1、2号线和广州地铁1号线等电动列车控制采用的都是传统的110 V有接点电路控制方式,驾驶室设有各种控制按钮,这些控制按钮通过列车线实现对列车的控制。

另外一种是总线控制方式,总线控制是基于计算机技术的控制,包括列车总线WTB和车辆多功能总线系统MVB。总线控制时,列车所有的控制监测信号包括车门控制和监测信号、气制动检测信号等均通过总线进行传输,并由列车控制系统通过软件实现启动联锁保护功能。总线控制的国际标准IEC60375已于1999年正式通过。

图3-1　某城市轨道交通车辆电气控制柜外观图

继电器控制线路是一种逻辑电路,属于低压直流小功率电路。它主要由驾驶控制器、低压电器、主电路与辅助电路中各电器的电磁线圈及其联锁、开关等组成,通过驾驶操纵台上各按键开关和驾驶控制器手柄操纵,实现对主电路、辅助电路中各电气设备的控制,从而完成对电动列车的牵引、制动操作和控制。控制线路又是最复杂的线路,线路图样数量多,有几十个继电器和大量的开关按钮、指示灯、电磁阀等。面对这样一套错综复杂的线路图,最重要的就是要利用电工原理,理出一条清晰的思路来,化繁为简,化难为易,从而学会识读和分析控制线路。

第一节　电动列车电气控制系统电路识读

一、常用电气设备符号及其说明

在城市轨道交通车辆控制线路中,要用到大量的电器元器件,如电磁继电器、时间继电器、电磁阀、各类开关和按钮等,为便于识图,本书将线路图中通用的符号按现行国家标准进行汇总，如表 3-1 所示。由于各城市轨道车辆电气控制采用的技术不同，电气线路的作图标准也有所不同，因此表 3-1 仅就采用现行国家标准的城市轨道电气线路的电气设备符号加以说明。

表 3-1 常用电气设备图形符号及其说明

序号	图形符号	说明	序号	图形符号	说明
1		受电弓	12		双绕组变压器
2		接地	13		熔断器
		接机壳			
3		插头和插座	14		电阻
4		避雷器、火花间隙	15		电容
5		扼流圈电抗器	16		三相笼型异步电动机
6		换向或补偿绕组 串励绕组 并励或他励绕组	17		申励直流电动机 他励直流电动机
7		电流互感器 脉冲变压器	18		常开联键一般开关
8		电压互感器	19		常间联键
9		接触器主触头	20		延时联键
10		断路器	21		具有自动帮或的负荷开关
11		常开按钮 常闭按钮	22		时间继电器线图

（1）各电气设备在电气线路图中除按表内符号表示外，在符号旁边还应标明相应电气设备在电路中的代号。且在所有该设备的各联锁旁边也标注同一代号，说明是同一电器在不同位置的控制关系，或在该电器线圈图形符号下方，给出该电器所有联锁及其连接，如图 3-2 所示，2K07 线圈下方列出了 2K07 的 8 组联锁及位置。

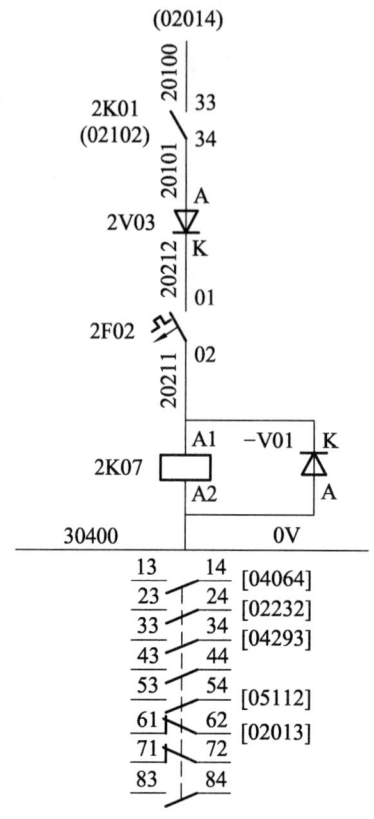

图 3-2　城市轨道交通车辆控制线路示例

（2）导线也是电气线路图中的一部分，特别是一些重要的导线应在电路图中标明导线代号，不同类型和不同作用的导线可用不同字母或汉字表示，如图 3-2 所示，30400 就是直流负端线的线号。

（3）常开联锁、常闭联锁（也称为正联锁、反联锁）是对电器的工作线圈未通电、电器处于释放状态时的联锁位置而言，若其联锁是打开的即为常开联锁（正联锁），若其联锁是闭合的即为常闭联锁（反联锁）。当电器工作线圈通电，电器动作后，常开联锁闭合，常闭联锁则打开。

（4）并不是所有的电器联锁都有常开、常闭的概念。对于某些组合电器的联锁，除标出其所属电器的代号外，还应表明该联锁的接通位置，此类联锁又称为位置联锁，如主控制器联锁。

（5）对于凸轮控制器或鼓形控制器，在电路图中将这类触头闭合次序沿轴向展开为一个平面的触头闭合电路图，简称为展开图。在某工作位置联锁是接通的，则在该位置相应的导线下方以黑点（或黑线段）表示。

二、电路图识图

1. 电路类型标注

在城市轨道交通车辆的电路图中,一般分为9类电路,为了区分不同电路,通常采用两位数字编号进行分类,如表3-2所示。

表3-2 城市轨道交通车辆控制系统电路图电路类型编号

数字编号	电路类型
01	主电路(高压电路)
02	牵引/制动控制电路
03	辅助供电电路和辅助电路
04	检测和信息电路
05	照明电路
06	空调电路
07	辅助设备电路
08	车门控制电路
09	特殊设备电路

2. 设备及元器件的标注

城市轨道交通车辆设备和元器件的标注采用流水号的标注方法。一般为三位,由数字与字母组合而成。第一位是数字,表示电路类型;第二位是字母,表示设备及元器件类型,表3-3列出了电路设备及元器件常用符号的含义;第三位是数字,表示该设备及元器件的序号。

表3-3 城市轨道交通车辆电路设备及元器件常用符号的含义

字母	含义	字母	含义
A	主控制器	B	传感器
F	低压断路器	H	指示灯
K	接触器、继电器	R	电阻
S	按钮和转换开关	V	二极管
Y	车钩电气接线盒	P	压力继电器

例如,主控制器2A1,其中

"2":表示器件属于牵引/制动控制电路;

"A":表示主控制器;

"1":表示该类器件的第一个设备。

3. 电气联锁标注

继电器、接触器等的电气联锁用两位数字标注。第一位表示联锁顺序;第二位则成对出现,"3、4"表示常开联锁的两个节点,"1、2"表示常闭联锁的两个节点。例如,图3-2中继电器"2K07"线圈下部有所有联锁的标注,共有 8 对联锁,6 对常开,2 对常闭。"13-14"表示继电器第 1 对为常开联锁,"61-62"表示继电器第 6 对为常闭联锁。

4. 设备联锁及元器件位置、导线的来源与去向标注

用带括号的五位数字标注。前两位表示其所在电路的类型,中间两位表示处于该类电路的第几张图样,最后一位表示其处在该张图样中的第几区。例如,图 3-2 中(02014)表示该导线来源于牵引/制动控制电路第 1 张图样的第 4 区。导线线号也采用五位数字标注。第一位数字表示电路类型;第二、三位表示该类电路的第几张图样;最后两位表示该导线的编号。

5. 车钩装置的触点标注

自动车钩与永久车钩不同。永久车钩采用弹性触点连接形式,自动车钩为了保证可靠连接采用弹性触点并联连接形式。图 3-3(a)中的 9Y06 为 C 车 2 位端车钩电气接线盒的连接,63 与 64 为不可伸缩触点,263 与 264 为可伸缩弹性触点,在另一单元的 C 车 2 位端车钩电气接线盒与之相连接的分别是可伸缩触点和不可伸缩触点,这样保证列车过曲线横向振动时每对触点都能够可靠连接。

6. 压力开关标注

压力开关在电路图中的标注符号如图 3-3(b)所示。压力开关符号上下的参数为其动作整定值,图示当气压大于 7.0 bar 时,节点"01-04"闭合;当气压小于 6.0 bar 时,节点"01-02"闭合;当气压处于 6.0~7.0 bar 之间时,节点保持先前状态,图中箭头方向即为节点分合的方向。

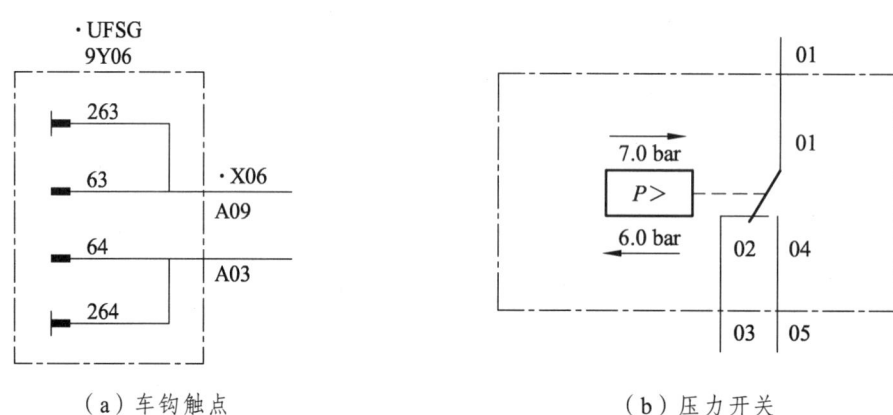

(a)车钩触点　　　　　　　　(b)压力开关

图 3-3　城市轨道交通车辆车钩触点和气压开关电路符号

7. 电路的结构及逻辑顺序

借用逻辑函数方法来描述电路的结构及逻辑顺序。

(1)电路中有关导线、开关、联锁和电器工作线圈一律用该电器的各车辆规定代号表示。

(2)电路中串联连接的元器件用逻辑与"·"表示其电路结构,并联连接的元器件用逻辑或"+"表示。

(3)描述控制电路一般从控制电源正极端开始,但有时为了简明和叙述方便可从重要导线开始。

（4）继电器、接触器、开关、按钮等的常开联锁用该电器的代号书写，常闭联锁在该电器的代号上加一短直线表示逻辑非，电磁线圈用该电器的代号外加方框表示。

三、常用联锁方法

控制线路必须满足主、辅线路的控制需求，如电器按一定顺序动作，驾驶员按一定顺序操作，因此必须设置一些联锁来满足控制线路的逻辑要求。

在设置控制线路的联锁时，首先必须满足线路的控制要求，在此前提下应尽量减少联锁数目，因为多设一个联锁就增加了线路发生故障的可能性，同时也增加了分析处理故障的难度。另外，对于需要在列车有故障时维持运行的线路，同样要在控制线路中作相应考虑。对于可能由于误操作造成事故的现象，也应在线路中予以避免或设法补救。因此在设置控制线路的联锁时应统筹考虑，权衡处理。

常用联锁方法有两大类，即机械联锁与电气联锁。

1. 机械联锁

为避免因驾驶员的误操作造成人身及设备不安全，须设置一些机械联锁。目前采用的机械联锁主要有：

（1）驾驶控制器换向手柄与调速手柄间的机械联锁。
（2）驾驶台上按键开关与电钥匙的机械联锁。
（3）换向手柄及电钥匙与钥匙箱机械联锁。

2. 电气联锁

电气联锁方法的种类较多，下面仅介绍几种常用的联锁方法。

（1）串联联锁。在某电器的工作线圈前串联若干其他电器的联锁，称为串联联锁。如图3-4所示，在继电器K的线圈电路中串有a、b、c三个电器的联锁，其中a、b为常开联锁，c为常闭联锁。该电路要求在a、b两电器处于吸合状态而c电器处于释放状态时继电器K才能吸合，而a、b、c三个电器中任意一个不符合上述工作状态时，继电器K即失电释放。

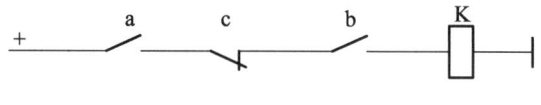

图3-4 串联联锁

串联联锁是多个条件使一个电器通电，而其中任一条件消失即使电器线圈失电。在电路中凡要求满足多个条件才能接通电路的环节一般采用串联联锁电路。但串联联锁越多，可靠性越低，因此，应尽量减少串联联锁的数量。

（2）并联联锁。在某个电器工作线圈前并联若干其他电器的联锁，称为并联联锁。如图3-5所示，在继电器K的线圈前并有a、b、c三个电器的联锁，其中a、b为常开联锁，c为常闭联锁。该电路要求在a、b两电器处于释放状态而c电器处于吸合状态时继电器K的线圈不通电处于释放状态，而a、b、c三个电器中任意一个不符合上述工作状态时，继电器K即得电吸合。

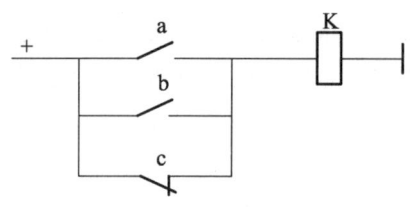

图 3-5 并联联锁

并联联锁是多个条件中的任一条件成立则该电器线圈得电,只有全部条件消失该电器线圈才失电。这种联锁方法对电器的动作顺序没有固定要求,电路中常用这种联锁作为双重供电线路以保证重要电路供电的可靠性。

(3)自持联锁。在某电器工作线圈前的电路中并联有该电器本身的常开联锁,称为自持联锁。如图 3-6 所示,在继电器 K 的线圈电路中并联有 a、k 两个联锁,当 a 电器处于吸合状态时其常开联锁闭合,继电器 K 的线圈得电。该继电器吸合,其本身的常开联锁也闭合,此后,即使 a 电器释放,继电器 K 的线圈也仍可由自身的常开联锁供电保持吸合状态,只有在其常开联锁以外的电路断开时,继电器 K 的线圈才会失电。这种电路的特点是:电器吸合时需要一定的条件,在电器吸合后这种条件可能消失,但电器此时仍能保持吸合状态,只有在电路的其他部分断开时,才能使电器释放。

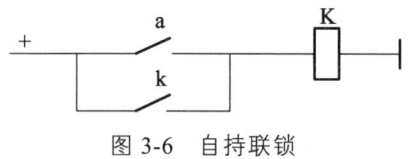

图 3-6 自持联锁

自持联锁常用于电器工作的条件可能构成后又消失,但又需要在构成条件消失后,必须保持该电器持续工作的场合。如列车起动继电器控制电路中继电器 2K01 的(14-13)联锁即为自持联锁。

(4)延时联锁。延时联锁是指某电器的线圈得失电与其联锁动作不同步。其实现方法有多种,如采用在电器铁芯上加短路铜套,或在继电器本身某些联锁上加装钟表机构,二者的不同之处在于前者的所有联锁都具有延时性,后者仅加有钟表机构的联锁有延时而其他联锁不具有延时。在要求有短暂延时,也可以在要求滞后动作的电器线路中多串联一个要求先动作电器的常开联锁实现,或者在电器的工作线圈旁并联一电容,在线圈断电后,电容通过电器线圈放电,使线圈延时失电,电器延时释放。

延时联锁有四种,表示方法如图 3-7 所示。

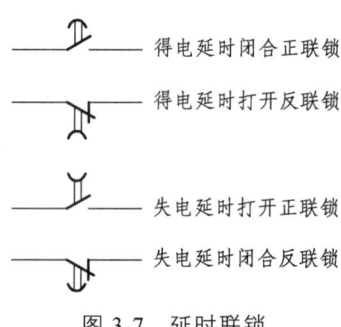

图 3-7 延时联锁

四、城市轨道交通车辆中常用低压电器

1. 继电器

继电器是一种实现自动控制和保护功能的电器,它是根据外界输入信号的变化,接通或断开小电流电路的电器。其特点是额定电流小、不需要灭弧装置、节点数量较多、体积小。

继电器主要由感测机构、中间机构和执行机构组成。继电器的分类按照工作原理分为电磁式继电器、电动式继电器、电子式继电器、热继电器等；按照功能分为中间继电器、时间继电器、温度继电器、压力继电器、欠电压继电器等。

（1）电磁继电器。电磁继电器是利用电磁铁铁芯与衔铁间产生的电磁吸力作用而工作的一种电器元件。它主要由电磁线圈、触头和二极管组成。当在电磁线圈两端通上额定电压时，电磁铁铁芯与衔铁间产生吸力作用，继电器动作，常开触头闭合，常闭触头断开。

在电路图中电磁继电器的表示符号如图 3-8 所示。图中长方形表示电磁线圈，A1、A2 是电磁线圈的两端，其中 A1 接 110 V，电磁继电器 A2 接电路负端。K 是二极管的阴极，A 是二极管的阳极。二极管与电磁线圈反向并联，用以在线圈断电后，线圈上的持续电流通过二极管放电。13-14 和 43-44 是常开联锁，21-22 和 31-32 是常闭联锁。当 A1-A2 接通 DC 110 V 电压时，继电器动作，常开联锁 13-14 和 43-44 闭合，常闭联锁 21-22 和 31-32 断开。数字 02116 表示该继电器的一组常开联锁（13-14）在电路中的具体位置。

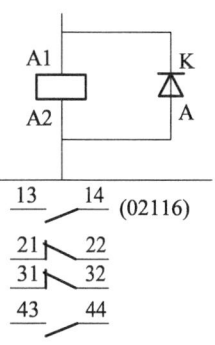

图 3-8　电磁继电器

（2）时间继电器。时间继电器的作用在于能按预定的时间接通或分断电路，实质上是一个定时器。时间继电器按结构不同可分为机械式和电子式，按工作方式不同可分为通电延时和断电延时两种。

大多数的时间继电器都是电子式，其利用 RC 电路电容的充放电特性，即电容器充电时电容器上的电压逐渐上升的原理作为延时基础。通过改变充放电时间常数 τ 的大小来调节延时时间，实现延时功能。这种继电器的优点是延时范围广、精度高、体积小、耐振动。

图 3-9 所示为 3K15 断电延时时间继电器。Z1、Z2 短接，当 A1 端接通 DC 110 V 时，继电器动作，常开联锁 15-18 和 21-24 闭合，延时 2s 后，A1 脚仍然有 DC 110 V，但此时联锁 15-18 和 21-24 会自动断开。此继电器为启动限制继电器，用于控制空气压缩机的启动。

图 3-10 所示为 3K18 通电延时时间继电器。Z1、Z2 短接，当 A1 端接通 DC 110 V 时，电器不动作，延时 2 s 后动作，常开联锁 15-18 和 25-28 闭合，直到 A1 端取消 DC 110 V 时，继电器失电，常开联锁才断开。

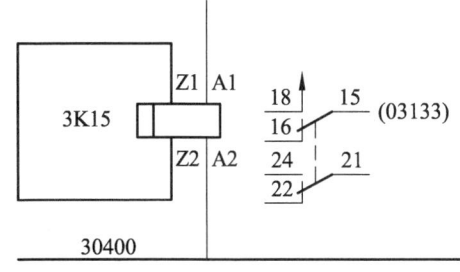

图 3-9　3K15 断电延时时间继电器

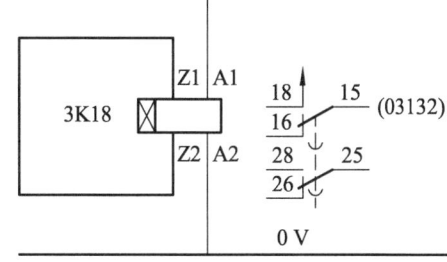

图 3-10　3K18 通电延时时间继电器

图 3-11 所示也是一种断电延时时间继电器、只有当 A1 和 B1 都接通 DC 110 V 时，继电器才动作，常开联锁闭合。当 A1、B1 中任何一端取消 DC 110 V，继电器延时 t 后常开联锁断开。以图中 2K40 为例，当 A1、B1 均接通 DC 110 V 时，继电器动作，常开联锁 15-18 闭合；当 B1 端取消 DC 110 V，延时 3 s（可以设定 0~10 s）后联锁 15-18 断开。

图 3-12 所示是一种脉冲（闪烁）继电器，当 A1 端接通 DC 110 V 时，继电器动作，常开联锁闭合，经延时，常开联锁断开，又经 t 延时，常开联锁第二次闭合。就这样，常开联锁不停地断开闭合，直到 A1 端取消 DC 110 V 时为止。例如，车门电路中的车门灯闪烁继电器 8K42 就是此种继电器。当 A1 端接通 DC 110 V 时，继电器动作，常开联锁 15-18 闭合，车门灯亮，0.5 s 后该联锁断开，车门灯灭，经过延时 0.5 s 后该联锁又闭合，灯又亮，如此反复，形成车门灯闪烁提示。

（3）欠电压继电器。欠电压继电器一般用在电路中起欠电压保护作用。当继电器线圈接通 +110 V 时，继电器动作，当电压小于设定值时，继电器就失电断开。图 3-13 所示为 3K05 型欠电压继电器。当 01 端的电压小于 85 V 时，常开联锁 06-07 断开，切断了连接蓄电池的 110 V 列车线，防止蓄电池过度供电。

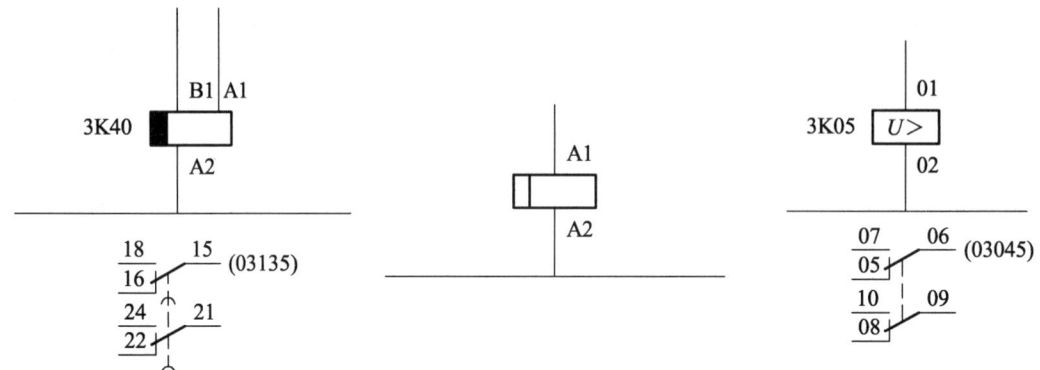

图 3-11　断电延时时间继电器　　图 3-12　脉冲继电器　　图 3-13　3K05 型欠电压继电器

图 3-14 给出了列车上常用的另外一种欠电压继电器 7U01，用来监控网压。由于该继监控的电压较高，需要一个变压器（1U01）配合使用。

图 3-14 中，1U01 变压器把接触网的高电压按一定比例变换成低电压。在继电器 7U01 内部，该低电压的大小决定联锁 1.01-1.02 和 2.01-2.02 的状态，在实际电路中，联锁 2.01-2.02 串联在受电弓升弓检测电路中，当网压大于 1 000 V 时，联锁 2.01-2.02 闭合，受电弓升弓按钮灯亮，表示受电弓升起，联锁 1.01-1.02 串联在列车空调启动电路中，当网压大于 1 200 V 时，联锁 1.01-1.02 闭合，列车空调可以启动，当接触网电压小于 1 200 V 时，列车空调将被自动关断（库内车间电源供电时除外）。

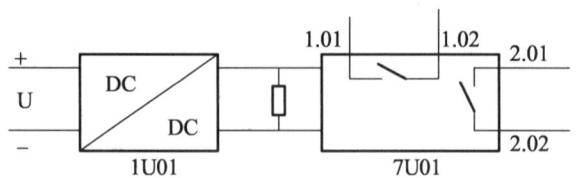

图 3-14　特殊欠电压继电器

2．主令电器

主令电器是指在电气控制系统中用来发出指令的电器。主令电器按功能分为五类，即按钮、开关、主令控制器（驾驶控制器）、组合开关和其他主令电器等。

（1）按钮。按钮是一种手动且一般可自动复位的主令电器。列车上的按钮分为普通按钮、带显示灯按钮和拍打按钮。拍打按钮又称"紧急按钮"或"蘑菇按钮"，表面呈红色，安装在驾驶室里，正、副驾驶台各有一个，当用力拍打此按钮时，它会自锁，触头保持在断开状态，只有向逆时针方向旋转后才会复位。要注意，拍打紧急按钮会造成降弓和紧急制动，所以，在非紧急状态下不能拍打该按钮。普通按钮、带显示灯按钮都比较简单，这里不做详细描述。

（2）开关。开关分为普通旋转开关、自复位旋转开关、行程开关和钥匙开关。城市轨道交通车辆上常用的开关种类如图 3-15 所示。

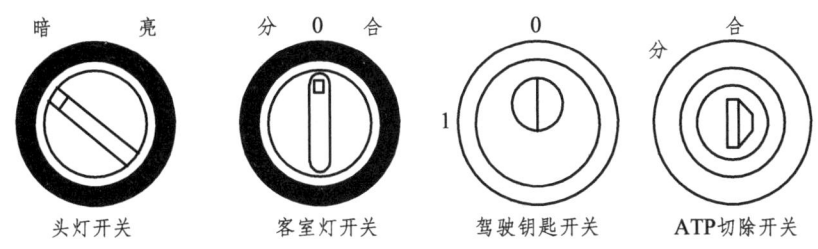

图 3-15　城市轨道交通车辆常用开关

普通旋转开关是指当开关旋转到某一位置时能固定在该位置上，如控制驾驶室灯的开关就是普通旋转开关。

自复位旋转开关是一种有回复力的开关，当开关被旋转到任一位置时松开手，它会自动旋回到原来的位置，如开断蓄电池的开关 3S01 就是自复位旋转开关，当把它旋转到"合"或"开"位置上松开手，它会自动旋回到"零"位。

行程开关又称为限位开关，用于控制机械设备的行程及限位保护。其原理是根据运动部件的行程位置而切换电路，如用来检测车门状态的 S1、S2 行程开关。

钥匙开关是需要特定的钥匙才能打开或关闭的，如驾驶台的钥匙开关需要用到 78#钥匙。

（3）电磁阀。电磁阀是一种用电路来控制气路的元件，通常情况下，电磁阀处于关闭状态，气路不通；通电以后，由于电磁力的作用，电磁阀打开，气路能够通过电磁阀。在车门、空调及制动系统中都用到了电磁阀。

（4）接触器。接触器作为执行元件，是一种用来频繁地接通和分断主电路、辅助电路以及较大容量控制电路的自动切换的电磁开关。它的特点是能进行远距离自动控制，操作频率较高，通断电流较大。接触器按主触头通过电流种类的不同，可分为交流接触器和直流接触器两种。

接触器主要由主触头、传动机构、灭弧装置、辅助接点组成。

主触头是电器的执行机构，直接关系到电器工作的可靠性。触头有四种工作状态：触头闭合状态、触头闭合过程、触头断开状态和触头断开过程。触头磨损有机械磨损、化学磨损和电气磨损三种。电气磨损是最主要的，发生在触头闭合电流过程和触头开断电流过程。触头熔焊主要发生在触头闭合电流过程和触头处于闭合状态时。触头熔焊后就不能执行断开电路的任务，甚至会引起严重故障。

辅助接点与主触头同步工作，用于信号逻辑判断与控制。

在触头开断电流时，一般在两触头间会产生电弧。电弧是空气被电离后产生的一种导电离子体，并伴随高温产生。电弧对电气元器件的危害主要有：①由于电弧的高温，会将电器接触点的表面金属熔化、熔焊，其周围的绝缘材料可能也会因高温而碳化和损坏；②因电弧具有导电性，易引起弧短路。所以地铁列车上的接触器都有灭弧装置。

直流接触器和交流接触器因开断电流不同，灭弧方法也不同。

交流接触器的灭弧方法主要有：①电动力灭弧：利用触头分断时本身的电动力将电弧拉长，使电弧热量在拉长的过程中冷却而迅速熄灭；②栅片灭弧：由灭弧栅和灭弧罩组成，利用金属栅片将长弧分割成若干短弧，增加电弧的电压降，使电弧无法维持而熄灭。

对于直流接触器，由于直流电弧不像交流电弧有自然过零点，所以更难熄灭，因此一般采用磁吹式灭弧。

第二节　电动列车的激活控制

一、列车激活控制（蓄电池接通）

城市轨道交通车辆的控制电路电源电压为 DC 110 V，在升弓前由蓄电池提供 DC 110 V，升弓后由辅助供电系统 DC/DC 模块提供电源。

起动或激活列车时，必须先接通列车蓄电池，其控制电路如图 3-16 所示。操纵蓄电池开关 3S01 置接通（ON）位置。

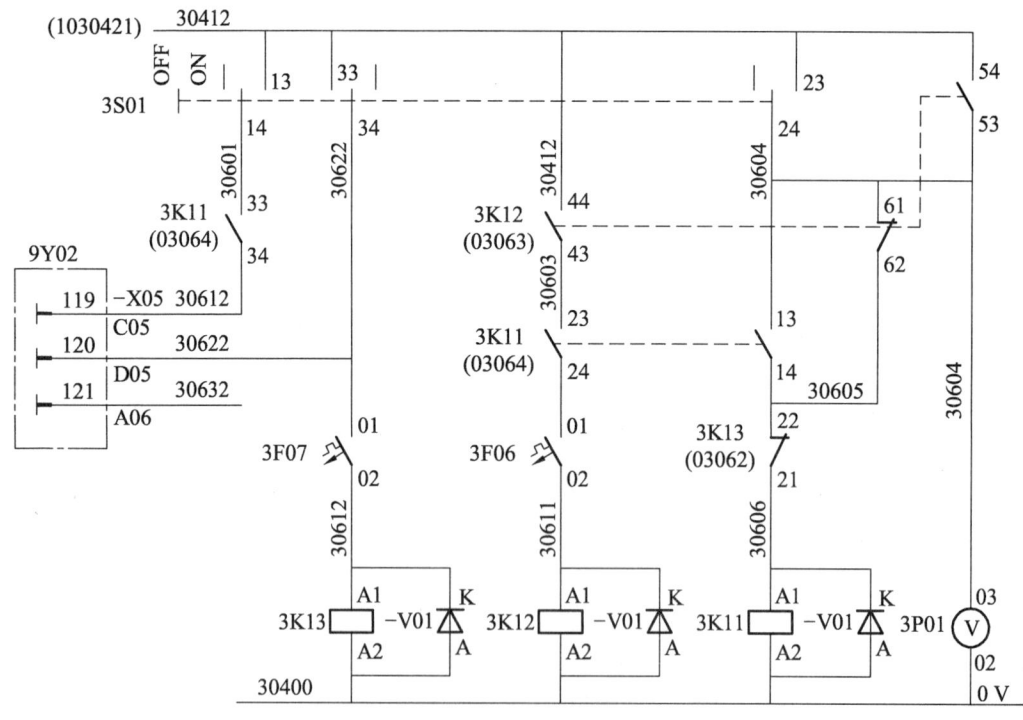

图 3-16　列车激活控制电路（一）

列车控制继电器 3K11 的线圈经 3S01（23-24）联锁→车辆控制继电器 3K12（61-62）联锁→车辆分断激活继电器 3K13（22-21）联锁而得电自持，控制电路为

$$30412 \cdot 3S01（23-24）\cdot \overline{3K12（61-62）} \cdot \overline{3K13（22-21）} \cdot \boxed{3K11} \cdot 30400$$

3K11 动作，接通牵引/制动控制电路的紧急制动回路和零速继电器（速度监控继电器）回路，受电弓才能升弓取流。3K11 的自持电路为

$$30412 \cdot [3S01（23-24）+3K12（54-53）] \cdot 3K11（13-14）\cdot$$
$$\overline{3K13（21-22）} \cdot \boxed{3K11} \cdot 30400$$

同时，一组列车控制继电器 3K11 联锁（33-34），通过 3S01（13-14）联锁使列车线 X05 激活。该线通过车钩传递（9Y02～9Y06）使图 3-17 中 C 车激活继电器 3K14 得电。图 3-17 中，若车辆车钩连挂继电器 9K01、车辆所有车钩都连挂好继电器 9K02 和车辆车钩解钩继电器 9K03 状态显示连挂正常时，车辆激活列车线通过 3K14 联锁（14-13）接通自持。

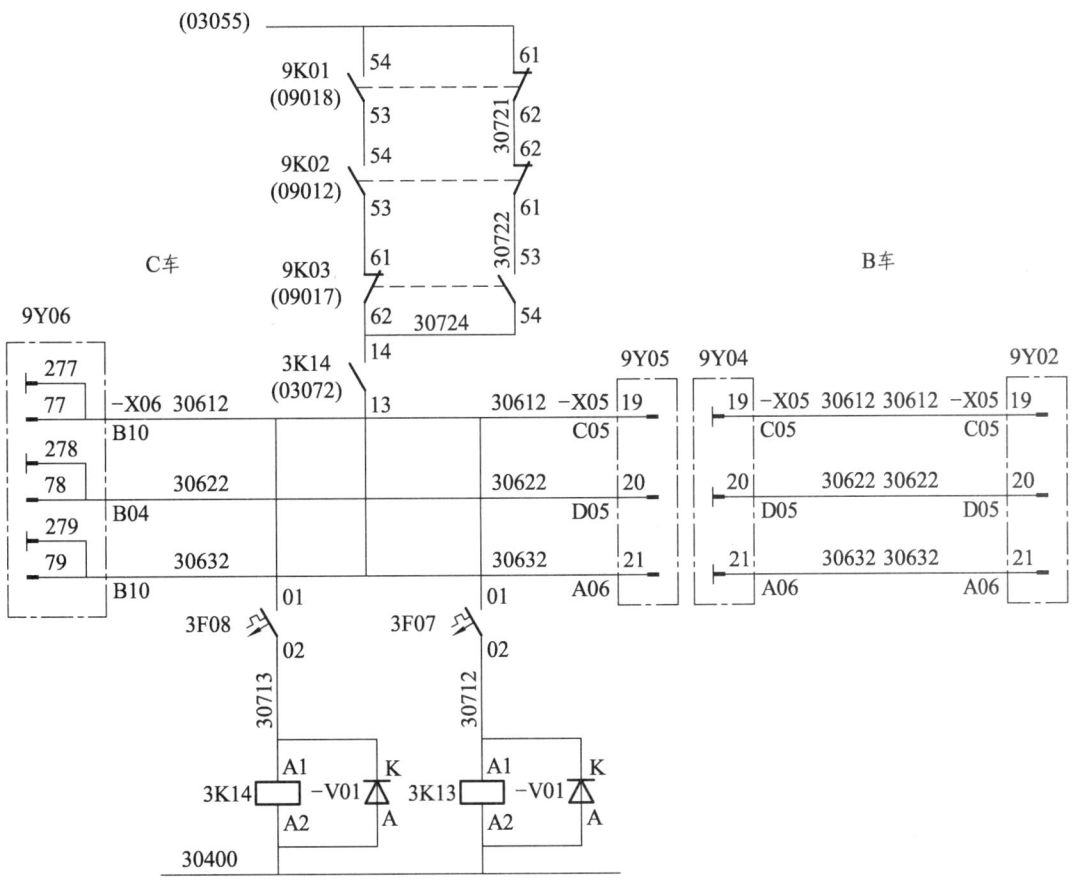

图 3-17 列车激活控制电路（二）

车辆激活列车线得电后通过车钩传递回 A 车，使得 A 车的车辆控制继电器 3K12 被激活。电路为

9Y02·30632·3F06（01-02）·3K12·30400

3K12 得电动作，并保持自持。自持电路为

30412·3K12（44-43）·3K11（23-24）·3F06（01-02）·3K12 自持得电。

这样可保证在激活端 A 车内的 3K11 和 3K12 继电器线圈保持得电状态，即使 3S01 按钮被缓解或回到零位（中性位置），由于自持电路的作用也能使 3K12 和 3K11 继续保持得电状态。列车激活自保持，列车线保持接通，此时列车两个 A 车的 3K12 继电器都被激活。

蓄电池电压表 3P01 通过 3K12 的（54-53）联锁接到 DC 110 V 车载供电系统中，这样方便驾驶员和检修人员监控蓄电池电压。

当需要关闭列车激活列车线时，需通过操作 3S01 开关置断开（OFF）位进行。此时电路为 30412 经蓄电池开关 3S01（33-34）→3F07（01-02）→车辆分断激活继电器 3K13 线圈得电，继电器动作，其一组联锁（22-21）断开使 3K11 线圈失电。3K11 失电，则 13-14 和 23-24 两组联锁断开使继电器 3K12 失电，从而使列车的蓄电池电源被断开连接。

此时，在两个 A 车中车辆分断激活继电器 3K13 都得电动作，电路为

30412・3S01（33-34）・3F07（01-02）・3K13・30400

通过 3K13 的（22-21）联锁隔离 3K11 继电器，列车激活自保持列车线将失电，所有 3K12 继电器将断开连接，列车被关闭。

总结列车的激活控制，可以这样理解：驾驶员通过操纵蓄电池开关 3S01 进行激活控制。激活电路是由 3K11 列车线激活控制继电器、3K12 车辆控制继电器、3K14C 车激活继电器控制。关闭电路则是由车辆分断激活继电器 3K13 控制。"激活"简单理解就是给操纵控制电路接通 DC 110 V 电源，"关闭"则是切断 DC 110 V 供电电源。

二、蓄电池充电与供电控制

蓄电池充电与供电的控制原理如图 3-18 所示。

DC 110 V 控制电源线有两种类型：一种是电磁电源线（有联锁控制电路电源线），为车辆接触继电器线路和 DC 110 V 供电负载（主要是紧急照明、列车两端的头尾灯、紧急通风和门控电动机）提供电源；另一种是电子电源线，为车辆所有电子设备提供 DC 110 V 电源。

分析图 3-18 电路可知，电路中 3G02 是列车低压电源变换器，用以在列车升弓后将接触网电源转换为 DC 110 V 电源；3G03 是蓄电池组；3K05 是蓄电池低压继电器；3K06 是蓄电池接触器；3F05、3F04 是低压断路器。

图 3-18 中，直流变换器输出的 DC 110 V 电源一方面通过蓄电池充电器 3Q03-F03（3Q03-F03 为蓄电池熔丝）给 3G03 蓄电池组充电；另一方面通过 3Q03-F01 和 3Q03-F02 向列车提供车载电压 DC 110 V，即通过 3Q03-F01、3V02 将 DC 110 V 电源送到列车线 30410，为所有电子设备提供 DC 110 V。通过 3Q03-F02、3K06 常开联锁 01-02 和 3V03 将 DC 110 V 电源送到列车线 30420，为接触器、继电器电路和 DC 110 V 供电负载提供电源。

当蓄电池充电器断开，则由蓄电池为电磁电源线提供 DC 110 V 电源。例如，图 3-16 中的 DC 110 V 电源就是由蓄电池正端线 30412 提供，而电子电源线 30410 经低压断路器 3F05、二极管 3V04 将变换器的 DC 110 V 电源也送到列车线 30412，为列车激活电路提供控制电源。

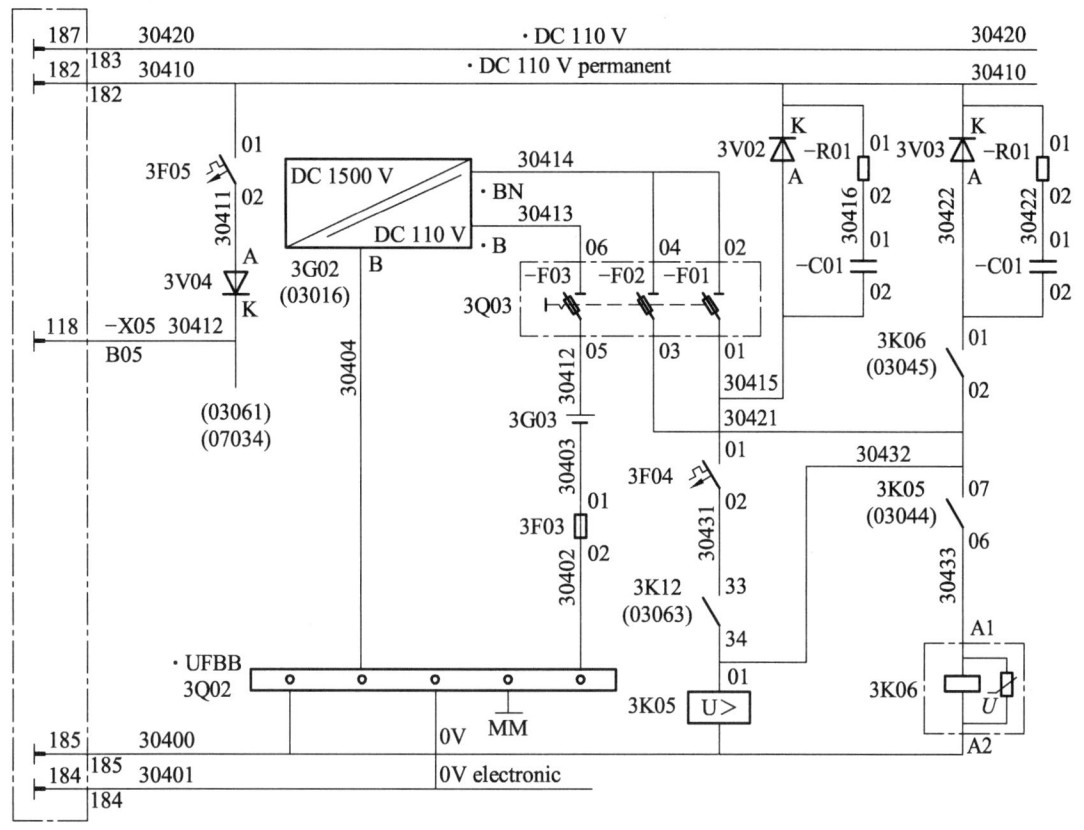

图 3-18 蓄电池充电和供电电路

激活车载主要用电设备的供电源，即给列车线 30420 供电，受制于蓄电池接触器（3K06）的得失电状态。当列车激活蓄电池电源通过低压断路器 3F04→车辆控制继电器 2K12 的（33-34）联锁→蓄电池低压继电器 3K05 线圈得电，当蓄电池电源大于 85 V 时，继电器 3K05（07-06）联锁闭合，使蓄电池接触器 3K06 线圈得电，其常开联锁（01-02）闭合，蓄电池电源经该联锁传送到电源列车线 30420，这样列车才真正激活，车辆电路获得 DC 110 V 电源。如果蓄电池电压下降低于限制值，则蓄电池低压继电器 3K05 失电打开，蓄电池接触器 3K06 失电断开连接，列车线无电源。

图 3-18 中二极管 3V02 和 3V03 隔离位于 A 车的两个蓄电池供电单元。3Q02 是蓄电池阴极电路的基极星形配电盘。30400 是列车线 30420 供电的用电设备的蓄电池阴极（电源负端）线。30401 是列车线 30410 供电的用电设备的蓄电池阴极（电源负端）线。

三、列车驾驶台激活控制

1. 驾驶台的激活

城市轨道交通列车有两个驾驶台，为了便于管理和有序控制，当一个驾驶台有效激活后另一个驾驶台则为无效。用 78# 钥匙插入驾驶台侧的钥匙开关（3S01）中，逆时针旋转至位置"1"，该端的列车驾驶台便被激活。列车被激活后，钥匙被锁死在钥匙开关中，此时，可以进行以下操作：

（1）缓解或施加停车制动。
（2）闭合或断开高速断路器。
（3）升起或降下受电弓。
（4）开起或关断列车空调。

当进行以上操作后，即使关断了驾驶台钥匙开关，即顺时针方向旋转至位置"0"，由于激活了接触器的逻辑控制，停车制动、高速断路器、受电弓和列车空调都能保持原有的状态。对列车驾驶台的激活是为了确定列车的主从驾驶端，从而确定了列车的操作端和非操作端，只有在操作端才能有效地对列车进行操作。

2．ATC（列车自动控制系统）的激活

ATC单元直接和蓄电池连接，但因其内部有电源，能独立于蓄电池工作。激活驾驶台的同时也激活了ATC设备。

3．牵引保护（ATP）的激活

正常状态下要激活牵引保护必须符合以下条件：
（1）ATC设备已激活。
（2）ATP钥匙开关处于"合"的位置。
（3）相应的驾驶台已被激活。

轨旁ATP故障时要激活牵引保护，必须符合以下条件：
（1）ATC设备已激活。
（2）ATP钥匙开关处于"合"的位置。
（3）相应的驾驶台已被激活。
（4）列车起动前按下"RM"（人工驾驶模式）按钮。

在这种情况下，列车只能选择人工驾驶（RM模式）。

库内动车保护必须符合如下条件：
（1）ATC设备已激活。
（2）ATP钥匙开关处于"合"的位置。

库内只能人工驾驶，如果轨旁ATP和车载ATP之间没有数据传输，系统将自动转为RM模式，这种情况下，无须去按"RM"按钮。若列车在正线运营时出现轨旁ATP故障，列车将实行在库内一样的保护。

列车从正线进入库内的过程中，需要转换成RM模式。在离开正线之前，显示屏会提醒驾驶员按下"RM"按钮。进入RM模式，列车才能够进库。

如果ATP发现有危险的操作状态，会立刻触发紧急制动，直到列车完全停止。如果ATP触发了紧急制动，必须在列车停止后按下"RM"按钮，以解除列车的紧急制动状态。

4．列车起动继电器控制

如图3-19所示，列车起动继电器控制由列车电源线正端线30420提供DC 110 V，经过列车控制低压断路器2F01提供给列车线20100，为后续的列车运行方向、制动控制电路和列车牵引控制电路供电。操作驾驶台主控制器钥匙开关，转至起动位，使2A01的S01行程开关闭合，电源通过二极管2V01、车辆控制起动继电器2K07常闭联锁（62-61），使2K01～2K03

列车起动继电器得电，控制逻辑为

$$30420 \cdot 2F01 \cdot 20100 \cdot 2A01\text{-}S01（01\text{-}02）\cdot 2V01 \cdot (2K07 + 2K01) \cdot (2K01 + 2K02 + 2K03) \cdot 30400$$

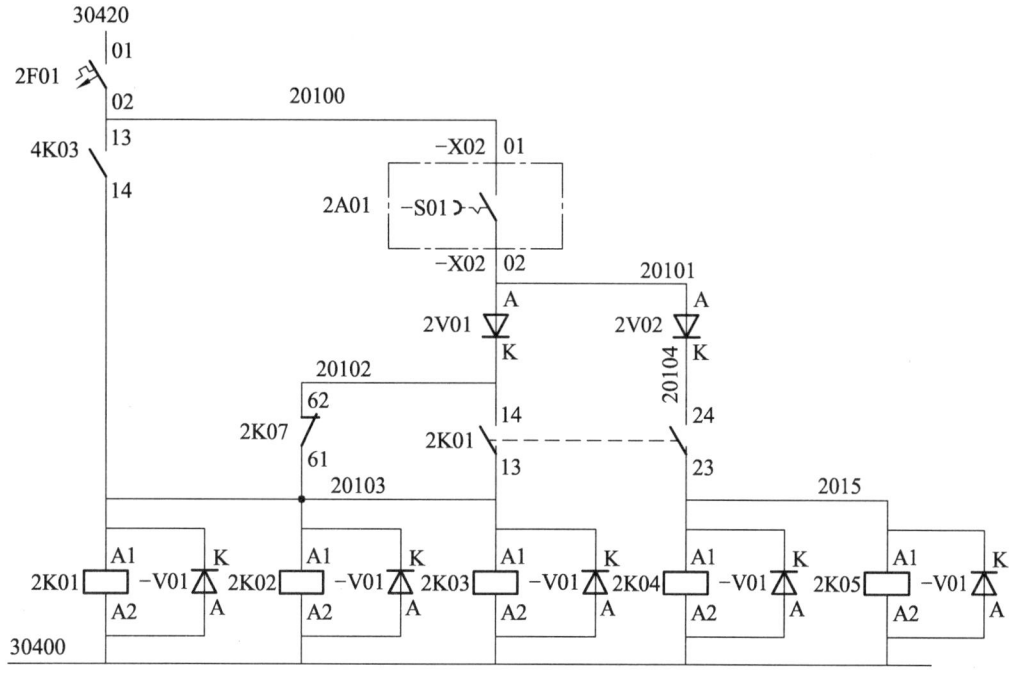

图 3-19　列车起动继电器控制电路

2K01 得电后其一组常开联锁（14-13）使上述控制电路自持，另一处常开联锁（24-23）闭合，电源由二极管 2V02、继电器 2K01 常开联锁，使列车控制起动继电器 2K04、2K05 得电，控制电路逻辑为

$$20101 \cdot 2V02 \cdot 2K01（24\text{-}23）\cdot (\boxed{2K04} + \boxed{2K05}) \cdot 30400$$

此时，由于驾驶台被激活，车辆控制屏（TMS-MMI）被置于显示状态；同样，驾驶台的指示灯也被置亮，显示设备状态，如受电弓、HSCB 等。

5．车辆起动继电器控制

随着驾驶台被激活，驾驶台的开关按钮就可以操作，但每辆车的控制操作还需要本节车的车辆控制起动继电器 2K07 得电才行，控制电路如图 3-20 所示。通过 2K01 的常开联锁（33-34）闭合，电源线 20100 经过二极管 2V03、空气自动开关 2F02 使得 A 车的 2K07 得电，控制电路逻辑为

$$20100 \cdot 2K01（33\text{-}34）\cdot 2V03 \cdot 2F02（01\text{-}02）\cdot \boxed{2K07} \cdot 30400$$

列车车辆控制总线 20212 通过车钩电气连接器使以后各节车辆控制接通继电器 2K07 得电吸合，控制电路逻辑为

$20212 \cdot 9Y02\text{-}9Y03 \cdot 2F02 \cdot \boxed{2K07} \cdot 30400；$

20212·9Y04-9Y05·2F02·2K07·30400；
20212·9Y06-…

低压断路器 2F02 用于对该环节进行过电流保护。

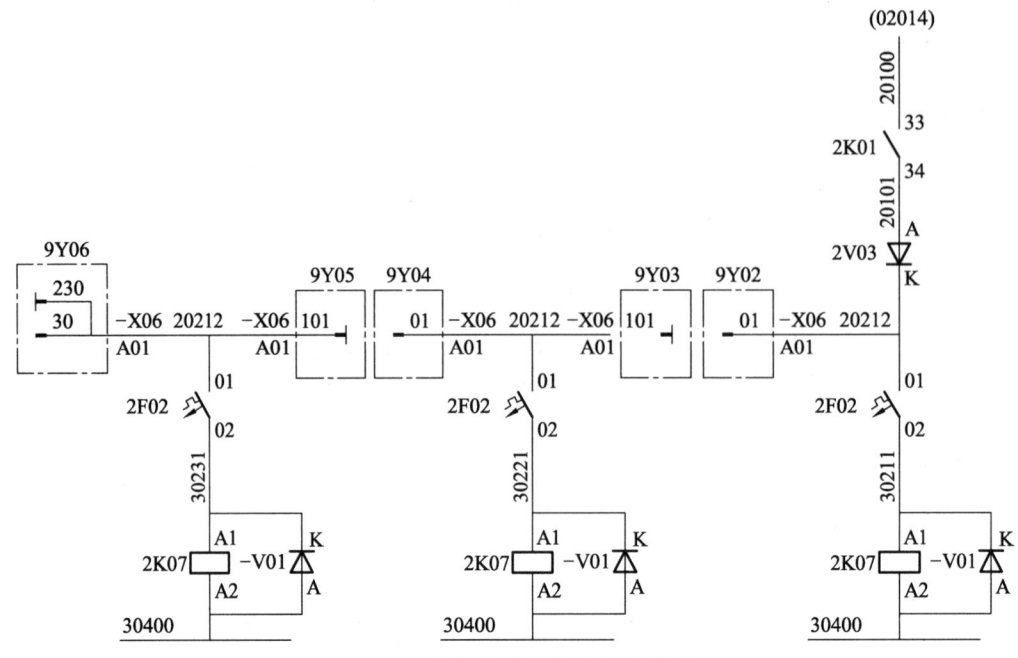

图 3-20　车辆起动继电器控制电路

6．驾驶台互锁控制

当驾驶员在一端驾驶室，钥匙开关 2A01-S01 已合，控制的 A 车的 2K07 的常闭联锁（62-61）被 2K01 的常开联锁旁路，列车控制起动继电器 2K01～2K05 处于自持及吸合状态。此时在另一端驾驶室，钥匙开关 2A01-S01 的作用无效，此时即使钥匙开关 2A01-S01 闭合，由于车辆控制继电器 2K07 已吸合，其常闭联锁（62-61）断开，各列车控制起动继电器 2K01～2K05 不能得电，即实现了防止另一个驾驶室被激活的功能。这样通过线路联锁设计保证了列车两端驾驶室不能同时使用，只允许一端驾驶室得电操作，否则将引起电气动作紊乱，使列车安全失去保障。

在特殊运行模式（自动运行时的折返）时，前面提到的驾驶钥匙开关功能被 4K03 联锁（13-14）所取代，这时只有 2K01、2K02、2K03 三组列车控制继电器被接通，从而保证车辆的基本运行控制操作和运行保护功能。

第三节　电动列车的初始条件设置控制

一、列车方向控制

只有当车辆处于静止时才能预先选择车辆的运行方向，如果驾驶员需要设置列车方向，要在激活的驾驶台将驾驶员控制器方向手柄推向前（F）位或推向后（R）位，其控制电路如图 3-21 所示。

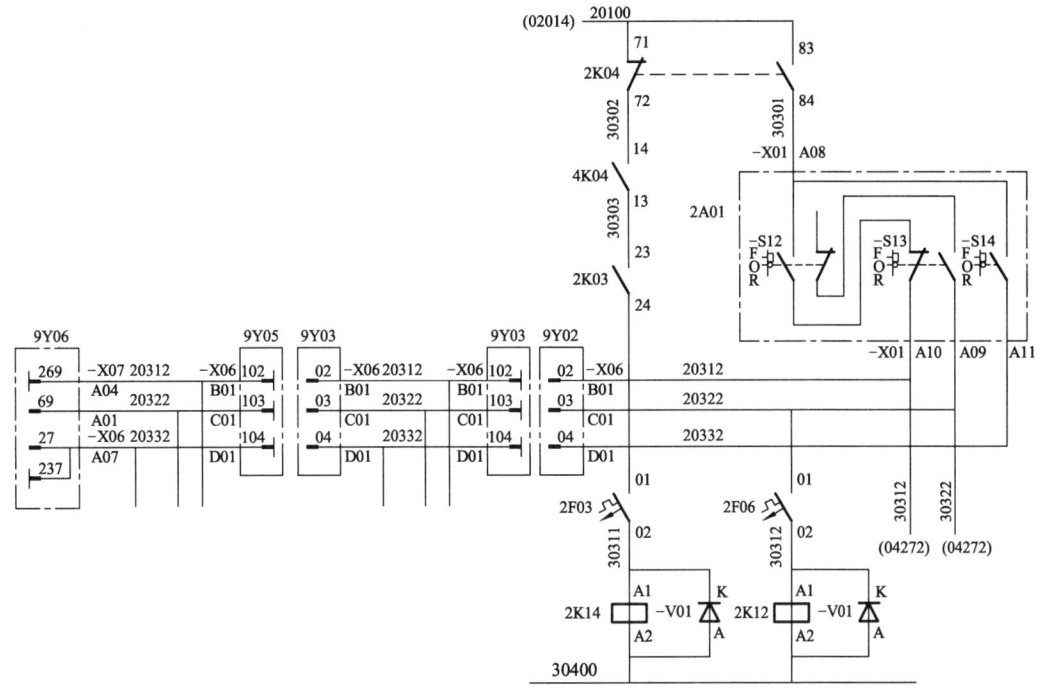

图 3-21 列车方向控制电路

在驾驶台被激活（使用 2A01-S01 钥匙开关）、2K01～2K05 列车控制起动继电器得电后，可以通过操作主控制器 2A01 中的"方式/方向"手柄带动相应的行程开关（S12～S14）闭合，便可以预先选择车辆的运行方向。方向继电器的控制系统与车辆控制系统一起通过 2F01 由列车电源（DC 110 V）正极供电。

如果设定为"F"（前行）位，则行程开关 S12 闭合，电源经由空气保护开关 2F03，"前行"接触继电器 2K14 得电，"前行"列车控制线 20312 被接通。

如果设定为"R"（后退）位，则行程开关 S13 闭合，电源经由空气保护开关 2F06，"后退"接触继电器 2K12 得电或被激活，"后退"列车控制线 20322 被接通。

在非头车的 A 车中，由于位于 C 车端部半自动车钩处的列车控制线交叉布置，因此与之相对应的反向列车控制线和接触继电器被接通，并将相应的信息通过列车线传递给牵引控制单元（1A1）和电子制动单元 BECU（2A03）。

在 B、C 车的每个驱动控制回路中，有一对速度继电器的反联锁使牵引控制单元（DCU）无动作，该联锁防止列车在运行过程中发生换向动作。因此，只有在列车完全停稳后，速度继电器确认失电的状态下，才能改变列车方向。

在手动方式或 ATC 方式下，方向"向前"指令通过向前方向控制继电器传送到工作端的 A 车 ATC 单元。

在特殊操作模式（自动运行时的折返）下，非头车 A 车运行方向是由 ATC 系统通过 4K03 常开联锁（24-23）闭合和 4K04 常开联锁（13-14）闭合预先设定的。

二、受电弓控制

受电弓控制分为气路控制和电路控制。

受电弓电路控制如图 3-22 所示。由列车电源线（DC 110 V）正端 30420 提供电源，由受电弓和高速断路器控制保护低压断路器 2F30 进行过电流保护。

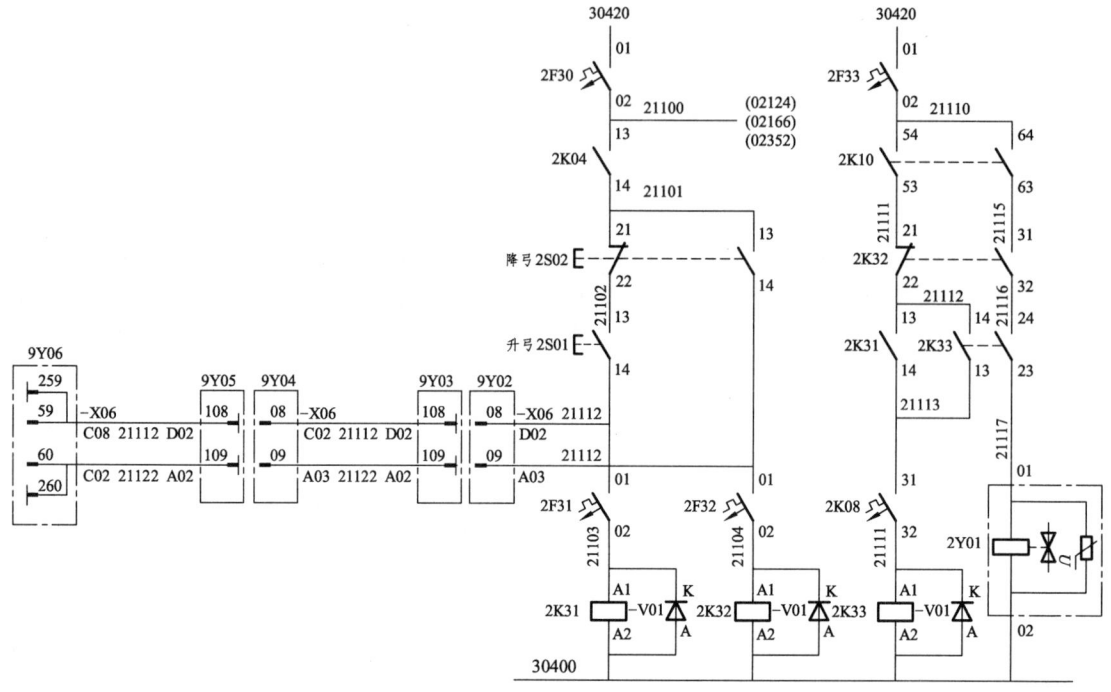

图 3-22 受电弓控制电路

当列车激活后，列车控制系统进入工作准备状态，列车控制起动继电器 2K04 和紧急制动继电器 2K10 分别得电工作，驾驶员可以操作升弓开关 2S01 来执行"升弓"指令，操作降弓控制开关 2S02 来执行"降弓"指令。

1. 升弓控制

当按下升弓开关 2S01，电源经由低压断路器 2F31，使升弓起动继电器 2K31 得电，控制电路逻辑为

30420·2F30·2K04·2S02·2S01·2F31·2K31·30400

一组 2K31 联锁（14-13）控制各自单元车辆受电弓保持继电器 2K33 得电吸合。具体电路为：电源列车线 30420 经低压断路器 2F33、紧急制动继电器 2K10（此继电器失电启动紧急制动，在后续制动电路图分析）常开联锁（54-53）、降弓继电器 2K32 常闭联锁（21-22）、升弓起动继电器 2K31 常开联锁（14-13）、车间电源供电继电器 3K08（此继电器与升弓保持继电器 2K33 互锁，完成列车车间电源供电和受电弓供电方式的单一供电形式）常闭联锁（31-32）使得受电弓保持继电器 2K33 得电，并通过自身常开联锁（14-13）完成自持。其控制电路逻辑为

30420·2F33·2K10·2K32·(2K31+2K33)·2K08·2K33·30400

2K33 得电后一组常开联锁（24-23）开启受电弓驱动电路，控制电源由控制电源列车线 30420 经低压断路器 2F33、紧急制动继电器 2K10 常开联锁（64-63）、降弓继电器 2K32 常闭联锁（31-32）、受电弓保持继电器 2K33 常开联锁（24-23）闭合，控制受电弓电磁阀 2Y01 得电，开通升弓气路，使受电弓升弓并保持受电弓处在合适工作位置。其控制电路逻辑为

$$30420 \cdot 2F33 \cdot 2K10 \cdot 2K32 \cdot 2K33 \cdot 2Y01 \cdot 30400$$

2．降弓控制

按下降弓控制开关 2S02，其常闭联锁（21-22）分断，升弓起动继电器 2K31 失电，同时 2S02 的常开联锁（13-14）闭合，使降弓继电器 2K32 得电，控制电路逻辑为

$$30420 \cdot 2S02 \cdot 2F32 \cdot \underline{2K32} \cdot 30400$$

其一组常闭联锁（21-22）和（31-32）打开，使得 2K33 和 2Y01 失电，受电弓（2K06）落弓。在紧急情况下，单只受电弓可以通过操作设在 A 车驾驶控制面板的紧急制动开关使受电弓降弓（双弓），当该开关被激活，2K10 继电器失电，其常开联锁（54-53）和（64-63）直接分断 2K33 和 2Y01。

要使受电弓能够升起来，升弓气压不能小于 3 bar。当升弓气压小于 3 bar 时，可以利用 A 车 8 号座位下的脚踏泵来提供足够的升弓气压。当列车在"有电无气"状态下升弓时，可以先按下升弓按钮，使电磁阀 2Y01 得电，连接受电弓的气路被打开，然后踩脚踏泵升弓，这就是通常说的"有电无气"升弓方法。

3．受电弓状态检测

受电弓的状态可以从按钮灯上判断。当升弓按钮绿灯亮时，表示所有受电弓都已升起；当降弓按钮红灯亮时，表示所有受电弓都已降下；当升弓按钮绿灯和降弓按钮红灯都不亮时，表示两个受电弓处于不同的状态（如升单弓）。列车对受电弓"升弓"和"降弓"状态的检测方式是不同的，"升弓"状态是通过电压继电器 7U01 来检测的，如图 3-14 "特殊欠电压继电器"所示。1U01 是变压器，它把接触网的高电压按一定比例变换成低电压。在继电器 7U01 的内部，该低电压的大小决定触头 1.01-1.02 和 2.01-2.02 的状态。触头 2.01-2.02 串联在受电弓升弓检测电路中，当 $U > 1\,000$ V 时，触头 2.01-2.02 闭合，受电弓升弓按钮绿灯亮，表示受电弓升起。"降弓"状态是通过位置传感器 7B01 来检测的，当受电弓物理位移接近 7B01 时，其连接电路的两接点 1.3-2.4 导通，受电弓降弓按钮红灯亮，表示受电弓降下。

三、高速断路器控制

高速断路器 1Q02 的启动控制由列车电源线（DC 110 V）正端 30420 供电，由受电弓和高速断路器控制低压断路器 2F30 进行过电流保护，其控制电路如图 3-23 所示。

1．合闸控制

用高速断路器"合"按钮 2S04 来吸合高速断路器（HSCB）1Q02。当该开关置"合"位，通过 2S04 的常开联锁（13-14）施加于列车导线 21203，使高速断路器"合"起动继电器 2K34 得电吸合，控制电路逻辑为

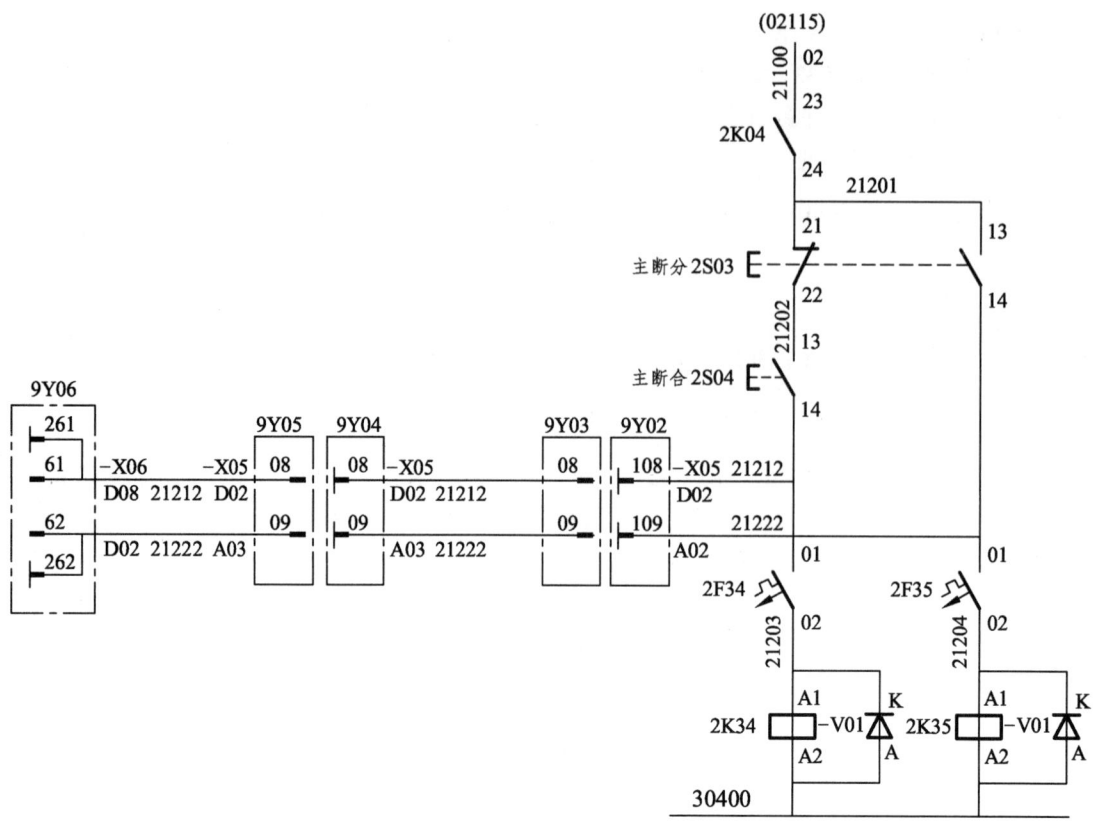

图 3-23 高速断路器合闸启动控制电路

21100・2K04・2S03・2S04・2F34・ 2K34 ・30400

2K34 得电后,高速断路器启动"合"列车线 21212 被激活,并通过车钩传递到另一单元激活相应的高速断路器"合"起动继电器。

高速断路器控制电路分成两个阶段,一个是高速断路器驱动线圈启动阶段;另一个是高速断路器保持阶段,其控制原理如图 3-24 所示。当高速断路器"合"起动继电器 2K34 得电后,控制电源由列车线 30420 提供,经过低压断路器 2F36、起动继电器 2K34 的常开联锁(13-14)使 HSCB 启动限制时间继电器 2K36 得电,其控制电路逻辑为

30420・2F36・21300・2K34・ 2K36 ・30400

一组 2K36 常开联锁(15-18)使高速断路器线圈 2K38 得电动作,其控制电路逻辑为

21502・2K35・2K33・2K10・2K36・ 2K38 ・30400

高速断路器 1Q02 得电动作,控制电路逻辑为

30420・2F36・2K38(01-02)(03-04)(05-06)・ 1Q02 ・30400

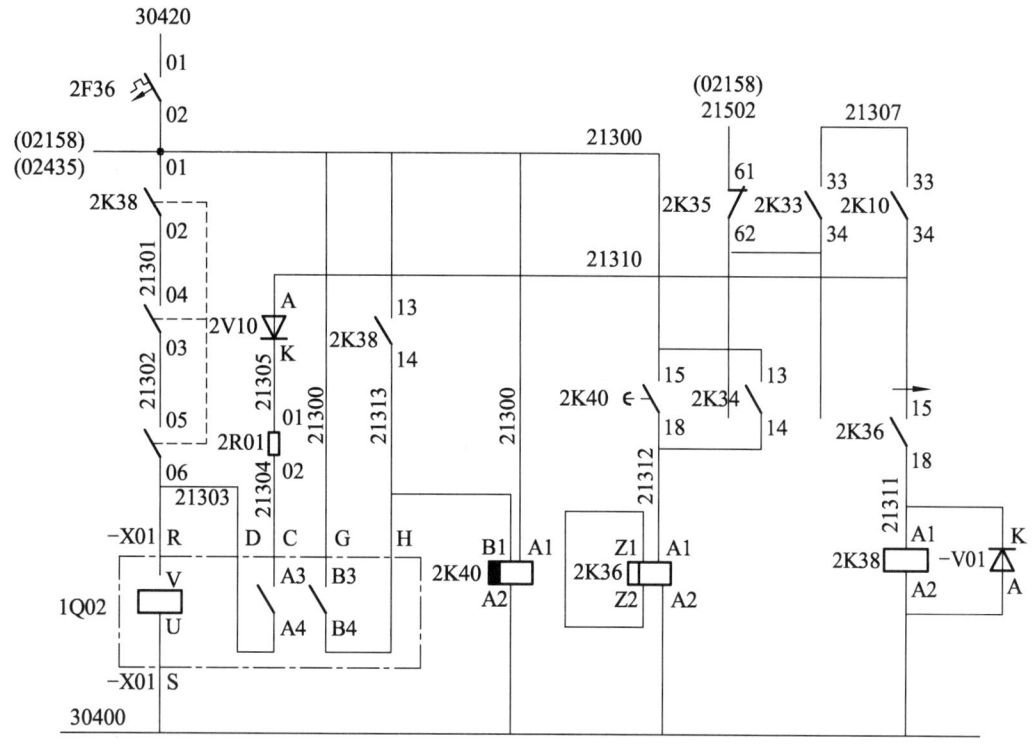

图 3-24 高速断路器控制原理

当联锁装置到相应的位置,高速断路器辅助触头 A3-A4 和 B3-B4 闭合。由于时间继电器 2K36 的动作特性是:当继电器得电时,常开触头闭合,经过一定时间后(1 s),常开触头又断开。因此,2K38 在得电 1 s 后又失电,而高速断路器线圈继续由串接了限流电阻 2R01 的电路供电。其控制电路逻辑为

30420·2V10·2R01·1Q02(A3-A4)· 1Q02 ·30400

这样就保护了高速断路器线圈不会长时间通电而造成烧损。

2．分闸控制

当要分断高速断路器时,可以用高速断路器"分"按钮 2S03 来人为分断高速断路器 (HSCB)1Q02。当该按钮在"分"位置,通过 2S03 联锁(21-22)先断开高速断路器"合"起动继电器 2K34 回路,然后通过 2S03(13-14)常开联锁接通列车导线 21204,使高速断路器"分"起动继电器 2K35 得电吸合,其控制电路逻辑为

21100·2K04·2S03·2F35·21204· 2K35 ·30400

2K35 得电后,高速断路器启动"分"列车线 21222 被激活,通过车钩传递到另一单元激活相应的高速断路器"分"起动继电器。一组 2K35 常闭联锁(61-62)断开,高速断路器线圈失电,高速断路器主触头断开。

高速断路器作为主电路总的电源开关和保护电器,分断的电流大、电压高,故在实际运用中不能频繁地合闸操作,一般高速断路器重复合闸之间至少要保证相隔 30 s 时间,不然会影响高速断路器的使用寿命。电路中 2K40 是 HSCB 启动封锁继电器,与 2K36 共同作用保护

高速断路器。当高速断路器线圈 1Q02 未能成功启动时,再按下 2S04 后,高速断路器线圈驱动继电器 2K38 无法得电,因为 2K36 在上次启动后没有失电,靠 2K40(其得电是由前一次启动时 2K38 的常开联锁 13-14 使得 2K40 得电工作)的延时断开联锁(15-18),一直保持 2K36 线圈得电,这样就由 2K36 的通电延时联锁(15-18)切断了 2K38 线圈回路,高速断路器线圈无法得电闭合。

由于高速断路器在合闸时需要的转矩较大,而在合上后保持转矩较小,故在启动时 1Q02 线圈接通的是 DC 110 V 电压,在保持时线圈串接了限流电阻 2R01 工作,起到了保护高速断路器的作用。

在启动时,由 2K38 的 3 个常开联锁(01-02)、(04-03)和(05-06)串联供电,这样可以提高可靠性,减少误动作的可能性。

高速断路器 1Q02 分断或跳闸有两类情况:

1)手动操作

通过按下高速断路器"分"按钮 2S03,2S03 的(13-14)联锁经列车控制线 21204 使高速断路器"分"继电器 2K35 得电,2K35 分断高速断路器 1Q02 线圈的供电回路,使高速断路器跳闸。

2)保护性分闸

如图 3-24 所示,主回路过电流超过高速断路器设定的电流值会造成跳闸。

主回路短路时,形成快速自动跳闸,其最大分断电流为 35 kA,由牵引控制单元 DCU 进行控制。

如图 3-25 所示,列车线 21502 是由牵引控制单元 DCU(2A03)和主牵引逆变器 1A01(VVVF 箱)外部的接口引出的,没有对其内部的连接进行标注。为了能够更清晰地掌握高速断路器的保护,下面将对电路图作一些补充说明。

以 B 车为例,其内部的连接如图 3-25 中点画线框所示。DCU 内的触头实际上是 A328 电子板的一个小继电器,当 DCU 通电时该触头闭合,K2 的触头是在差动电流不大于 50 A 时闭合。所以,正常情况下,激活驾驶台后,这两对触头都是闭合的。当列车处于牵引状态

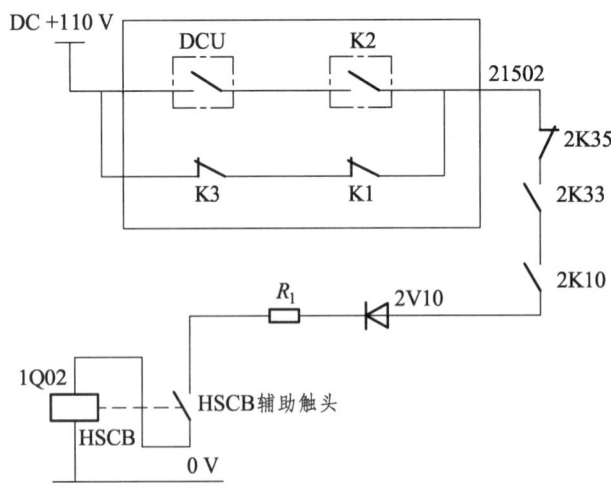

图 3-25 牵引控制系统对 HSCB 的控制

时，K1 得电动作，其常闭触头断开，电流只能通过 DCU 和 K2 的常开触头，使高速断路器保持闭合。若 DCU 检测到某种严重故障，需要断开高速断路器时，其内部的小继电器常开触头就会断开，从而导致高速断路器失电跳闸，所以，DCU 也能断开高速断路器。另外，若差动电流大于 50 A，K2 的常开触头断开，也会导致高速断路器失电跳闸。

3. 断路器状态显示

高速断路器的状态可以从按钮灯上判断。当主断合按钮绿灯亮时，表示所有高速断路器已处于闭合状态；当主断分按钮红灯亮时，表示所有高速断路器已处于断开状态。若主断合按钮绿灯和主断分按钮红灯都不亮，则表示所有高速断路器不处于同一状态（如有 1~3 个发生跳闸）。

第四节 电动列车的牵引和制动控制

一、牵引/制动控制设备

牵引/制动控制设备主要包括驾驶控制器、ATO/ATP、RVC、ECU 和 DCU。这些设备在车上的分布如图 3-26 所示。

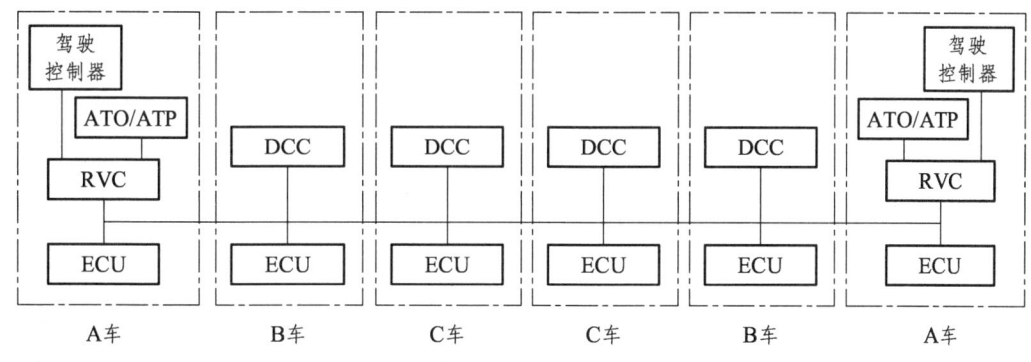

图 3-26 牵引/制动控制设备的分布

驾驶控制器是驾驶员用来控制列车牵引或制动的设备，安装在驾驶台上。驾驶控制器主要由钥匙开关、方向手柄和控制手柄组成。钥匙开关有 2 个位置："0" 和 "1"，分别表示 "关断" 和 "开启"。方向手柄有 3 个位置："F"（向前）、"0"（零位）和 "R"（向后）。

控制手柄有 4 个位置："牵引""零位""制动"和"快速制动"。方向手柄和控制手柄间有机械联锁，只有当控制手柄在"零位"时方向手柄才能回"零位"，只有当方向手柄确定运行方向后控制手柄才能离开"零位"。控制手柄顶端有一个警惕按钮，在人工驾驶时，只有按下警惕按钮并推动控制手柄，列车才能起动。在列车牵引过程中，若松开警惕按钮超过 3 s，列车会产生紧急制动。控制手柄底部连接有一个电位器，当控制手柄从"零位"移向"100%牵引位"或"100%制动位"时，该电位器相应地输出 0~20 mA 的电流指令，送给参考值转换器（Reference Value Converter，RVC）。

在列车牵引/制动过程中，驾驶控制器给出的是电流信号，而牵引控制单元 DCU 和制动控制单元 ECU 接收的是脉冲信号，RVC 就是把给定的电流信号转换成脉冲信号的器件。RVC 输出的是 DC 60 V/400 Hz 的脉宽调制信号，脉宽 T_1 为给定值的 7.5%～45%，分别对应输入 0～20 mA，如图 3-27 所示。

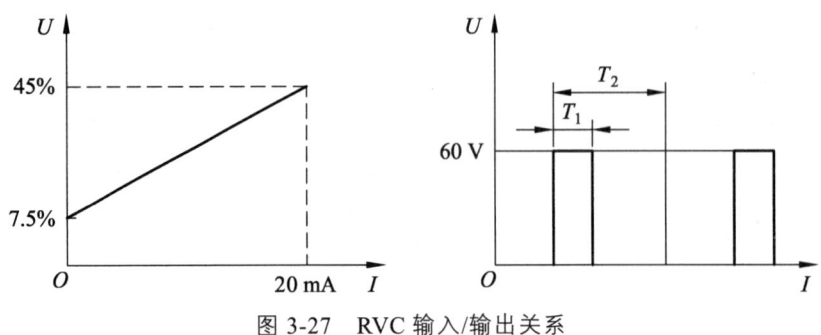

图 3-27　RVC 输入/输出关系

二、列车牵引控制

在设有 ATC 系统的线路中，列车既能人工驾驶，也能自动驾驶。

ATC 系统是列车自动控制系统，它包括列车自动防护子系统 ATP（ATP 系统是保证行车安全、防止列车进入前方列车占用区段和防止超速运行的设备）、列车自动监控子系统 ATS（ATS 系统监控列车运行及调整、自动建立进路）和列车自动驾驶子系统 ATO（ATO 系统是根据控制中心的指令自动使列车正点、安全、平稳运行）。

城轨列车的驾驶模式分为 4 种：① 自动驾驶模式（ATO）一般用于正线运行，在轨旁 ATP 设备和车载 ATP 设备等都正常工作的情况下使用；② ATP 监督下的人工驾驶模式（SM），在线路状态不良或天气条件不好时使用。在该模式下，驾驶员在 ATP 的监督下行车，当列车超过 ATP 允许的速度时发出警告，继而紧急制动；③ 限制式人工驾驶模式（RM），由 ATP 提供一定的速度防护，列车超过此速度，ATP 将紧急制动，列车由驾驶员驾驶，运行安全由驾驶员负责；④ 人工驾驶模式（URM），无 ATP 防护，运行安全完全由驾驶员控制。通常情况下，列车运行都要受 ATP 的保护。表 3-4 说明了 ATP、ATO 和人工驾驶之间的关系。

表 3-4　ATP、ATO 和人工驾驶之间的关系

轨旁 ATP 设备和车载 ATP 设备工作正常（两者有数据连接）		轨旁 ATP 设备故障，列车只受车载 ATP 设备保护	ATP 切除
ATO 自动驾驶	ATO 自动折返	人工驾驶且列车限速（60 km/h 限速）	人工驾驶且列车限速（25 km/h 限速）	人工驾驶，无限速

牵引控制电路采用继电器联锁方式，对车门、停放制动、疏散门、气制动等实行联锁控制保护。要实现列车的牵引，必须给定牵引方向、牵引指令和牵引参考值。

（一）牵引方向

列车牵引方向由驾驶控制器方向手柄给定。在列车静止状态，必须先推动方向手柄确定列车的运行方向。如果在列车运行过程中改变方向手柄的位置，DCU 将会封锁牵引指令。与此同时，"电制动准备好"信号被 DCU 取消，不能施加电制动，以确保牵引或电制动工况的

唯一性，但气制动仍然有效。如果把方向手柄重新推回原来牵引时的位置，列车将恢复到原来的牵引状态。

（二）牵引指令

列车通过牵引控制保护电路输出牵引指令，列车牵引指令控制主要包括驾驶控制器警惕按钮控制和牵引起动联锁控制。

1．警惕按钮控制

警惕按钮是指装设在驾驶控制器主手柄头上的"蘑菇"形按钮。

设置警惕按钮控制环节，主要是用来防止驾驶员在驾驶途中精神不集中，失去意识、神志不清。它是通过警惕按钮 2A01-S02，由警惕继电器 2K09 来防止发生事故。在牵引过程中一旦松开警惕按钮，3~5 s 时间内未重新按下，列车将立即启动紧急制动并鸣笛报警。因此要求驾驶员在驾驶过程中必须每隔几秒钟按一下警惕按钮，或者一直按着。该控制环节电路如图 3-28 所示，分析如下。

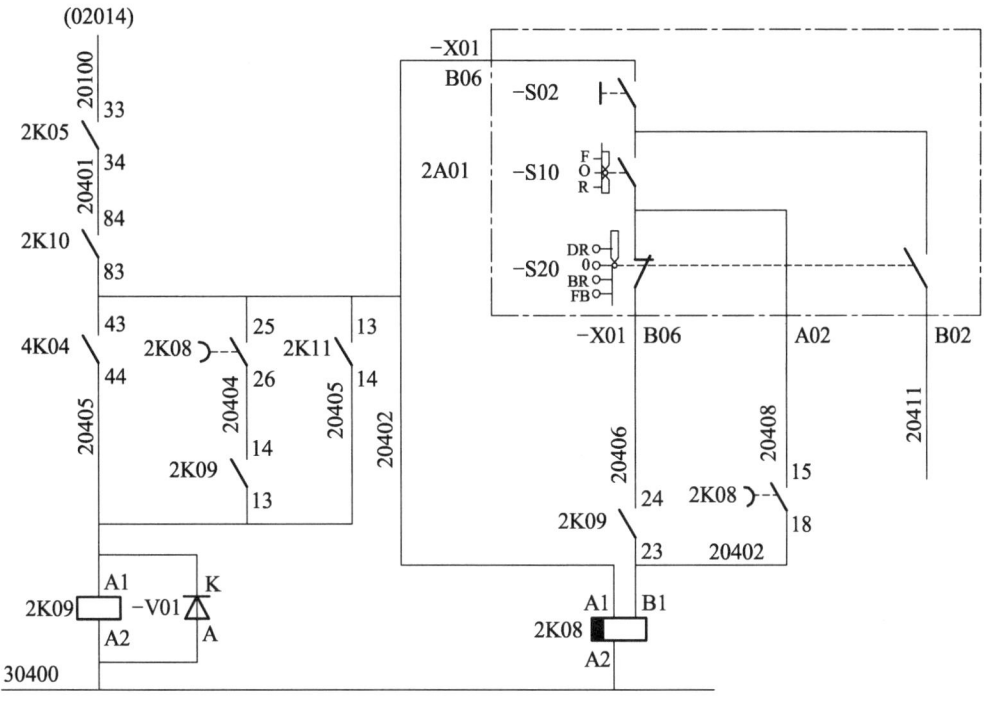

图 3-28 驾驶控制器警惕按钮控制电路

1）人工驾驶状态

在人工驾驶状态下，随着列车激活，列车安全回路正常且列车处于静止状态，警惕继电器 2K09 得电，控制电路逻辑为

20100・2K05・2K10・2K11・2K09・30400

因为起动列车前，必须预先选择运行方向（2A01-S10），并需要一直操作警惕按钮 2A01-S02，这样牵引控制才能构成回路。通过一组 2K09 常开联锁（24-23）接通 2K08 警惕

延时继电器电路,并由 2K08(15-18)联锁保持自持,控制电路逻辑为

20100・2K05・2K10・2A01-S02・($\overline{-S10}$)($\overline{-S20}$・2K09+2K08)・ 2K08 ・30400

一组 2K08 警惕延时断开联锁(25-28)构成 2K09 列车非零速供电,控制电路逻辑为

20100・2K05・2K10・2K08(25-28)・2K09(14-13)・ 2K09 ・30400

当列车正在运行或正在移动时(-S20 离开零位),2K08 警惕延时继电器由自持供电,2K11 打开,2K09 改由 2K08 供电。只有继电器 2K09 得电或接通时才能使紧急制动无效。但列车正在运行或正在移动时,警惕按钮只被短时间缓解(3~5 s),如果接近整定时间就能立即听到信号(鸣笛)声,此时驾驶员只要及时按下警惕按钮就可以缓解报警声并维持牵引状态;如果超过了由 2K08 警惕延时继电器设置的时间限制,则 2K08 延时断电联锁(25-28)断开,2K09 失电,列车施加快速紧急制动直到列车完全停止。

人工驾驶起动时,控制电源由列车起动继电器 2K05 的一组常开联锁(33-34)、紧急制动继电器 2K10 的一组常开联锁(84-83)、经零速继电器 2K11($v=0$ 动作)的一组联锁(13-14)使继电器 2K09 得电。也就是说,2K09 的得电启动需要 3 个条件:① 列车已激活;② 紧急继电器被激活(没有中断列车安全回路,紧急制动未施加);③ 列车处于静止状态。

2)自动驾驶模式

在自动驾驶模式下,警惕按钮不起作用,被 ATC 旁路。由图 3-30 可知,在自动运行时,此功能可以通过继电器 4K04 的一组常闭联锁(61-62)切断手动回路,一组常开联锁(43-44)使 2K09 得电,一组常开联锁(53-54)接通 ATO 自动驾驶回路,其控制原理如图 3-29 所示。

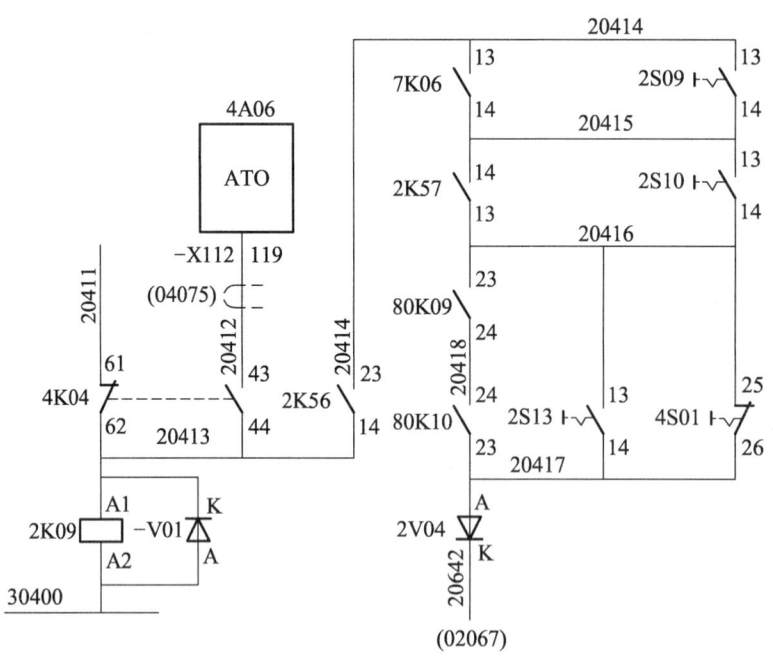

图 3-29 牵引指令控制电路

牵引/制动控制器(主控制器)2A01-S20 必须被设置在牵引槽外面的位置,在列车起动时激活 2K08,运行时该支路由 2K08 的(15-18)联锁短接,控制电路如图 3-28 所示。

图 3-29 所示为牵引指令控制电路。图中 2K06 为牵引指令构成继电器，2K56 为列车主风缸压力监测继电器，7K06 为疏散门检测继电器，2K57 为停车制动检测继电器，8K09 为列车左边车门监测继电器，8K10 为列车右边车门监测继电器，2S09 为疏散门旁路开关，2S10 为停车制动旁路开关，2S13 为车门旁路开关，4S01 为 ATP 切除开关。

列车需要牵引运行就需要 2K06 得电，2K06 得电有两条途径：

（1）手动驾驶时控制电源由驾驶控制器传递给导线 20411，经 ATO 模式继电器 4K04 的一组常闭联锁（61-62）送到 2K06 线圈，控制电路逻辑为

$$20411 \cdot \overline{4K04} \cdot \boxed{2K06} \cdot 30400$$

（2）自动驾驶时控制电源由 4A06（ATC 系统的自动运行控制 ATO）功能模块传递给导线 20412，经 ATO 模式继电器 4K04 的一组常开联锁（53-54）送到 2K06 线圈，控制电路逻辑为

$$4A06 \cdot 20412 \cdot 4K04 \cdot \boxed{2K06} \cdot 30400$$

在自动驾驶模式时，ATO 驾驶模式激活后 4K04 线圈得电动作，因此 4K04 的（53-54）联锁闭合。

从图 3-29 中可看出，列车牵引指令的发出需经过 4 个联锁：① 列车主风缸压力继电器 2K56 联锁，当主风缸压力大于 7.0bar 时吸合；② 停车制动检测继电器 2K57 联锁，当检测到所有列车的停车制动均已缓解时闭合；③ 7K06 检测列车疏散门关好时闭合；④ 8K09、8K10 检测所有列车车门已关好时闭合。列车牵引条件必须满足的起动联锁逻辑关系如图 3-30 所示。

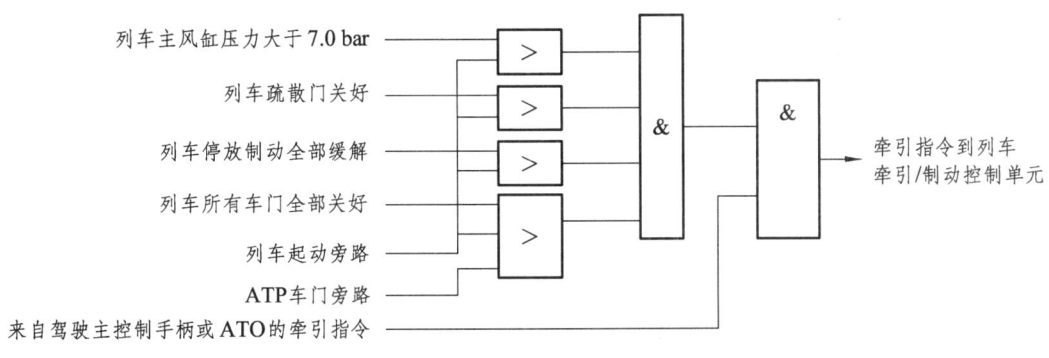

图 3-30 起动联锁内部逻辑关系

牵引指令发出的控制电路逻辑为

$$20413 \cdot 2K56 \cdot 7K06 \cdot 2K57 \cdot 8K09 \cdot 8K10 \cdot 2V04 \cdot 20642$$

列车牵引指令通过牵引指令线 20642 将信号送到车辆的电子制动控制单元（EBCU）和牵引控制单元（DCU），牵引回路构成。牵引力的大小则由驾驶控制器通过参考值转换器（RVC）转换后传输给牵引控制单元，并由牵引控制单元传递到逆变器输出转矩，进行列车牵引。

在故障情况下，如各监测继电器出现故障烧损不能正确传递检测信息，而列车实际上处

于正常状态时,为了避免对列车正常运营造成影响(如晚点、清客、救援等),列车设置了4个旁路开关,分别对疏散门、停车制动、车门、气制动进行旁路,可以取消起动联锁保护功能,进行应急处理保证列车起动运行。城市轨道交通运营过程中对于旁路开关的操作有着严格的规定,在打开旁路开关时,必须确认列车状态处于正常情况,必须得到行车调度的授权才能操作旁路开关。

2．5个起动联锁及其控制

1)主风缸压力起动联锁保护

图 3-31 所示为列车主风缸压力检测控制电路。6 节车主风缸压力检测通过 6 个压力开关进行。各车辆的压力检测开关检测的是列车风管压力,其动作值为:当主风缸压力大于 7.0 bar 时闭合,小于 6.0 bar 时断开。由于主风管检测列车线相互连通,故 6 节车的主风缸压力检测开关相互并联,形成"或"的关系,即只要有一节车的主风缸压力检测开关闭合,主风缸压力检测继电器 2K56 即得电吸合。该起动联锁主要是监测主风缸压力,一旦列车主风缸压力小于 6.0 bar,6 节车的主风缸压力检测开关都断开,使主风缸压力检测继电器 2K56 失电打开,列车牵引指令中断,封锁列车牵引。

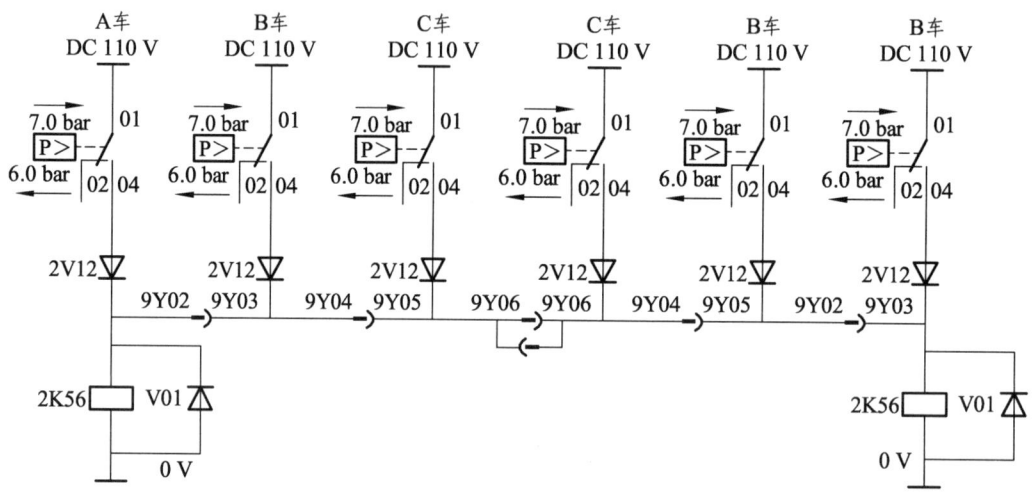

图 3-31 列车主风缸压力检测控制电路

2)疏散门起动联锁保护

城市轨道交通车辆在每个 A 车驾驶室正中设有一紧急疏散门,用于在紧急情况下疏散乘客。列车须随时监测疏散门的状态。只有两个 A 车的疏散门全部关好,列车疏散门监测继电器 7K06(见图 3-29)才得电,列车才能进行牵引,否则列车牵引指令中断,封锁列车牵引。

3)停车制动起动联锁保护

停车制动是列车在库内停车时为防止在非正常情况下的滑动而施加的一种机械制动。停车制动采用弹簧制动方式,停车制动气缸充气缓解、排气施加。只有在 6 节车的停车制动全部缓解后,列车才能进行牵引。因此,列车通过监测停车制动气缸压力来监测停车制动的状态。

单节车停车制动检测控制环节如图 3-32 所示。图中 2K51 为每节车停车制动缓解继电器,2K50 为每节车停车制动施加继电器,停车制动气缸压力检测开关在 2Y02 中,其动作值为停车制动气缸压力大于 4.5 bar 时闭合,小于 3.5 bar 时断开。检测控制过程分析如下。

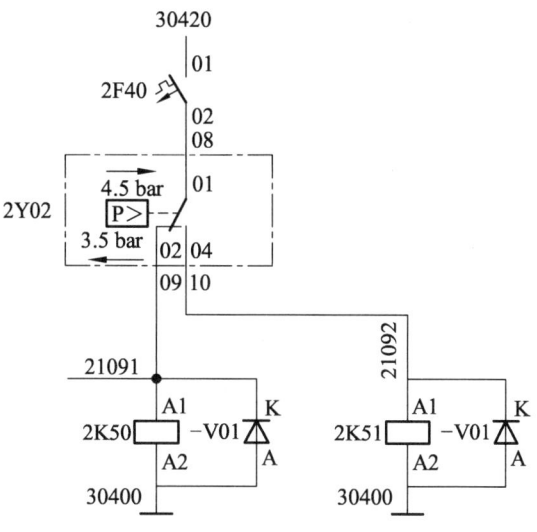

图 3-32 单节车停车制动检测电路

(1) 当停车制动气缸气压小于 3.0 bar 时,2Y02 中停车制动气缸压力检测开关打开,即 (01-02) 接通,2K50 单节车停车制动施加继电器得电动作,控制电路逻辑为

$$30420 \cdot 2F40 \cdot 2Y02(01\text{-}02) \cdot 21901 \cdot \boxed{2K50} \cdot 30400$$

2K50 得电后通过列车线 21901 将信息送到电子制动控制单元 EBCU 中。

(2) 当停车制动气缸压力大于 4.5 bar 时,2Y02 中停车制动气缸压力检测开关闭合,即 (01-04) 接通,2K50 单节车停车制动施加继电器失电,断开施加指令,2K51 单节车停车制动缓解继电器得电动作,停车制动风缸充风缓解,控制电路逻辑为

$$30420 \cdot 2F40 \cdot 2Y02(01\text{-}04) \cdot 21902 \cdot \boxed{2K51} \cdot 30400$$

停车制动也可以手动施加与缓解,操作电路如图 3-33 所示。驾驶室驾驶员控制面板上设置有操纵停车制动施加按钮 2S06 和停车制动缓解按钮 2S05,通过驾驶室操作按钮控制停车制动气缸的风管电磁阀 2Y02 来实现。按下停车制动施加按钮 2S06,电磁阀 2Y02 制动线圈得电,控制电路逻辑为

$$21100 \cdot 2K04 \cdot \overline{2S06} \cdot 2S05 \cdot 2F38 \cdot \boxed{2Y02\ 制动线圈} \cdot 30400$$

电磁阀 2Y02 开通制动气缸和大气的通路,制动气缸排气,在弹簧作用下停车制动施加。按下停车制动缓解按钮 2S05,电磁阀 2Y02 缓解线圈得电,控制电路逻辑为

$$21100 \cdot 2K04 \cdot 21601 \cdot 2S06(13\text{-}14) \cdot 2F39 \cdot \boxed{2Y02\ 缓解线圈} \cdot 30400$$

电磁阀 2Y02 开通列车风管和制动气缸的通路,给气缸充气,压缩空气克服弹簧作用缓解停车制动。

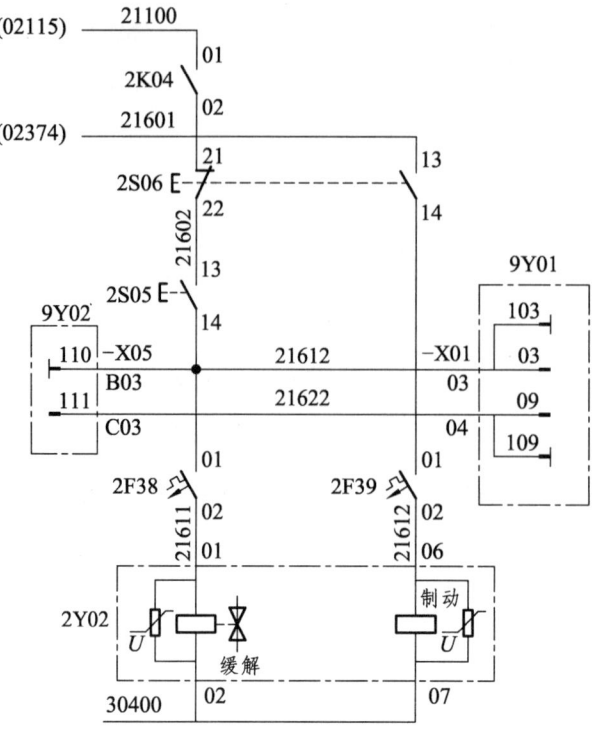

图 3-33 停车制动缓解与施加控制电路

另外,还有一种应急缓解停车制动的操作,是通过拉动停车制动气缸的手动缓解拉杆,进行人工缓解。

列车停车制动的检测。当列车在激活端操纵停车制动施加和缓解按钮时,通过停车制动缓解列车线 21612、车钩将电源传递至各个车辆的 2Y02,控制本节车的 4 个停车制动器缓解;同理,通过停车制动施加列车线 21622、车钩将电源传递至各个车辆的 2Y02,控制本节车的四个停车制动器施加,从而实现整个列车同时进行施加和缓解的动作。通过 9Y01 可以在连挂时将信息传递给相互连挂的列车或车辆。电路示意图如图 3-34 所示。

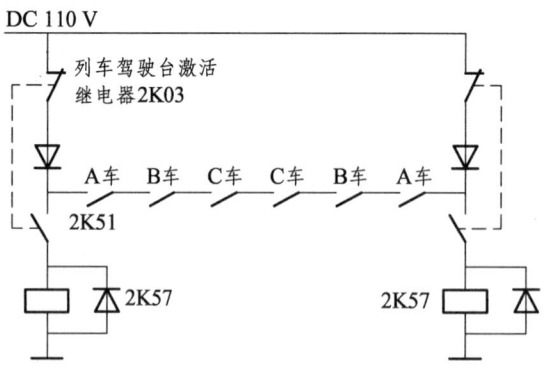

图 3-34 列车停放制动检测控制电路示意图

停车制动缓解按钮 2S05 和停车制动施加按钮 2S06 是带指示灯的按钮,在驾驶控制面板上的指示灯反映列车停车制动的状态。列车停车制动检测控制电路如图 3-35 所示。当全列车施加停车制动时,各车辆的 2K50 都得电,此时停车制动指示灯亮,控制电路逻辑为

9Y06·23604·2K50·9Y05-9Y04·2K50·

9Y03-9Y02·2K50·2K03（14-13）·2S06-R02·2S06-R01·2S06

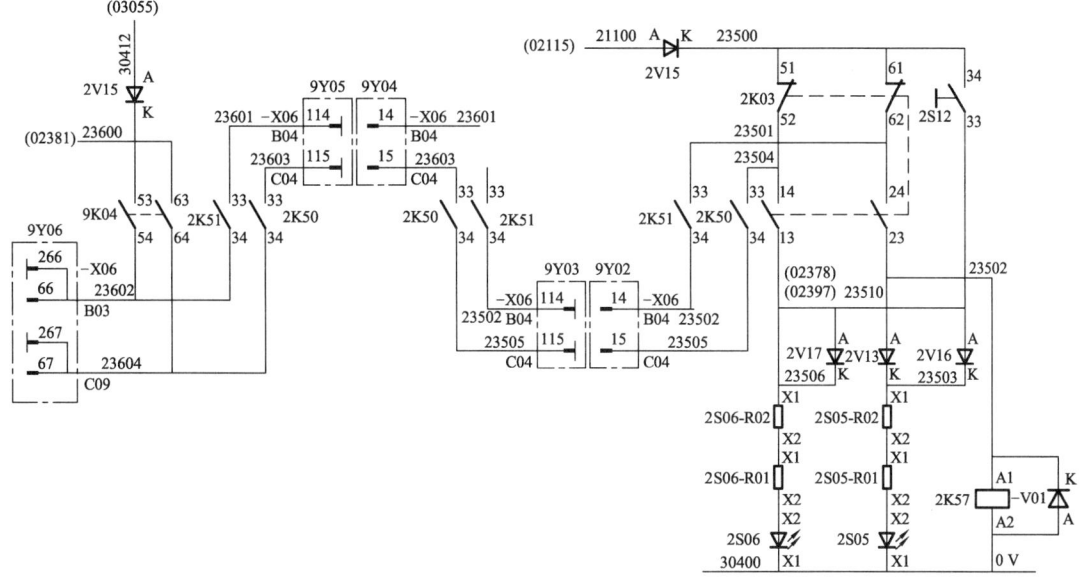

图 3-35 列车停车制动检测控制电路

只有当所有 6 节车的停车制动全部缓解，即每节车的 2K51 均得电时，列车停车制动缓解继电器 2K57 才能得电，各节车辆之间的停车制动缓解继电器的常开联锁通过列车线串联形成"与"的关系，对停车制动状态指示灯和列车停车制动缓解继电器进行控制，控制电路逻辑为

9Y06·23604·2K51·9Y05-9Y04·2K51·9Y03-9Y02·2K51·

2K03（24-23）·$\boxed{2K57}$·30400

全列车停车制动缓解到位。同时，缓解指示灯亮，控制电路逻辑为

23502·2V23·2S05-R02·2S05-R01·2S05

按钮 2S12 是车辆驾驶控制面板上的试灯按钮，用于检测指示灯的好坏，控制电路逻辑为

21100·2V15·23500·2S12·23510·

（2V17·2S06-R02·2S06-R01·2S06+2V16·2S05-R02·2S05-R01·2S05）

继电器 9K04 在需要对单元车辆动车时得电工作，保证单元车辆的列车线能够形成回路。

4）车门起动联锁

城市轨道交通的特点是乘客特别密集、站间距短、停车频繁。车门作为乘客进出列车的通道，其安全保障便显得十分重要，列车必须对于各种可能出现的情况进行监测，如车门是否关好、乘客是否被夹住、车门是否打不开等，特别在乘客被夹住、车门没关好的情况下，列车一旦起动，将会直接危及乘客的生命安全。城市轨道交通列车每节车一般设有 10 对车门，每边 5 对，对于每对车门，列车都设有控制环节对其状态随时进行检测。该环节主要由车门锁好行程开关、车门关好行程开关和车门紧急解锁行程开关检测车门的状态。图 3-36 所示电路为单个车门检测的控制原理图,其中车门锁好行程开关和车门关好行程开关串联后与紧急解锁行程开关并联。只有当列车所有车门全部关好,列车车门关好继电器 8K10、8K09 才能得电吸合,这时牵引指令回路才能形成通路,牵引指令才能发出。

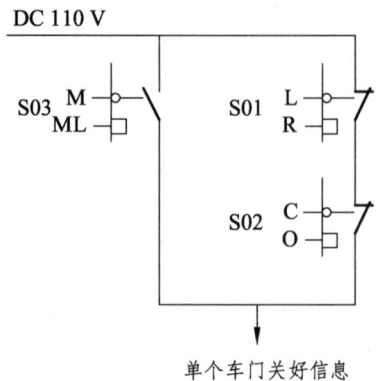

S01—车门锁好行程开关;S02—车门关好行程开关;
S03—车门紧急解锁行程开关。

图 3-36 列车单个车门检测控制原理图

城市轨道交通列车对于车门的保护分两种情况,即列车有 ATP(列车自动防护系统,由信号控制)保护和列车无 ATP 保护。在列车有 ATP 保护情况下,列车车门监测信号直接送给 ATP 系统,由 ATP 软件进行保护。如果在 ATO 模式下,列车因收不到速度码而不会动车。如果在人工驾驶模式下,车门并无起动联锁,而是当 ATP 系统一旦检测到有车门没关好,则马上触发紧急制动。在图 3-31 中,该起动联锁功能由 ATP 切除开关 4S01 所旁路。在列车无 ATP 保护情况下,列车将直接通过 DC 110 V 继电器控制电路进行保护,即若车门未关好,则车门关好继电器 8K09、8K10 不得电,牵引指令回路无法构成,此时列车牵引指令将被封锁。

另外,由于车门对乘客安全的重要性,列车对车门设有另外一种保护,即只有当列车牵引指令信号为高电平时,列车牵引逆变器中线路接触器才能获得使能信号。也就是当列车所有车门全部关好后,牵引逆变器线路接触器才允许闭合,牵引逆变器才能开始工作,列车才能进行牵引。2K06 继电器在列车有牵引指令时闭合,其主要作用是在列车车门被旁路情况下,保证列车能起动而设置的。对于这种车门保护功能,主要是保证在列车停站开门后,牵引逆变器线路接触器断开,使牵引逆变器与接触网处于断开状态,从而保障在乘客上、下车时列车不能起动。

5)气制动起动联锁保护

城市轨道交通列车制动系统包括电制动和气制动,其中常用制动以电制动为主,在电制动力不足,或低速停车时(8 km/h),才施加气制动。为了防止在列车牵引时气制动不能缓解而对轮对造成危害,必须对列车气制动状态随时进行检测。图 3-37 所示为单节车气制动检测控制电路。图中 2B02、2B03 分别为一节车两个转向架的气制动压力检测开关,其动作值为:当气制动压力大于 1.2 bar 时断开,小于 0.8 bar 时闭合。2K52 为气制动监控继电器(第一转向架气制动缓解),2K53 为单节车气制动施加继电器,2K54 为本节车气制动缓解继电器,2K55

为本节车全部制动（所有摩擦制动）缓解监控继电器（包括停车制动、气制动）。当两个转向架的气制动检测开关联锁（01-02）全部闭合时（即气制动全部缓解），气制动缓解继电器 2K54 才能得电吸合，通过 2B03 转向架气制动压力检测开关和 2K52 的常开联锁串联，组成"与"的关系，控制电路逻辑为

$$21900 \cdot 2B02（01-02）\cdot \boxed{2K52} \cdot 30400$$

$$21900 \cdot 2B03（01-02）\cdot 2K52 \cdot \boxed{2K54} \cdot 30400$$

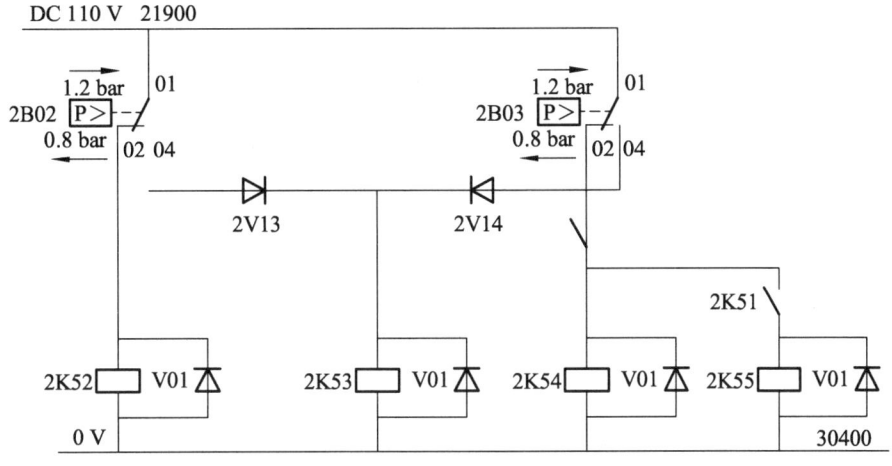

图 3-37 单节车气制动检测控制电路

当两个转向架的气制动检测开关一组联锁（01-04）中任意一个或两个闭合时（即气制动施加），本节车气制动施加继电器 2K53 就能得电吸合，通过 2B02、2B03 气制动压力检测开关的联锁（01-04）与二极管 2V13、2V14 组合形成"或"的关系，控制电路逻辑为

$$21900 \cdot [2B02（01-04）\cdot 2V13+2B03（01-04）\cdot 2V14] \cdot \boxed{2K53} \cdot 30400$$

通过"与"和"或"的关系，反映气制动的原理，即只要有气制动施加就认为车辆气制动施加，必须所有气制动缓解才能认为车辆气制动缓解，同理也能够推广到整列车辆。当本节车气制动缓解继电器 2K54 满足得电条件时，本节车的停车制动缓解继电器 2K51 得电吸合后，本节车所有摩擦制动缓解监控继电器 2K55 才能得电，这样通过 2K55 的状态就能知道车辆的气制动情况。摩擦制动缓解监控继电器 2K55 得电的控制电路逻辑为

$$21900 \cdot 2B03（01-02）\cdot 2K52 \cdot 2K51 \cdot \boxed{2K55} \cdot 30400$$

通过对图 3-37 的分析并结合图 3-29 可以看出，只有当 6 节车的气制动全部缓解，或者操作气制动旁路开关，列车气制动缓解信号才能有效。列车气制动缓解 MBG 信号如图 3-38 所示。列车牵引控制单元在列车起动后，发出气制动缓解指令，如果在列车起动后 5 s 内，牵引控制单元不能接受到列车气制动缓解信号，则马上封锁牵引指令，列车起动失败。此保护功能由牵引控制单元软件实现。

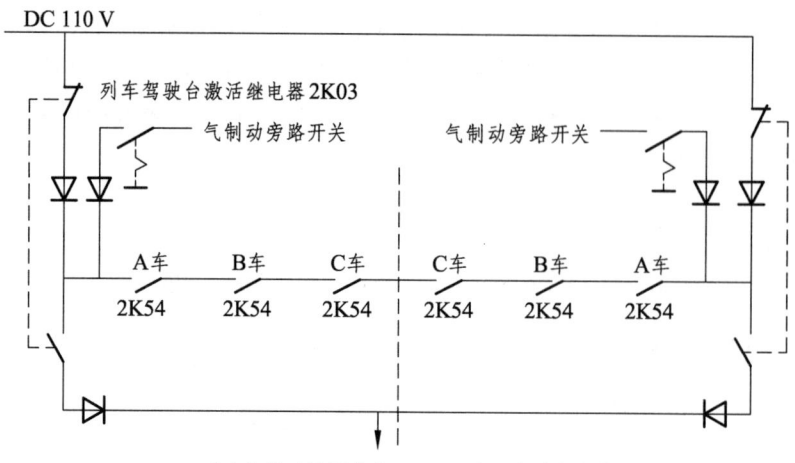

图 3-38 列车气制动缓解 MBC 信号

三、制动控制

列车制动分为电制动和气制动，正常情况下，电制动优先。

1．制动指令

制动指令有常用制动指令、快速制动指令和紧急制动指令。每个制动指令都是低电平有效，图 3-39 所示为常用制动、快速制动控制指令电路。

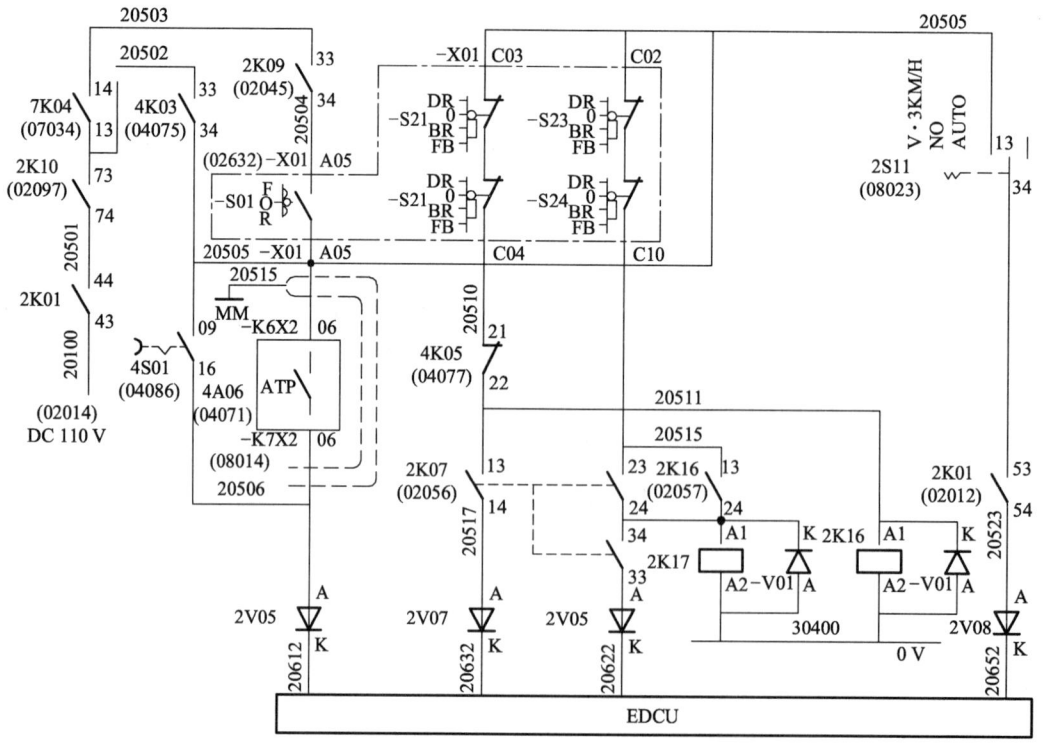

图 3-39 常用、快速制动控制指令电路

1）常用制动指令

当驾驶员将牵引/制动手柄拉到常用制动位时，2K16 线圈失电，并导致常用制动控制列车线 20632 变为低电平，该信号输入每节车的电子制动控制单元（EBCU），则列车施加常用制动。

2）快速制动指令

当牵引/制动手柄拉到快速制动位时，2K16、2K17 线圈均失电，并导致常用制动控制线 20632、快速制动线 20622 变为低电平，该信号输入到每节车的电子制动控制单元（EBCU），则列车施加快速制动。常用制动指令和快速制动指令的发出必须在列车紧急制动未施加的情况下才能有效，即无紧急制动列车线 20612 为高电平，该信号输入每节车的电子制动控制单元（EBCU），则列车才能通过操纵牵引/制动手柄完成常规制动和快速制动。列车激活后，2K01、2K10 在手动驾驶时由 7K04（车向电源电器盒查好后由受电弓供电时得电）、2K09（警惕按钮按下时得电）和方式方向手柄控制；在自动驾驶时由 4K03（自动驾驶模式得电）控制，通过 ATP 防护单元（此时 4S01 ATP 切除按钮旁路）激活无紧急制动列车线。

3）紧急制动指令

图 3-40 所示为紧急制动控制电路，列车在运行中只要紧急制动继电器 2K10 失电，就会启动紧急制动，直到车速为零后才能缓解。而 2K10 得电的控制电路是，列车合上蓄电池开关 3S01 后激活端 3K11 得电，DC 110 V 控制电源经过 3K11 常开联锁（54-53）、驾驶控制台的"蘑菇"按钮 2S07 和 2S08（联锁串联增加可靠性）、车钩 9Y02-05 电气接线盒、全部车钩

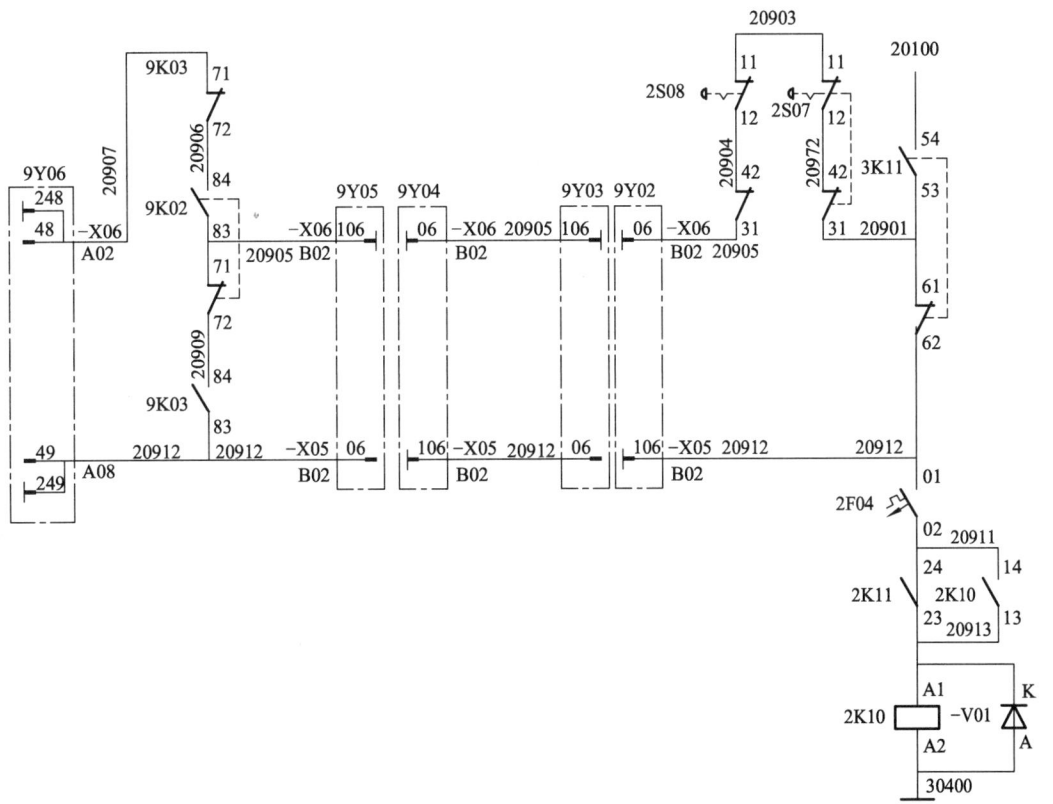

图 3-40　紧急制动控制电路

连挂好检测继电器 9K02（半自动车钩连挂好后得电）常开联锁（83-84）、解钩继电器 9K03（用于激活单元车时将单元车的紧急回路连通，按压 3S02 时得电）常闭联锁（72-71）后，通过车钩 9Y06 电气接线盒与另一单元连通，控制电路逻辑为

20100·3K11·2S07·2S08·9Y02-9Y03·9Y04-9Y05·9K02·9K03·9Y06·另一单元

由于另一单元列车为非激活端，故其 3K11 失电，则经过 3K11 常闭联锁（61-62）将控制电源送给本单元 A 车的 2K10，并通过本单元车钩 9Y02-06 电气接线盒连接送回到激活端，激活端通过车钩 9Y06-02 电气接线盒将控制电源送给 2K10，从而激活整列车的紧急制动继电器 2K10。其控制电路逻辑为

另一单元 $\overline{3K11（61-62）}$·本单元 9Y06-9Y02·2F04·(2K11+2K10)·$\boxed{2K10}$·30400

紧急制动继电器控制回路通过列车车钩形成一条贯穿整列车的安全监控环线，如果列车安全环线中任意一个 2S07/2S08 紧急制动按钮断开或列车编组中断，那么 2K10 则立即失电，通过紧急制动控制回路控制车辆一直保持紧急制动施加状态，受电弓降弓，直至列车停车。

在需要某个单元移动时，必须在单元车的 C 车电气柜中按压 3S02 激活单元车，通过车钩连挂检测继电器和 C 车解钩继电器的配合，才能形成单元车的安全回路。

2．制动力分配

在正常情况下，列车载荷为 AW0～AW2 时，电制动能提供 100%的制动力。但是如果出现电网电压过低或者轮对打滑，仅靠电制动力就不能满足制动要求，这时气制动会补充制动力。

在 AW2～AW3 载荷状态下，施加 100%制动时，制动力的分配如图 3-41 所示。

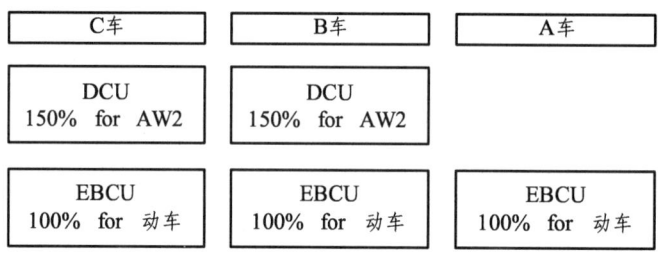

图 3-41　制动分配

当列车出现滑行时，为了得到最佳的黏着力，需对拖车补充气制动力。根据制动指令和载荷状态，牵引系统能够在 AW2 情况下实现完全电制动。在 AW3 载荷 89%的制动情况下，牵引系统也能够实现完全电制动。在一般情况下，ATO 给出的最大制动为 81%，所以，大多数情况下，即使是 AW3 载荷，列车都不需要额外的气制动补充。

3．保压制动控制

保压制动的指令由牵引控制单元 DCU 传给电子制动控制单元 EBCU，如图 3-42 所示。列车所有 EBCU 和 DCU 的"Release holding brake"（保压释放）信号线是并联在一起的，只要有一个 DCU 发出"Release holding brake"指令，即给出高电平 110 V，保压释放列车线就是高电平，所有 EBCU 缓解保压制动。只有当所有 DCU 取消"Release holding brake"指令，"Release holding brake"列车线才会变为低电平，EBCU 才会施加保压制动。

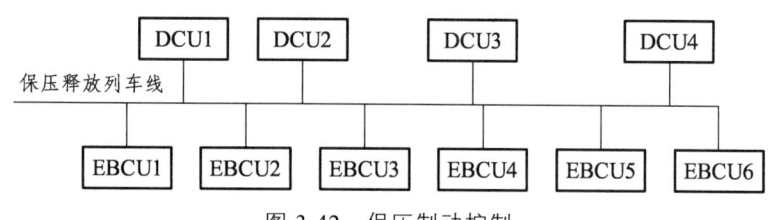

图 3-42　保压制动控制

保压制动是列车在停车过程中施加的制动,因此当列车施加制动,并且速度小于某一值时,将会出现电制动向气制动转换。城市轨道交通列车的转换速度有一初始设定值,如有的设定为 12 km/h,一般在运用中会整定到 8 km/h 左右,转换速度可以在 DCU 软件中更改(0~12 km/h)。故当列车施加制动,并且速度小于 8 km/h 时,DCU 取消"Release holding brake"信号,EBCU 开始施加保压制动,电制动逐渐减小,气制动逐渐增加。

4. 列车牵引控制的其他功能

1) ATP 保护下的牵引

(1) 正常状态下牵引保护的激活。激活条件为:① ATC 设备已激活;② ATP 钥匙开关处于"合"的位置;③ 相应的驾驶台已被激活。

(2) 轨旁 ATP 故障时牵引保护的激活。激活条件为:① ATC 设备已激活;② ATP 钥匙开关处于"合"的位置;③ 相应的驾驶台已被激活;④ 列车起动前按下"RM"按钮。在这种情况下,列车只能人工驾驶(RM 模式)。

(3) 库内动车保护。库内动车保护必须符合的条件是:① ATC 设备已激活;② ATP 钥匙开关处于"合"的位置。

库内只能人工驾驶,如果轨旁 ATP 和车载 ATP 之间没有数据传输,系统将自动转为 RM 模式,这种情况下,无须去按"RM"按钮。若列车在正线运营时出现轨旁 ATP 故障,列车将实行在库内一样的保护。

(4) 从正线进库的牵引。列车从正线进入库内的过程中,需要转换成 RM 模式。在离开正线之前,显示屏会提醒驾驶员按下"RM"按钮。进入 RM 模式,列车才能够进库。

(5) ATP 触发的紧急制动。如果 ATP 发现有危险的操作状态,它会立刻触发紧急制动,直到列车完全停止。如果 ATP 触发了紧急制动,必须在列车停止后按下"RM"按钮,以解除列车的紧急制动状态。

2) 列车的全自动驾驶

(1) 全自动驾驶的起动。起动条件为:① 主控手柄在"0"位;② 方向手柄在"F"位;③ ATP 钥匙开关处于"合"的位置。

在以上条件均符合的情况下,按下副驾驶台上的"ATO 起动"按钮。

(2) 全自动驾驶的终止。当列车在下一个站停车,ATO 自动开门时,全自动驾驶终止。

当碰到如下情况时,全自动驾驶被中断:① 主控手柄离开"0"位;② 方向手柄离开"F"位。

列车在全自动驾驶状态下推动主控手柄,列车立刻转换为人工驾驶模式,当"起动全自动驾驶"的条件符合时,按下"ATO 起动"按钮,列车又会重新进入全自动驾驶模式。

思考题

1. 说明电动列车电气控制电路分类及作用。
2. 分析蓄电池开关于列车钥匙开关有什么不同。
3. 画出受电弓电路中欠电压继电器的电气结构图,并分析其工作原理。
4. 比较城市轨道交通车辆控制类型,分析其优缺点。
5. 说明电动列车起动操纵控制电路,并分析常见的电路故障及处理方法。
6. 简述车辆起动顺序,并分析原因。
7. 车辆有几种起动联锁?为什么要设置这些联锁?
8. 试列举城轨车辆运行中可能造成紧急制动的原因。
9. 若不升弓,能否合上高速断路器?请从电路控制原理进行分析。
10. 为什么高速断路器不能频繁操作?请从电路控制原理进行分析。
11. 列车牵引制动的发出,需要经过哪些联锁?请写出电路逻辑并进行分析。

第四章 城市轨道交通车辆车门电气控制系统

在城市轨道交通车辆运营中,车门是乘客直接接触的部件,它关系到乘客的人身安全。地铁车辆具有运载客流量大、乘客上下车频繁等特点,所以每列车的车门数量较多、开度大,开关门动作也比较频繁。因此,车门就成为故障发生最多的部件,也是遭到乘客投诉最多的部件之一。所以,车门是一个与运营安全有直接关系的、城市轨道交通车辆中的重要组成部件。城市轨道交通车辆一般有 4 种车门,即客室侧门、驾驶室侧门、紧急疏散门、驾驶室端门,其中最复杂的是客室侧门,也是运营时使用最频繁的部件。

我国生产的城市轨道交通车辆在每节车厢的两侧对称,共设有 8 个或 10 个客室侧门。客室侧门的控制由驾驶员在驾驶室内集中控制。车辆运行过程中所有侧门处于关闭状态,车辆到站,驾驶员打开车辆某一侧的车门供乘客安全上下车。因而,地铁车辆的客室侧门系统在设计上是否符合"故障—安全"的原则显得尤为重要。要求客室侧门在列车运行过程中,当发生不可预知的情况时,车门系统应趋向关门操作或保持关门状态,最大限度地保障乘客的人身安全。为此车门的所有设计均以乘客安全为本,车门控制系统分别从地铁车辆客室车门系统与列车牵引的联锁、车门状态指示、关门到位指示、关门到位指示开关与动态关门控制、关门操作与列车的状态,以及行车开门与列车制动等几个方面入手,强化安全设计,全面保障乘客安全。

第一节 车门类型

随着世界城市轨道交通的发展,各个国家的轨道交通车辆的车门类型多种多样,但根据城市轨道交通自身的特点,车门应具有以下要求:
(1)要有足够的有效宽度。
(2)车门要均匀分布,以方便乘客上、下车。
(3)要有足够数量的车门,可使乘客上、下车时间满足地铁列车运行密度的要求。
(4)车门附近要有足够的空间,方便乘客上、下车时周转。
(5)要确保乘客的安全。
(6)要具有高可靠性。

对城市轨道交通车辆而言,按照车门功能分类可分为客室侧门、驾驶室侧门、驾驶室后端门和紧急疏散门,如图 4-1 所示。按照车门的驱动系统的动力来源可分为电动式车门和气动式车门。电动式车门的动力来源是直流电动机或交流电动机,气动式车门的动力来源是驱动汽缸。按照车门的运动轨迹以及车体的安装方式,客室车门可分为内藏嵌入式车门、外挂式车门、塞拉式车门和外摆式车门。

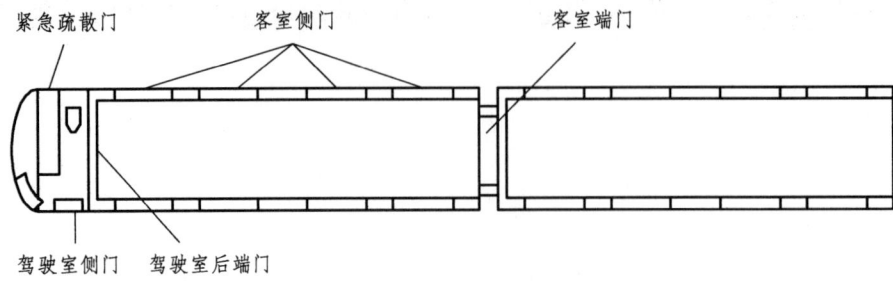

图 4-1　各类车门位置示意图

1．内藏嵌入式车门

内藏嵌入式车门简称为内藏门,在车辆开关门时,门叶在车辆侧墙的外墙板与内饰板之间的夹层内移动。传动系统设于车厢内侧车门的顶部,装有导轮的门叶可在导轨上移动,传动机构的钢丝绳、皮带或丝杠与门叶连接,用汽缸或电动机驱动传动机构,从而实现车门的往复开关动作。

2．外挂式车门

外挂式车门与内藏嵌入式车门的主要区别是:门叶和悬架机构始终位于侧墙的外侧,车门传动机构的工作原理与内藏嵌入式车门完全相同。

3．塞拉式车门

塞拉式车门是车门在启动状态时,门叶贴靠在侧墙外侧,车门在关闭状态时门叶外表面与车体外墙成一平面。这不仅使车辆外观美观,而且也有利于列车高速行驶时减小空气阻力,车门不会因空气旋流产生噪声,也便于自动洗车装置对车体的清洗。

4．外摆式车门

外摆式车门在开门时,通过转轴和摆杆使门叶向外摆出,并贴靠在车体的外墙板上,门关闭后门叶外表面与车体成一平面,这种车门结构的特点是门在开启的过程中,门叶需要较大的摆动空间。

上述四种车门的性能比较如表 4-1 所示。

表 4-1　四种车门的性能比较

性能指标		塞拉式车门	外挂式车门	内藏嵌入式车门	外摆式车门
乘客舒适度指标	隔声	好	差	较差	较好
	隔热	较好	较差	较差	较好
	乘客候车区无障碍	较差	一般	一般	差
	开门速度	好	好	较好	较差

续表

性能指标		塞拉式车门	外挂式车门	内藏嵌入式车门	外摆式车门
乘客安全性指标	夹手	有护指橡胶	有护指橡胶	有护指橡胶	有护指橡胶
	在事故中门掉落时的风险	低	高	低	高
门系统特征	门系统首次使用费用	较高	一般	高	较高
	门系统的可靠性	一般	较高	高	一般
	车体内侧的有效宽度	一般	较差	差	一般
	可维修性	一般	较差	差	一般
	设计造型	流线型	凸出车体	凹进车体	流线型

第二节 车门编号及结构

通常地铁列车每一节车厢的每一侧安装有 4 扇（如北京地铁列车）或 5 扇（如上海地铁 1 号线 DC-01 型电动列车）客室侧门，每个车门均有各自的编号，不同地铁线路的车辆，车门编号方法不同。

北京某线路地铁列车行车方向的右侧为 A 侧，行车方向的左侧为 B 侧，那么，该地铁列车右侧第四个车门编号表示为 A4，如图 4-2 所示。不同车型车门的编号也会不同。例如，南京地铁列车右侧第四个车门编号表示为 B4。

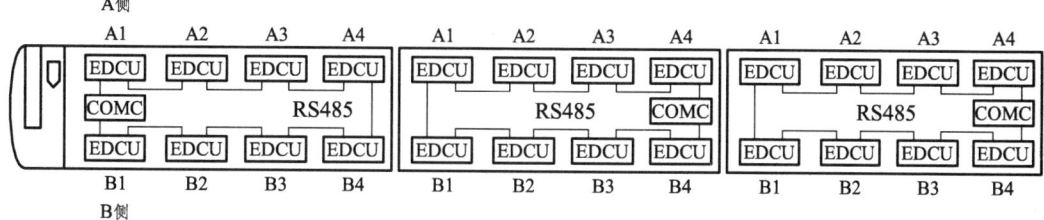

图 4-2 车门编号示意图

一、客室塞拉式车门

北京地铁某线路车辆客室塞拉式车门的主要技术指标有：每一节车厢每一侧有 4 扇侧门，有效开度为（1 300±4）mm；门洞净开高度为（1 800±10）mm；驱动装置为电动机或气动驱动装置；传动机构为带传动或丝杠传动。

客室塞拉式车门主要有客室电动塞拉式车门和客室气动塞拉式车门两种。

1．客室电动塞拉式车门的机械结构

客室电动塞拉式车门由门体、EDCU 门控单元、电动机、丝杠传动装置、制动组件、导向装置、闭锁装置、车内和车外紧急操作装置、密封设施、防压装置、护指橡胶等组成。其机械结构如图 4-3 所示。

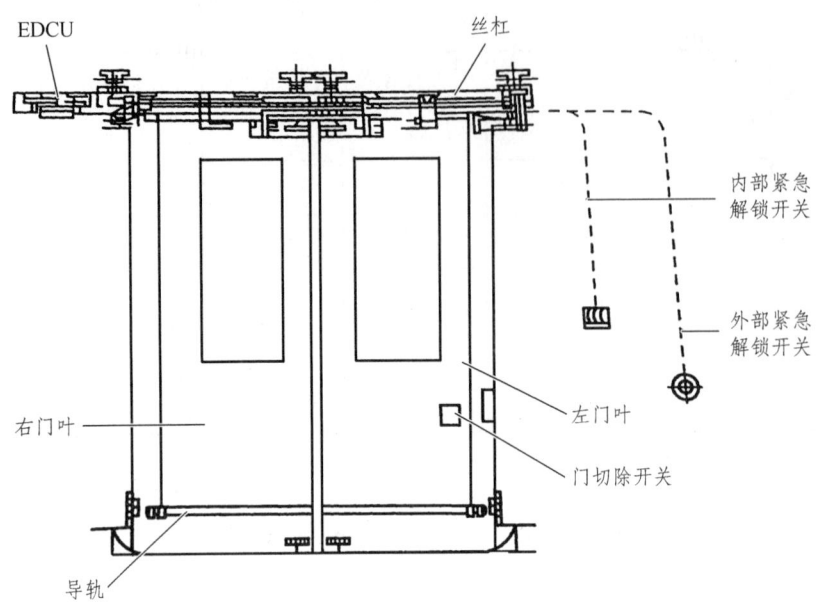

图 4-3 客室电动塞拉式车门的机械结构

（1）支撑元件。支撑元件包括支撑梁和基座支架及滚轴/托架组件。整个车门的机械结构是通过基座支架安装在车体上；支承梁承担整个车门的质量，并且在门开关时保证门叶在车体侧平行滑动。滚轮通过滚珠轴承在支承梁上滑动，动力从机械装置传递到门叶；反之亦然。托架通过两个球面轴承与滚轮连接并以螺栓固定在门叶上。

（2）塞拉门。门叶的移动受导轨的制约，上导轨装配在丝杠传动装置上，并使滚轮能够在导轨上滚动。下导轨装配在门叶上，其中一个滑轮杆连接在车体上与导轨一起起引导作用。这些导向元件只承受横向力，不承受纵向或垂直作用力。

（3）电动驱动元件。门的移动主要由一个带齿轮的电动机驱动，电动机驱动一个从动转轴（一半右手行程，一半左手行程），转轴通过平行拉杆与滚轮连接，通过滚轮与托架带动门叶移动。

（4）自锁。在转轴凸沿上安装有一组飞轮/离合器装置，关门时该装置啮合，防止门被打开；开门时该装置由电磁阀释放，紧急操作时飞轮/离合器的释放可手动操作。

（5）制动装置。制动设备安装在每扇门叶后上方，对称设置一组，当门叶在关闭位置时与其啮合，防止门叶因为受可能的垂直向上的作用力而移动。

（6）紧急解锁开关（内部）。紧急解锁开关是一个装在内侧墙上的手柄，用于紧急状况下手动解锁开门。

2．客室气动塞拉式车门的机械结构

客室气动塞拉式车门由门槛、左立罩板、右立罩板、顶部机构、左门板、右门板、偏心轮、隔离锁开关、右滚轮摆臂、左滚轮摆臂、外部解锁机构、内部解锁机构等组成，如图 4-4 所示。

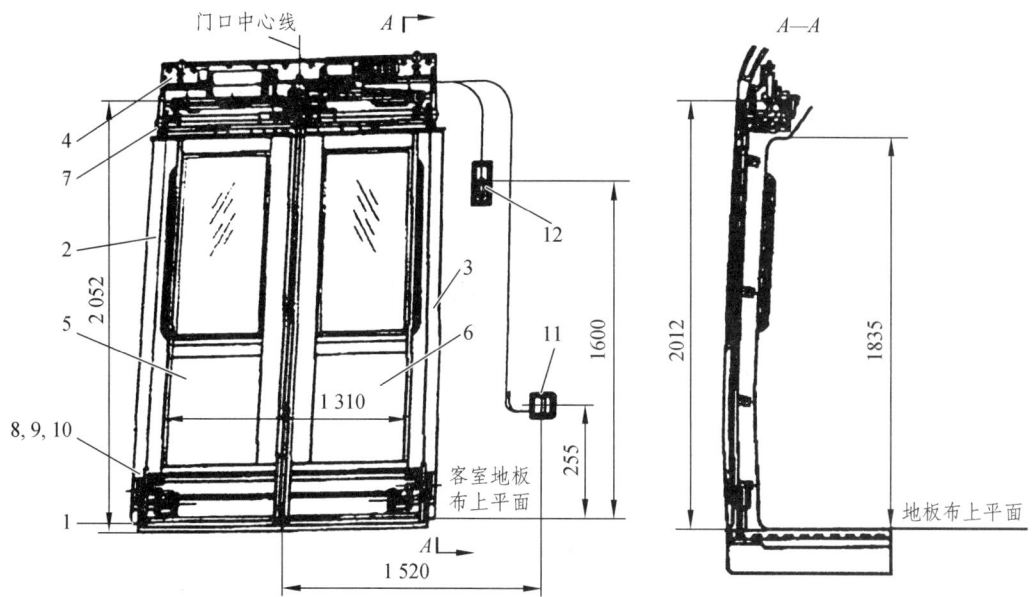

1—门槛；2—左立罩板；3—右立罩板；4—顶部机构；5—左门板；6—右门板；7—偏心轮；
8—隔离钡开关；9—右滚轮摆臂；10—左滚轮摆臂；
11—外部解锁机构；12—内部解锁机构。

图 4-4 客室气动式塞拉式车门的机械结构

门体通常采用铝合金夹层结构，驱动装置为汽缸机构，一般开门时间单程为 3~6 s，门的运动速度由气缸两端的节流阀调节。门的导向由上、下导轨实现。闭锁装置产生的机械闭锁力能保证在电气、压缩空气发生故障时车门不会自动开启，活动脚蹬与车门可联动，当车门关闭后，脚蹬翻起并与侧墙外表面平齐。

防挤压装置是防止列车关门时挤夹乘客而设置的，其防挤压动作压力不大于 150 N。防挤压功能在关门过程中，全关门行程的 98% 范围内具有拉门遇障碍可自动返回功能，10 s 后再自动关闭。在紧急情况下，通过集中控制箱、本车三角钥匙开关或车门的按钮/电子钥匙来实现车门的手动开、关。

3．客室塞拉式车门的特点

1）客室塞拉式车门的优点

（1）车体外形美观。由于塞拉式车门在关门状态时门板外表面与车体外表面平齐，在行车时空气阻力小，不会因空气涡流而产生噪声。

（2）车内噪声小。塞拉式车门的密封性比外挂门、内藏门好，可以减小车内噪声。根据香港地铁的试验，与外挂门相比，采用塞拉式车门可使车内噪声降低 2~3 dB。

（3）能使车内有效宽度增加，节约空间，增加载客量。

2）客室塞拉式车门的缺点

（1）结构复杂，价格比外挂门高。

（2）故障率高。根据香港地铁提供的资料，采用外挂式车门的市区线车辆中，车门的故障占全车故障的 16%；采用塞拉式车门的机场快线，车门的故障占全车故障的 33%。

二、客室内藏嵌入式车门

客室内藏嵌入式车门有空气驱动和电动机驱动两种。在地铁电动客车中，国内外均趋向于采用空气驱动无声链条传动形式，其机械结构如图4-5所示。

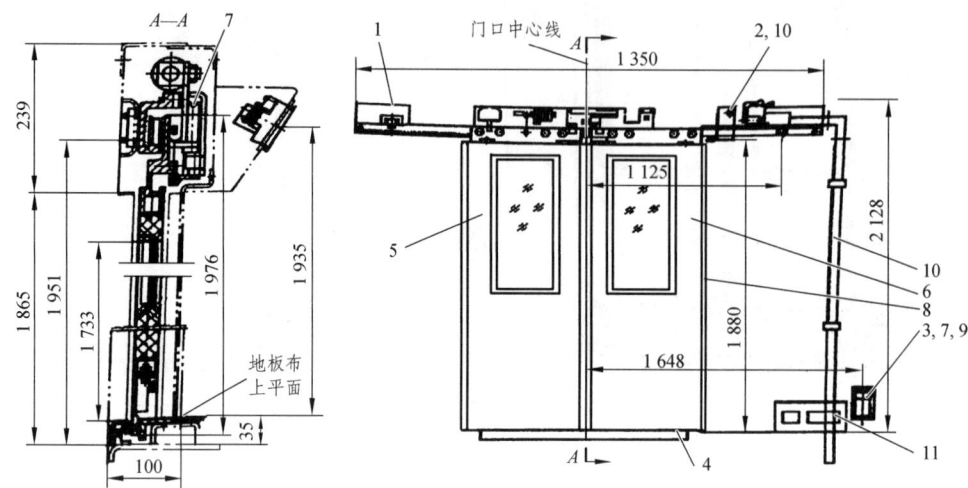

1—传动系统；2—内部紧急解锁装置；3—外部紧急解锁装置；4—踏板组成；5—左门板组成；
6—右门板组成；7—钢丝绳；8—密封条；9—内、外部紧急解锁钥匙；
10—管路系统；11—电磁阀装置。

图4-5 客室内藏嵌入式车门的机械结构

整个门系统由传动系统、解锁装置、踏板、门板、钢丝绳、密封条、解锁钥匙管路系统等组成。

传动机构是最终正确执行门开闭动作的重要部件。传动机构由左门吊铁、右门吊铁、带轮、齿形带、行程开关、锁钩及锁钩风缸等部件组成。

门叶由铝板、铝型材及铝蜂窝经过热压成形，门叶前后边缘装有防噪声的橡胶条，门叶下部装有耐磨导槽，门叶的弯曲度应与车辆侧墙的弯曲度相匹配。

驱动气缸安装在每对门叶上方，它具有双重活塞单向动作的功能，气缸由硬铝合金缸筒、不锈钢活塞杆、大小活塞组及密封组件等组成。机械锁钩由固定在左传动装置上的锁钩和解钩气缸组成。紧急缓解阀由滚轮架、凸轮轴、钢丝绳、手把及安装角铁组成。

三、其他车门

1．客室端门

端门有单开拉门和折叶门两种。北京地铁客车的拉式后端门的具体结构如图4-6所示。

2．驾驶室侧门

驾驶室侧门是列车乘务人员上、下列车时使用的，通常采用折叶门或内藏式手动移门。采用折叶门的驾驶室侧门，其有效开度为88°，门上设有半开式下拉窗和一把手动门锁，具体结构如图4-7所示。采用内藏式手动移门的驾驶室侧门，安装在驾驶室侧墙的夹层内，门叶密封并配有门锁。

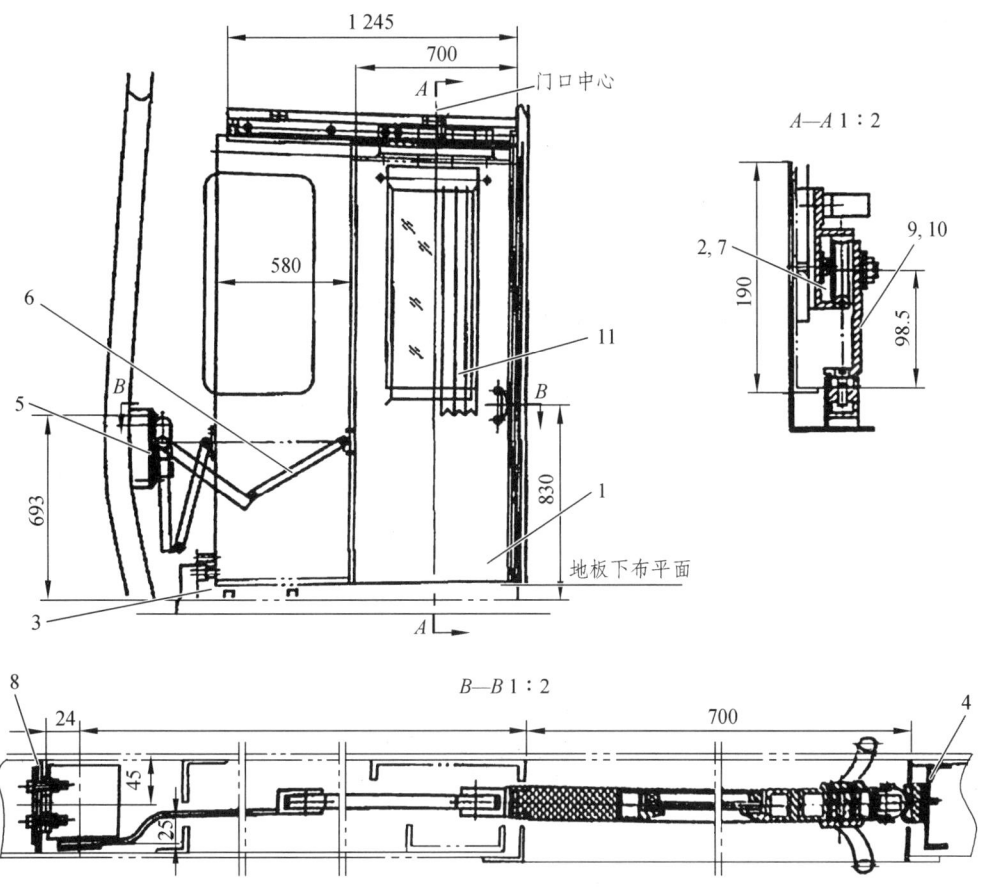

1—后端门；2—上导轨；3—门挡；4—防门条；5—自动复位机构；6—连杆装置；7—整垫；8—调整垫；9—滚轮及承载部件组成；10—调节支架；11—窗帘。

图 4-6 单开拉式后端门的机械结构

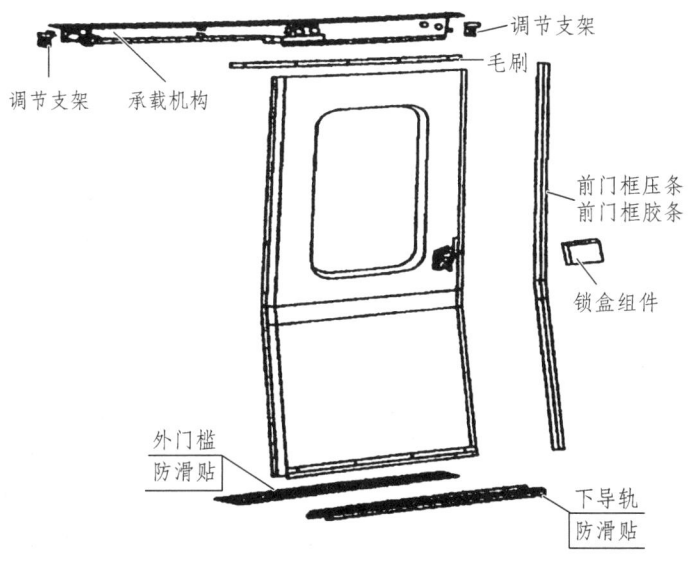

图 4-7 驾驶室内藏式手动移门的结构

3. 紧急疏散门

地铁在地下运行一旦发生火灾或其他危险事故时,必须疏散车上的乘客,此时司机可打开端墙中间的紧急疏散门,引导乘客通过紧急疏散门走向路基中央,然后向两端的车站疏散。

紧急疏散门为可伸缩的套节式踏级板,两侧设有扶手栏杆,中间铝合金踏板上涂有防滑漆。门锁在驾驶室内或室外都可开启,一旦门锁开启,车门能自动倒向路基。紧急疏散门带有缓冲器,防止使倒下车门的加速度过大而损坏疏散装置,如图4-8所示。

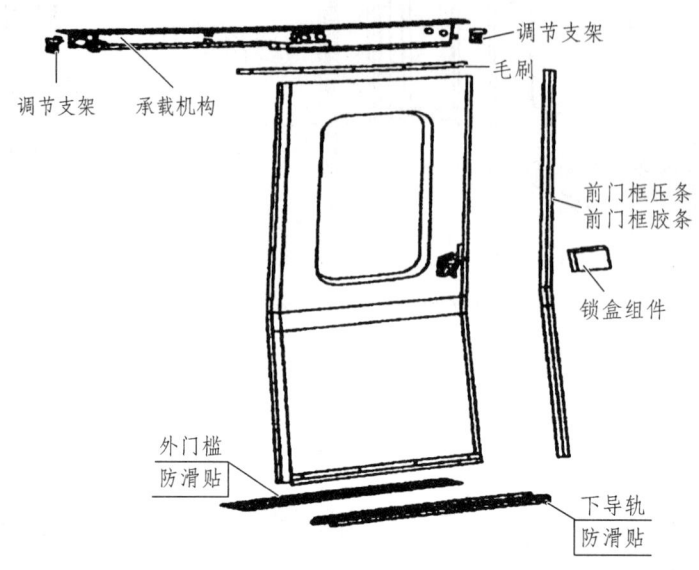

1—弹簧杆;2—连杆;3—疏散梯;4—伸缩杆。

图 4-8 紧急疏散门结构示意图

第三节 车门控制系统及操作

一、气动门的控制

电控气动门由压缩空气驱动车门的驱动气缸,通过机械传动系统和电气控制系统完成车门的开关动作。控制系统采用直流110 V有节点电路,通过整车、单节车、单个门各级继电器控制车门的中央控制阀内三个电磁阀的动作,实现对驱动气缸的供、排气控制,从而使车门按要求开关。同时,依靠每个门上的行程开关检测车门状态,并将信息返回诊断系统及控制系统,实现对车门的监测。

当开门时,压缩空气经中央控制阀进入解锁气缸,使之动作将锁钩顶开,同时驱动气缸活塞向左运动,打开车门。当车门关闭时,锁钩下落至水平位置,钩住两门叶上的锁钩,实现机械锁闭,使车门可靠地实现在关闭位置上锁闭。车门在锁闭位置时,两门叶之间的关紧力靠进入驱动气缸右腔的压缩空气来保持。电气控制系统控制中央控制阀来实现车门的开关和解锁,调节中央控制阀上的调节旋钮可调整开关门速度及缓冲速度。当紧急情况下需要打开客室车门时,可以拉下紧急解锁手柄,这时驱动气缸内的空气排往大气,用手可以轻易将两门叶推开。

1．车门气动控制

如图 4-9 所示为车门的气动控制原理图。当接到开门指令时,电磁阀 Y1、Y3 得电,压缩空气经 Y1 分成两路,一路经 Y3 快速通过单向节流阀 E 进入解锁气缸,顶开锁钩;另一路经开门速度节流阀 C 和 D1、A1 接口进入车门驱动气缸右腔,推动活塞向左运动,打开车门。驱动气缸左腔的空气从 A2、D2 排出,当活塞向左运动接近终点时(约 150 mm),A2 排气口被辅助活塞堵上,空气只能从 D2 排出,实现开门运动终端的缓冲。直到左门叶碰上开门止挡,开门行程到达终点并停住。

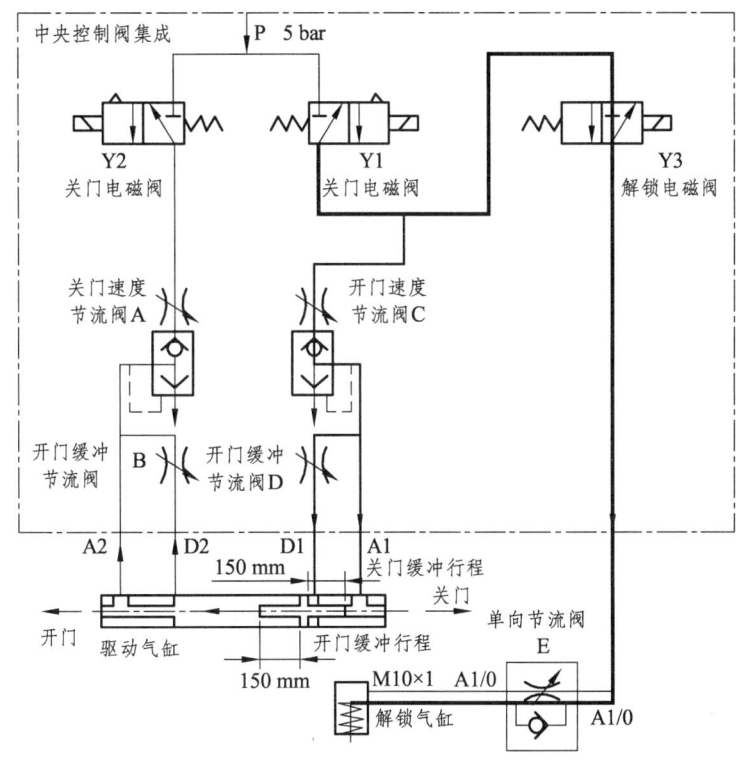

图 4-9 车门气动控制原理图

关门的原理与开门相同,但活塞运动方向相反,锁钩是依靠弹簧力自动回复至水平位置。

2．车门电气控制

开门指令发出后,左边门开关继电器得电,控制"门开"电磁阀(Y1)、"门解锁"电磁阀(Y3)得电,气路开通使车门打开。

关门指令发出后,解锁继电器触点断开,左边门开关继电器失电,"门关"电磁阀(Y2)、"门解锁"电磁阀(Y3)失电,气路关闭使车门关闭。

为了行车安全,车门监控回路监控整列车的所有左、右侧门关好。继电器、车门锁闭行程开关(S1)、车门关门行程开关(S2)、车门切除行程开关(S3)还直接或间接地干预和影响车辆的牵引和制动及紧急总制动,起到监控和保护作用。

车门控制电路如图 4-10 所示。当驾驶员按下车门关闭按钮后，车门开继电器 8K23 失电，其常开触点断开；门电器 8K11 失电，其常开触点断开，车门驱动气缸开门端阀门打开排气，8K11 的常闭触点闭合，车门驱动气缸关门端进气关门；同时，车门解锁继电器 8K21 失电，其常开触点断开，车门解锁短行程气缸在弹簧力的作用下，通过节流阀缓吸放气，锁钩下降，在左、右车门闭合后，锁钩刚好落至水平位锁闭车门，实现"先关后锁"，保证锁钩与左、右车门锁销不发生碰撞，从而延长了锁钩与锁销的使用寿命，减少了车门故障。重开门时，继电器 8K23 和 8K21 已经失电，只有车门重开继电器 8K25 得电，其常开触点闭合，令继电器 8K11 继续得电而使车门打开。但是，在车门重新关闭时，锁钩早已在水平位，并与左、右车门锁销发生碰撞，出现"先锁后关"故障。为了解决这个问题，门控电路改为在继电器 8K21 的常开触点上并联继电器 8K11 的常开触点（如图 4-10 中虚线连接所示）。这样，保证了车门关闭与解锁短行程气缸排气同时进行，防止了重开门时"先锁后关"情况的发生。

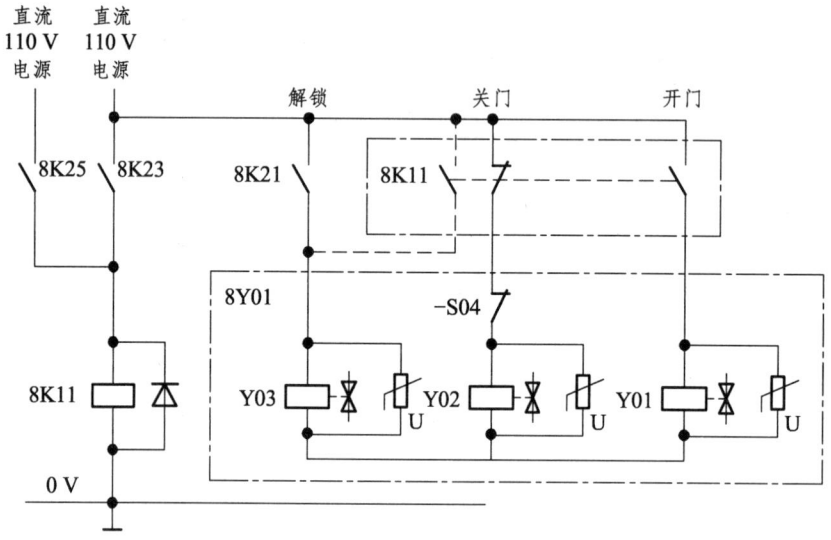

图 4-10 车门控制电路

二、电动门控制

电动门由电子门控单元 EDCU 进行控制，EDCU 是车门系统中的关键电气部件，一般位于客室内侧，安装于防水保护部位。EDCU 是可编程序控制器，电源采用 110 V，微处理器采用 68332，RS-232 接口，继电器输出，具有零速保护和安全联锁电路，开关门有报警。控制原理如图 4-11 所示。

EDCU 可编程序控制器由 5 部分组成：电源电路、输入电路、中央处理单元、输出电路、保护电路。

电源电路：输入为 DC 110 V，内部经直流变换给微处理单元及相关电路提供适用电源。

输入电路：接收输入信号，输入信号来自驾驶操作台、开门信号、关门信号、零速信号，经输入电路整形滤波后，送入中央处理单元。

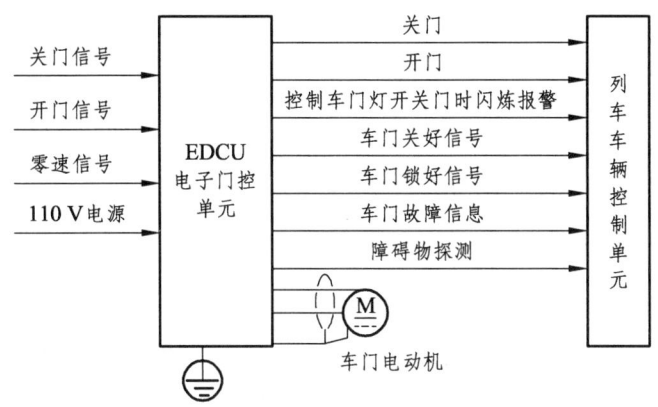

图 4-11 电动车门控制原理框图

中央处理单元：主要完成存储、逻辑运算、顺序控制、定时控制、延时控制及软件抗干扰等。中央处理单元能根据车门的实际工况根据确定的输入信号决定各输出信号，还可以下载储存信息如故障信息等，可上载（如果需要）新的软件。

输出电路：用光电隔离的方式实现高、低电压的隔离和驱动功率放大，因而可以直接驱动电动机、断路器等各类负载。输出信号有车门开关状态信号、关好门/锁好门信号、电动机驱动信号、车门遇障碍及故障信号。

保护电路：用于处理车门状态不到位的各种故障保护、信号显示、车门状态提示等，监控电路监控车门在故障情况下继电器不能输出。

车门电动机采用永久磁性直流电动机，EDCU 输出 PWM 信号稳定地控制电动机的转矩及速度，使门的运动快速、平稳。开、关门均具有二级缓冲功能，门在接近全开或全关时转为低速，其余区段为高速运动。高、低速区段通过软件设定，正常开、关门时间通过软件调节，电动机输出有过电流保护并能自动恢复。

在初次通电时，EDCU 不能监控门的位置（门关闭位置除外）。因此，对于打开的门，将启动一次初始化程序，该程序将以较低的速度关门（在此运动中，具有障碍检测功能）。

三、车门控制系统功能

车门门控系统的主要功能有：开/关门功能，包括车门开、关状态显示；开/关车门的二次缓冲功能；防夹人/物功能（障碍物探测重开门功能，当障碍物介于 10～200 mm 时，车门探测 3 次后将保持在开启状况）；车门故障切除功能；故障指示；自诊断功能；零速保护；车门紧急解锁功能（车内侧每个车门均设置手动门锁）；车门旁路功能；乘务员钥匙开关功能（车外侧每辆车 A3，B2 门设置）。

四、车辆车门的操纵

（一）气动门的操纵

车门既可在 ATO 模式下自动开关也可以由驾驶员操纵开关。无论哪种模式，气动门的控制电路都采用 110 V 有节点电路。另外为保证人员安全，采取了必要的保护措施确保当车门没有关闭好时，列车无法起动。考虑到安全因素，有两种不同的门控信号：

(1)门开使能。

(2)"开门"指令和"重开门"指令。

通常车门打开可以由 ATP 来使能,即当列车静止且在站台正确的位置时,ATP 系统给出使能信号,在非受限人工驾驶(URM)模式下,可以通过操作驾驶室的按钮实现开门使能,此时车门使能与牵引控制单元的 0 km/h 信号互锁,或用乘务员钥匙也可以单独打开局部车门。车门的电气动作通过控制中央控制阀进行,依靠一个单向作用的气缸去使锁钩打开。

1. 开关门

当满足驾驶台激活、列车速度为 0、ATP 给出门使能信号后,按下开门按钮,经过整列车、单节车、单个门的相关继电器,控制单个门的中央控制阀状态,控制车门打开。停站时按下"关门"按钮,经时间继电器延时,中央控制阀控制(详见车门气动控制部分)使车门关闭。

2. 车门的监测

由于车门的状态关系到乘客及运营安全,为确保列车运行过程中车门正确锁闭,系统只要检测到有一个车门没有正确锁闭,列车将无法起动;而在运行过程中,如果有乘客将紧急解锁手柄拉下,列车将触发紧急制动并停车。

3. 重开门

当单个或多个车门没有完全关上时,可以按下"重开门"按钮重新把门打开并关闭[驾驶操作台:右侧按钮(8S06)开右侧门;副驾驶操作台:左侧按钮(8S05)开左侧门]。若按钮一直按下,车门将一直打开直至松开按钮。已锁闭车门将不会被打开。

4. 自动折返门操作

如果驾驶操作台在自动折返线时已锁,在 ATP 控制启动之前,开门命令一直保持有效。如果指令输出"列车控制已开",则开门指令被尾端驾驶室控制取代。尾端驾驶操作台启动激活后,车门就可以由该操作台控制打开。

5. 用乘务员钥匙开门

只要列车已通电(蓄电池连接上)且压缩空气可以利用,则每节车的 19/17 门和 20/18 门可以局部打开。乘务员可操纵门上的旋转钥匙开关(车内或车外均可)局部打开车门。同时此开门命令存储下来,车门一直开着,直到以下 3 种情况出现时车门才关闭。

(1)车门上的一个旋转钥匙开关给出局部关门命令。

(2)列车给出该侧"开门/关门"命令。

(3)列车给出了该侧"重开门"命令。

注意:用乘务员钥匙进行局部开门不受 ATP 的释放或者在非受限人工驾驶(URM)操作模式下速度为 0 km/h 的限制,即使列车在驾驶时也可以进行局部开门。但当门被切除时此项功能失效。

(二)电控电动门的操纵

操纵设在驾驶室的开关门按钮,同一侧所有的客室车门可同时打开和关闭。开门时,门叶先作朝向侧墙外侧的横向运动，再沿车辆侧墙进行纵向运动至完全打开的位置。车门关闭后与车体为同平面。门叶四周安装的密封橡胶条在门叶与侧墙间起密封作用。车门操纵设备布置如图 4-12 所示，车门操纵原理框图如图 4-13 所示。

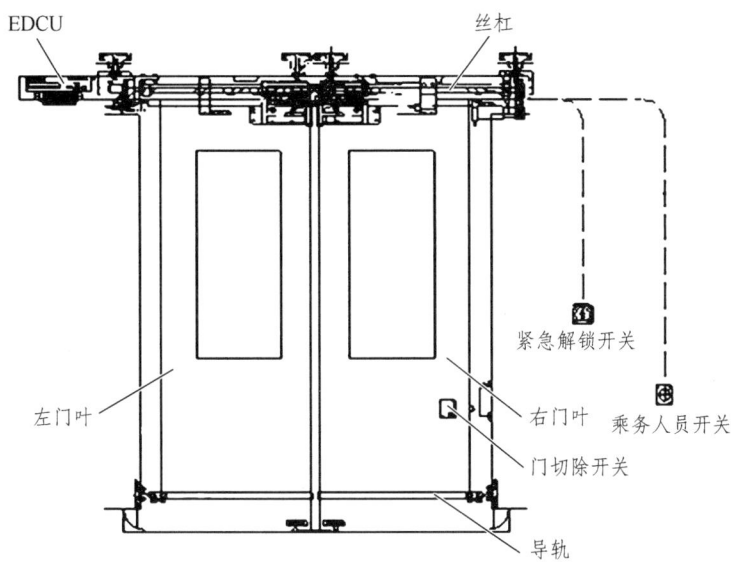

图 4-12　车门操纵设备布置

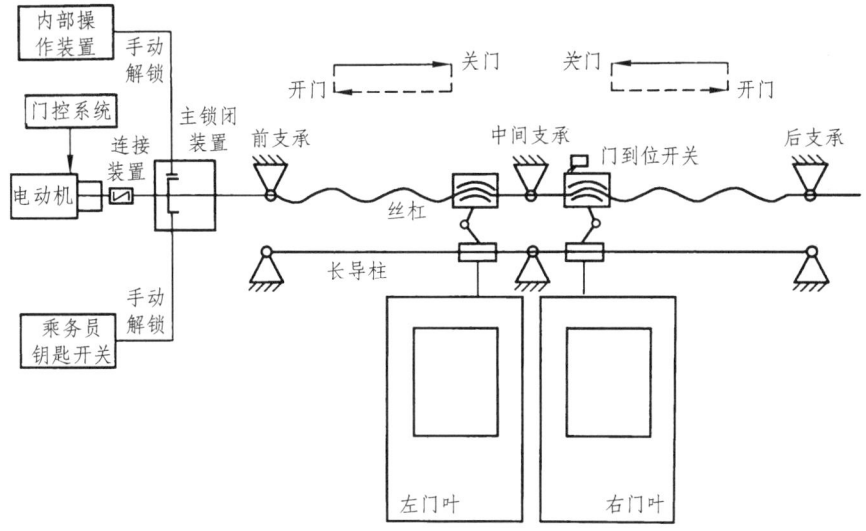

图 4-13　车门系统操纵原理框图

1．开关门

整个门系统的运动由电子门控单元（EDCU）控制，电动机驱动。电动机通过传动系统驱动丝杠螺母系统，丝杠上的螺母通过铰链与门叶相连，驱动门叶开关。丝杠螺母机构保证了门叶的同步性。

通常开关门是驾驶员操纵开关门按钮实现的，开关安装在驾驶室内，驾驶室内每侧安装一套开关门按钮，单独一套电路。当驾驶员用主控钥匙起动驾驶台时，开关门按钮得电。当所有车门关闭和锁闭时，关门按钮灯亮，若任一车门保持在打开状态，所有关门按钮均不亮。这样为驾驶员提供了车门的状态指示。

车门既可在 ATO 模式下自动开关也可以由驾驶员操纵开关。考虑到安全因素，也有两种不同的门控信号：

（1）开门使能。

（2）"开门"指令。

在通常的操作中，车门打开可以由 ATO 来使能，电子门控单元控制开关门。只有当列车静止且在站台正确的位置时，ATP 系统才能给出使能信号。在 URM 模式下操作，可以通过驾驶室的按钮来实现开门使能。在这种情况下，车门使能与牵引控制单元的 0 km/h 信号互锁。车门只有在驾驶操纵台起动下才能打开。当列车控制只连接着 ATP 系统时，中央开门及关门是不可能的。

当驾驶员按下关门按钮后，关门信号通过列车线向每个车门发出，每个车门的电子门控单元收到关门信号后将控制电动机驱动丝杠，从而使门叶关闭并锁好。

单个车门的开关还可以通过乘务员钥匙开关来实现。在每辆车上的两个车门内外侧都安装有乘务员钥匙开关。当车门关闭锁上且蓄电池电源可用时，乘务员钥匙开关可被授权人员使用。钥匙开关有 3 个挡位，即"开""断"和"关"。只有当开关处于"断"位时，钥匙才能被插入和拔出。当该装置处于"开"位时，车门解锁并部分打开，手动全部打开。打开车门将会断开车辆的安全回路。将钥匙重新设定在"断"位不会影响车门的状态。将钥匙旋转至关闭位置将使车门关闭并锁上。一旦锁上，列车安全回路将重新形成。当所有车门接收来自驾驶室开关门按钮的指令开门时，操纵该装置将不起作用。

2．零速度保护

车速为 0 时，车门控制器得到"零速"信号，开门功能起作用。当车速大于 5 km/h 时，车门仍然开启时，将启动自动关门。

3．安全回路

锁闭开关检测到车门完全关闭后，其常开触点闭合，同一节车同侧所有车门的锁闭开关常开触点串联，形成关门安全联锁电路。一列车的关门安全联锁电路形成环路，所有车门关好后，驾驶室内"门已锁闭"指示灯亮，列车方可起动。列车左右侧安全联锁电路相互隔离，由于车门状态关系到乘客及运营安全，为确保列车运行过程中车门正确锁用，只要检测到有一个车门没有正确锁闭，列车将无法起动；而在运行过程中，如果有乘客将紧急解锁手柄拉下，安全回路断开，列车将可能触发紧急制动并停车。

4．紧急开门

紧急状态下，扳动某个车门的紧急开门手柄后，EDCU 根据"零速"监控回路的信息做出下述决定：

（1）列车速度 > 3 km/h 时，门关闭，锁闭线路不中断，车门无法打开。

（2）列车速度 < 3 km/h 时，"零速"信号激活 EDCU 的安全继电器，此时车门可手动开关。

（3）若将紧急装置复位，门的开关恢复正常。内部紧急装置可通过手柄复位，外部紧急装置只能通过方孔钥匙复位。

5. 车门的切除

当单个车门故障时,为不影响列车运行,通过专用钥匙电隔离故障车门,即切除车门。切除车门后,安全回路将通过"门切除"行程开关组成安全回路。门切除后,该门就不再受开关门指令控制,可通过专用钥匙将该车门复位。

6. 障碍物探测

若关门时碰到障碍物,最大关门力最多持续 0.5 s,然后车门重新打开一段距离,再重关或保持这个位置一段时间,再全关上。若障碍物一直存在,经过几次探测后,门将处于打开状态。障碍物探测的次数由 EDCU 设定。风动门的障碍探测通过压力传感器测定关门阻力实现;电动门的障碍探测通过测定电机电流值实现。关门时序中,每一时序的额定电流曲线被存储并自动调整,如果电机电流实际值超过额定值,则启动障碍物探测功能。

(三)车门应急操作

1. 手动开门操作

当自动开门不起作用时或在 ATP 模式下的手动开门,其步骤如下:

(1)检查 TOD,确认列车已对准停车标。
(2)确定有开门信号,HMI 没有故障。
(3)将门选择开关拨到手动位置,如图 4-14(a)所示。
(4)按相应的开门按钮开门,如图 4-14(b)所示。

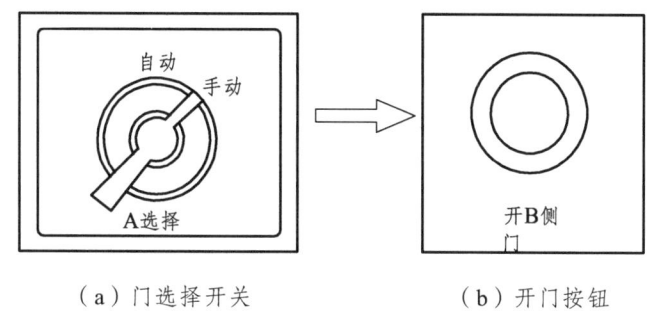

(a)门选择开关　　　　　　(b)开门按钮

图 4-14　自动开门不起作用时或在 ATP 模式下的手动开门示意图

当自动开门不起作用时或在 ATP 模式停准后没有开门信号时,需要手动开门,如图 4-15 所示,其开门步骤如下:

(1)检查 TOD,确认列车已停准。
(2)检查 HMI,确定没有故障显示。
(3)将门选择开关打到手动位置,如图 4-15(a)所示。
(4)将要开门一侧的门使能旁路开关按下,如图 4-15(b)所示。
(5)按相应的开门按钮开门(选择 A/B 侧门),如图 4-15(c)所示。

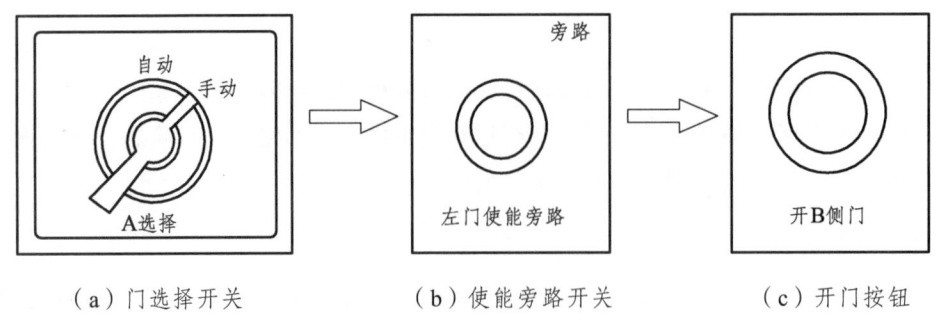

图 4-15 手动开门操作步骤示意图

2．紧急解锁装置

在紧急事件中，列车司机需手动开门，每节列车每扇门内部提供一套开门的紧急设备，每节列车提供两套从外部进入的紧急设备。内部紧急设备是一个带锁的曲柄，可由乘客手动操作，也可由司机用方孔钥匙操作外部的紧急设备。司机可在客室内使用方孔钥匙或手动使紧急设备复位，如图 4-16 和图 4-17 所示。

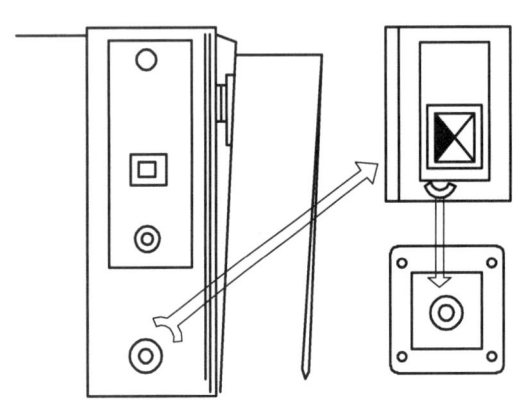
图 4-16 客室内紧急解锁装置

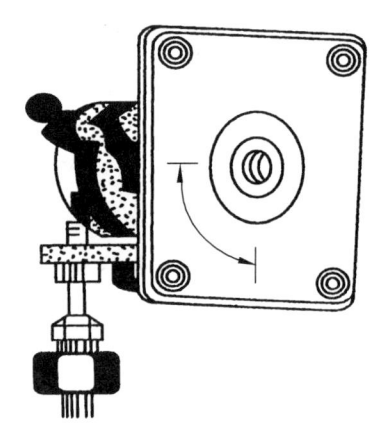
图 4-17 客室外车门紧急解锁装置

（四）车门障碍物检测及故障模式

1．车门故障检测

1）关门时的障碍物检测

关门时作用力最大值（<300 N）施加 0.5 s，驱动电动机空转 2 s（不是切除），以使门可以手动移动后取出障碍物。若在 3 次连续的关门工序中上述程序重复两次，则门叶将返回到完全开启位置并停留，告警指示灯将提示司机此门有问题。在重新发出开门或关门指令后，门将恢复正常工作。

2）开门时的障碍物检测

在开门时也提供障碍物检测。障碍物检测可被激活 3 次，障碍物检测延迟开门周期 2s，在第三次尝试后，门停留在此位置，EDCU（门控电子单元）认为此位置是门开最大位置，门在接收到"关门"指令后关闭。

2．故障模式

当司机想隔离某个车门，必须手动扳上门锁闭/切除开关，手动将门隔离。当门有故障时，可以通过门锁闭/切除开关手动将门隔离，此时，车门既不可远程操作，也不可本地操作。

EDCU（门控电子单元）故障后，RS-485 的连接通过 TIMS 同其他 EDCU 连接。当车门由隔离位复位后，门处于开门状态。为了关闭故障门，一般给出开门指令（其他门也打开）后关门。

第四节　屏蔽门系统

屏蔽门系统由机械和电气两部分组成。机械部分包括门体结构和门机传动系统，电气部分包括控制系统、电源系统和信号系统。屏蔽门系统组成框图如图 4-18 所示。

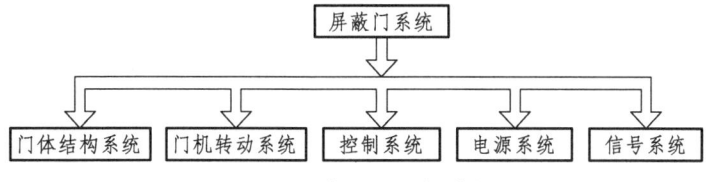

图 4-18　屏蔽门系统组成框图

1．门体结构系统

屏蔽门系统中门体结构系统组成框图如图 4-19 所示。

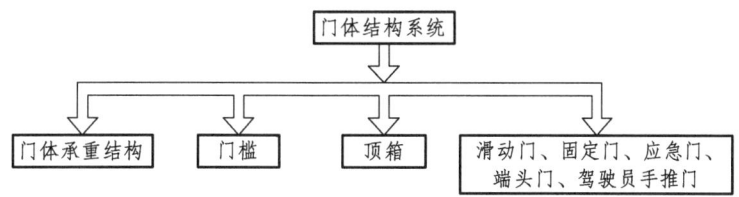

图 4-19　门体结构系统组成框图

1）门体承重结构

门体承重结构由下部支承组件、立柱、横梁、顶部钢结构及伸缩装置等组成，用于安装门机、滑动门、固定门、应急门、端头门等，是屏蔽门系统的主要承力结构，一般由各种型钢加工组合而成，其可见外表面为满足外观要求均采用铝合金或不锈钢进行装饰。门体承重结构通过上下部连接结构与顶部和底部的土建结构相连。

2）门槛

门槛又称为"踏步板"，安装在站台板边缘，上表面与站台装饰层平齐，是乘客进入地铁车厢的必经之路。广州地铁 3 号线门槛由门槛基体、防滑板、导槽等组成，均为铝合金材质，其防滑板上设有防滑齿形槽。

3）顶箱

顶箱由前后盖板、上封板、底部装饰板、密封件等组成，置于门体顶部，内置有门驱动机构、活动门锁紧装置、门控单元（DCU）、端子排、导轨、滑轮装置、传动装置、门机梁、横梁等部件。顶箱零部件采用铝板制作成形,具有屏蔽电磁波的作用,可以保证顶箱内电气组件的正常工作。

4）滑动门

滑动门又称"活动门",是与列车门对应的滑动开启门,如图 4-20 所示。在滑动门竖框内设置有解锁机构。门扇框的材料采用铝合金型材,门扇采用 8 mm 透明钢化玻璃。滑动门高度为 2 150 mm,其双扇净开度为 2 005 mm。站台侧锁孔距站台面为 1 700 mm,轨道侧把手距站台面为 1 125 mm。

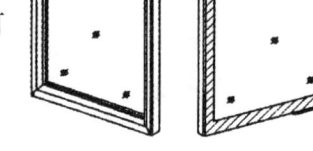

图 4-20 滑动门外形图

其技术要求如下：

（1）每个门单元的左滑动门上都装有手动解锁装置,在紧急状态下乘客可以在轨道侧操作解锁把手打开活动门,工作人员可以从站台侧使用专用钥匙将门打开。

（2）手动解锁力不大于 67 N。

（3）手动将门打开所需的力不大于 133 N。

（4）滑动门在关门过程中,在最后 100 mm 行程中动能不超过 1 J/扇门。

（5）滑动门在行程中的最大动能不超过 10 J/扇门。

5）固定门

不可开启的门体,放置在滑动门与滑动门之间、滑动门与端门之间,是车站与区间隧道隔离和密闭的屏障。固定门框材料采用铝合金型材制作成形。固定门面板采用 12 mm 钢化玻璃,固定门安装方便,可拆卸更换。固定门高度与滑动门一致,宽度根据列车相邻列车门间距确定,包括扣板为 2 560 mm。

6）应急门

在正常营运时,应急门保持关闭且锁紧,作为站台公共区域与隧道区域的屏障,当列车进站无法对准滑动门时,作为乘客的疏散通道。该门可向站台侧旋转开启且 90° 可定位。应急门框采用铝合金型材；应急门面板采用 18 mm 钢化玻璃；应急门采用上下转轴方式固定；应急门竖框内设置有推杆锁装置；应急门设有位置信号装置,可以将门锁闭和解锁信号反馈至 PSC；应急门站台侧锁孔距站台面为 1 225 mm。轨道侧推杆距站台面为 1 125 mm。

7）端头门

端头门布置于站台两端,与站台边屏蔽门垂直,结构与应急门基本一致,安装有紧急推杆锁。

正常运营状态下,端头门保持关闭且锁紧。当列车在区间隧道发生火灾或故障时,作为乘客的疏散通道,也是车站工作人员进入隧道的专用门。端头门可向站台侧旋转 90° 平开,且在打开后能自动复位关闭；端头门配有位置开关,其状态由位置最靠近的 DCU 监控；端头门净开度≥1 100 mm。

8）驾驶员手推门

驾驶员手推门一般安装在车站左线列车进站,与列车驾驶员门位置相对应,全线仅设一套；驾驶员手推的结构和功能与应急门一致,且安装有紧急推杆锁；驾驶员手推门净开度≥1 100 mm；驾驶员手推配有位置开关,其状态信号上传至 PSC,其闭锁状态送至信号系统。

2．门机传动系统

门机传动系统由驱动装置、传动装置、锁闭装置、解锁装置及门锁定位置检测开关等组成，门机立面图如图4-21所示。

图 4-21　门机立面图

门机传动装置由一个传动螺杆与球形螺号系统组成。螺杆由三个安装在门机梁上的轴示，依据门扇运动的方向分为左旋和右旋；每个单元配有一个电动机驱动装置；螺杆通过弹性联轴器联接在电动机上；锁定装置设计简易，锁定/解锁系统不需要另外的驱动力；滑动门锁定/解锁状态由两个位置检测开关进行监控。

3．控制系统

屏蔽门控制系统具有5种方式：系统级控制、站台级控制、就地级控制、手动操作控制、紧急控制，其中以手动操作控制优先级最高，系统级控制优先级最低。

（1）系统级控制。系统级控制是在正常运行模式下由信号系统（SIC）直接对屏蔽门（PSD）进行控制的方式。

（2）站台级控制。站台级控制是由列车驾驶员或站务人员在站台就地控制盘（PSL）上对 PSD 进行开关的控制方式。当系统级控制不能正常实现时，列车驾驶员或站务人员可在 PSL 上进行开关门操作，实现 PSD 的站台级控制操作。

（3）就地级控制。地铁运营过程中，若某档屏蔽门出现故障需要检修，站台工作人员可以通过操作位于顶箱内靠近门控单元（DCU）的就地控制盒（LCB），使此档屏蔽门与整个系统隔离开来，方便维修，并且通过操作就地控制盒上的"开门""关门"按钮可使该档活动门动作，而不影响地铁的正常运行。

（4）手动操作控制。手动操作是由站台人员或乘客对 PSD 进行的操作。当控制系统电源故障或个别 PSD 操作机构发生故障时，站台工作人员在站台侧用钥匙或乘客在轨道侧用开门把手打开 PSD。

（5）紧急控制。紧急控制是指由工作人员通过车控室 BP 盘（通常由 EMCS 系统提供）上的应急开关执行开门、关门控制。

4．电源系统

屏蔽门系统具有相对独立的电源供应系统，该系统由驱动电源和控制电源组成。车站低压配电系统提供两路三相380 V电源，分为驱动电源和控制电源两部分。

1）驱动电源

驱动电源设备包括高频开关电源机柜、蓄电池柜及配电柜，主要是为门机提供稳定的电源。正常情况下，高频开关电源将三相交流电转换为直流110 V电源，一方面对蓄电池组进行浮充电，另方面给屏蔽门的门机供电。三相380 V电源均发生故障时，由蓄电池组对门机供电。蓄电池的容量满足交流断电后完成开/关屏蔽门至少3次要求。

2）控制电源

控制电源设备包括 UPS（含蓄电池）、AC/DC 转换模块等，控制电源采用 UPS 为屏蔽门系统的控制设备如门单元控制器（PEDC）、就地控制盘（PSL）、主监视系统（MMS）等提供电力需求。

5．信号系统

屏蔽门系统应为每侧站台提供一组与信号系统连接的接口，信号系统发给屏蔽门系统"开门"及"关门"命令，当所有屏蔽门锁闭，且闭锁信息被反馈给信号系统，信号系统才允许列车离站。若其中有一个屏蔽门单元没有锁闭，则不能给出锁闭信息。为保证运营，可以通过解除与信号系统的互锁来使列车正常发车。

 思考题

1．简述城市轨道交通车辆车门的类型和结构。
2．车门由哪些主要部件组成？
3．城市轨道交通车辆电控气动门的工作原理是什么？
4．车门有哪几个行程开关？其作用是什么？
5．车门关上后，门开指示灯仍然不灭，最有可能的气路故障是什么？
6．城市轨道交通车辆电控电动门的工作原理是什么？
7．比较电控气动门和电控电动门的操作方式。
8．分析常规操作时，车门打不开的可能原因。
9．分析车门已关闭但没有"车门关闭"信号，可能的机械故障是什么。
10．车门关闭后，出现撞击声的原因是什么？
11．根据车门气路原理图，分析车门开关的工作过程。
12．说明城市轨道车辆车门信息指示灯显示的含义。
13．简述城市轨道交通车辆客室车门开门程序。
14．简述城市轨道交通车辆客室车门关门程序。
15．比较城市轨道交通车辆客室车门开门和关门的区别。
16．站台屏蔽门的控制形式有哪几种？其优先级是什么？

第五章 城市轨道交通车辆空调系统

近年来,我国城市轨道交通快速发展,出门乘坐轨道交通的人越来越多,乘客对所乘交通工具的舒适性要求也越来越高。由于城市轨道交通车辆乘客密度大,因此做好通风换气、改善车内空气质量是提高乘客舒适性的重要措施。

城市轨道交通车辆空调装置是把经过一定处理后的空气,通过一定的方式,以一定的流速送入客室内,并将室内一定量的污浊空气排出车外,从而控制客室内的空气温度、湿度及清洁度等,以提高车内舒适性,改善乘车环境的设备。因此,空调系统关系着乘客的乘车环境和车辆的运用品质。车辆空调系统的正确安装、维护和管理是车辆运用与检修人员的一项基本的、重要的工作。

第一节 车辆空调系统基本功能和特点

一、空调通风系统的基本功能

车辆空调装置一般具备通风、制冷、加热、加湿等功能。典型的车辆空调装置通常由通风系统、空气冷却系统、空气加热系统、空气加湿系统以及控制系统五大部分组成。

1. 通风系统

通风系统一般指机械强迫通风。通风系统的作用是将车外新鲜空气吸入并与车内再循环空气混合,滤清灰尘和杂质后,再通过风机压送分配到客室内,同时排出车内的污浊空气,以保证车内空气的洁净度以及合理的流动速度和气流组织。

2. 空气冷却系统

空气冷却系统一般采用蒸气压缩式制冷设备,蒸发器为空气冷却器,它的作用是对客室内的空气进行降温、减湿处理,使列车内空气的温度与相对湿度保持在规定的范围内。冷却系统工作时,由制冷剂通过蒸发器冷却将要送入客室内的空气,由于蒸发器表面的温度低于空气的露点温度,空气中的部分水蒸气会凝结,因此,空气在通过蒸发器冷却的同时也得到了减湿处理。

3．空气加热系统

空气加热系统的作用是在低温时对进入列车内的空气进行预热和对列车内的空气进行加热，以保证列车内空气的温度在规定的范围内。

4．空气加湿系统

空气加湿系统的作用是在列车内空气相对湿度较低时，对空气进行加湿处理，以保证列车内空气的相对湿度在规定的范围内。目前，我国在一般车辆的空调装置中都没有加湿系统，只在某些特殊要求的车辆上才设此系统。

5．控制系统

控制系统的作用是控制各功能系统按给定的方案协调、有序地工作，以使列车内的空气参数控制在规定的范围内，并同时对空调装置起到保护作用。

二、城轨车辆空气调节系统的特点

考虑到实际运行特点和运营需要，车辆空调系统一般具有以下一些特点：

（1）小型轻量化。由于受到质量、体积等的限制，空调机组等设备要做到尽量减小体积、降低重量，以满足在城市隧道内等特殊运营条件的要求。

（2）自动化程度高。因城轨车辆运行中并不专门配置设备操作和巡检人员，因此要求系统具备集中控制、自我检测和自我调节恢复的功能。

（3）可靠性高。空调机组除了要抗震、耐腐蚀之外，系统各软、硬件也要保证有很高的可靠性能，同时在系统的设计上也必须考虑异常情况下的运转要求，以满足乘客安全的需要。

（4）便于维护。由于受到场地和检修停时等限制，空调机组、系统部件等要尽量方便检测、维护和更换，系统要能够储存必要的运行数据和具备一定的自我诊断功能，以保证检修人员能最方便地修复系统。

（5）较低的噪声。城轨车辆基本运行在城市之中，因此在设计上要考虑尽可能地减小车辆噪声对市民的影响，选用低噪声的设备，如低噪声风机。

（6）制冷量大。车内温度调节范围较大，降温速率快，适合城轨车辆乘客多、车门开闭频繁、空调需全年运行的运用条件。

（7）具有应急通风功能。当交流供电失效时，通过蓄电池给通风机供电，向车内送入新风，保障乘客的健康。

第二节 空调制冷基本原理及系统布置

一、空调系统制冷循环原理

制冷就是用一定的方法使物体或空间的温度低于周围环境的温度，并且使其维持在某一温度范围内，这个过程称为空调制冷过程。工业及科研上通常将制冷分为普冷（高于 $-120\ ℃$）及深冷（低于 $-120\ ℃$），这一规定的界限并不是很严格。空调制冷则属于普冷的一个分支。

制冷的方式大致有以下几种：蒸气压缩式制冷、半导体制冷、吸收式制冷、蒸气喷射式制冷、涡流管制冷。进入 21 世纪后，在新的制冷理论及实践方面又有许多进展，如一些西方发达国家正在开展热声制冷技术的研究和运用。

在几种制冷方式中，蒸气压缩式制冷应用最为广泛，一般城轨车辆也都采用蒸气压缩式制冷，这里只对这种制冷方式的原理进行介绍。

1. 蒸气压缩制冷机的工作原理

通常在一定的压力下，液体温度达到沸点（即饱和温度）就会发生沸腾现象，在制冷技术中，常把这个饱和温度称为蒸发温度。沸腾的液体如果继续吸热，就会因吸收了汽化热而变成饱和蒸气。在同一压力下，不同的液体蒸发温度不同，所吸收的汽化热能也不同。例如，在一个标准大气压下，水的蒸发温度为 100 ℃，汽化热能为 2 258 kJ/kg；而 R-12（氟利昂-12）的蒸发温度为 -29.8 ℃，汽化热能为 165.3 kJ/kg。

若将一个盛满低温 R-12 液体的容器敞开口，放在密闭的被冷却空间内，由于被冷却空间内空气的温度高于 R-12 的沸点，所以 R-12 液体将吸热而汽化，使被冷却空间内空气温度逐渐下降，这个降温过程直到容器内的 R-12 液体汽化完为止。为了将汽化的 R-12 蒸气回收使用，需将它再冷却成液体，如用环境介质（如大气或水）来冷凝，蒸气的冷凝温度就要比环境介质的温度稍高一些。压力较高的蒸气其冷凝温度也较高，因此只要将 R-12 蒸气用压缩机压缩到所需的冷凝温度相对应的饱和压力，就可用环境介质来冷凝它，使在被冷却空间吸热汽化的 R-12 蒸气重新冷凝成液体。由于冷凝后制冷剂液体的温度还高于被冷却空间空气的温度，因此必须让冷凝后的制冷剂液体降压降温，使其温度低于被冷却空间的温度，这样降压降温后的制冷剂液体就可以在被冷却空间内重新吸热汽化。制冷剂在一个封闭的系统中，只消耗压缩机的功就能反复实现制冷剂由液体变为蒸气，再由蒸气变为液体的相态变化，并通过这种相态变化将低温处的热量转移到高温处，这就是蒸气压缩式制冷的工作原理。

图 5-1 所示为蒸气压缩式制冷循环示意图，整个循环包括压缩、冷凝、节流和蒸发 4 个过程，制冷机组主要由压缩机、冷凝器、节流阀（膨胀阀）和蒸发器 4 大部件组成。

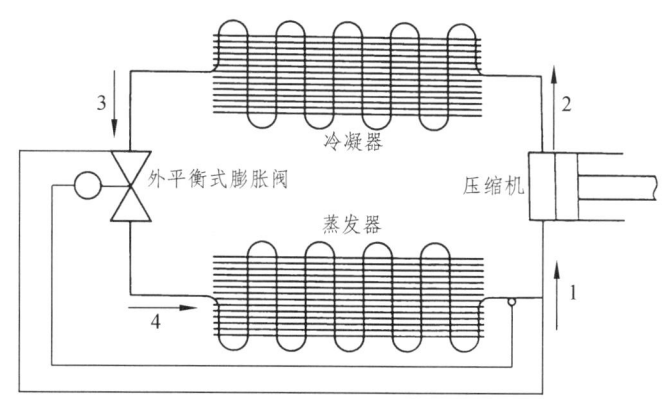

图 5-1　蒸气压缩式制冷循环示意图

2. 蒸气压缩制冷机工作过程

制冷工作过程如下：

1→2：从蒸发器出来的低温低压（制冷剂）气体通过压缩机压缩后，转变成高温高压气体进入冷凝器。

2→3：高温高压的制冷剂气体经过冷凝器时，被环境空气（或水）冷却，制冷剂蒸气放出热量后被冷凝成高温、高压的液体。

3→4：高温、高压的液体经过节流阀（膨胀阀）节流，变成低温低压的液体进入蒸发器。

4→1：低温低压的液体流经蒸发器时，吸收被冷却物质（如客室内外的空气）的热量，而蒸发汽化成低温低压的气体后被压缩机吸入。

这样，通过压缩机的（压缩）做功，实现制冷剂在系统管路中的循环；而制冷剂的循环（状态的变化）实现了对周围空气的冷却，达到制冷的目的。

二、城轨车辆空调通风系统基本设置

如前所述，当前，空调通风系统已成为城轨车辆的必需设备，下面就城轨车辆空调通风系统的基本设置作一简要介绍。

1．系统布置和气流组织

为便于安装、维护，城轨车辆空调装置基本采用集中式设置，即除了一些控制部件外，将空调制冷通风系统的主要部件都集中设置于一个机箱内，整个机组箱体安装于车辆顶部。这样的设计使得机组具有结构紧凑、占用空间小、制冷管路短、可以实现快速整体更换的优点，此设置方式目前为轨道车辆普遍采用的一种形式。如图 5-2 所示为较为典型的轨道车辆空调机组设置方式。

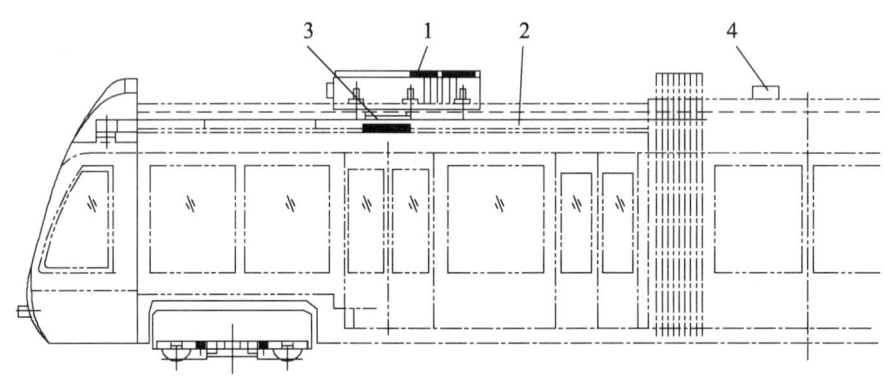

1—空调机组；2—送风道；3—回风道；4—废排装置。

图 5-2　轨道车辆空调机组设置图

车顶空调机组将经过处理的空气从一端（或两端）通过送风口送出。为保证均匀送风，车厢顶部还设置有送风通道，通过送风通道将风均匀地输送到整节车厢。而回风一般不设专门的回风通道。回风方式也没有固定的模式，目前大致有 3 种模式，即通过车厢顶部中间回风、通过车厢顶部两侧回风和通过车厢（座位）底部回风。图 5-3 所示为一种空调机组送、回风口设置的三视图。

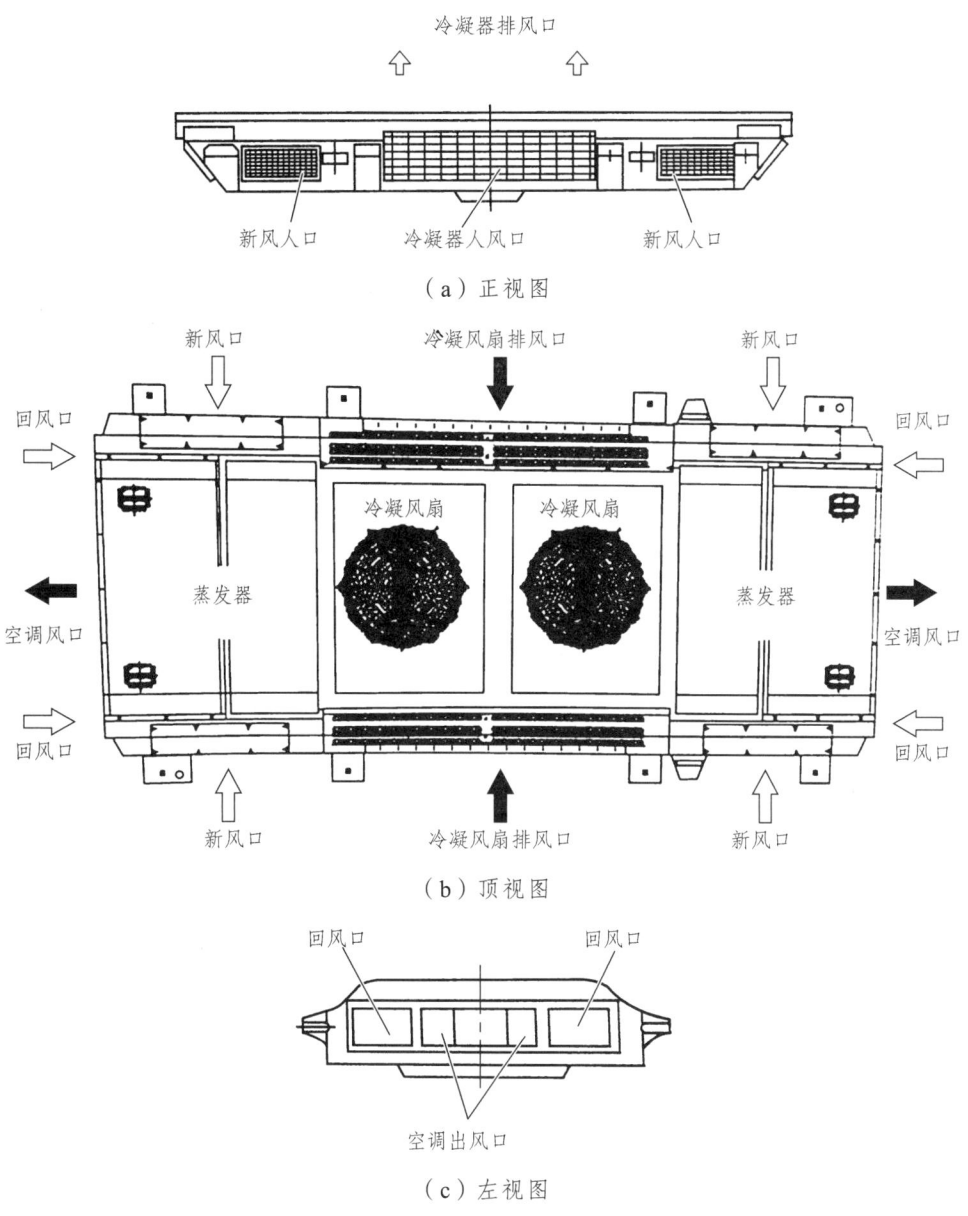

图 5-3 空调机组送、回风口设置三视图

2．空调机组基本设置

前面提到，空调（制冷）装置主要包括压缩机、冷凝器、节流阀（膨胀阀）和蒸发器 4 大部件。不同时期、不同厂家生产的空调机组虽然在外观形状、部件设计布局上有不同之处，但其基本构造都是大同小异的。

图 5-4 所示为一种空调机组主要部件的设置图。本类机组内部包含两套独立的制冷系统，压缩机等主要部件都设置了两台，机组通过控制调节后，两套系统可以实现独立运行。本机组为两端送、回风设置，新、回风通过风门调节不同的混合比例后进入空气处理室，经过处理的空气则由送风机送入客室。

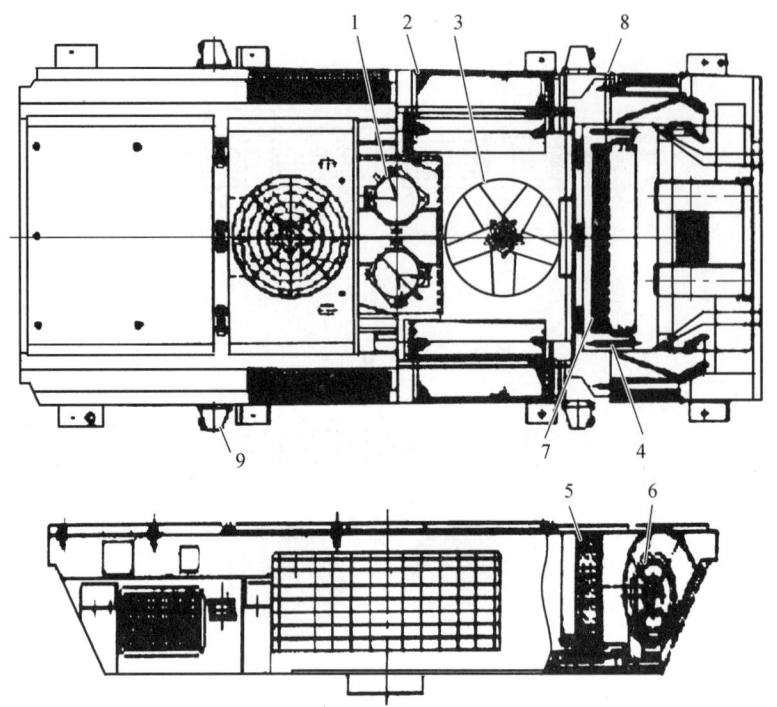

1—压缩机；2—冷凝器；3—冷凝风扇；4—干燥过滤器；5—风门；6—风门电动机；
7—气压力开关；8—风温度传感器；9—风机。

图 5-4　空调机组主要部件的设置图

第三节　车辆空调系统部件

一、车辆空调系统主要部件

城轨车辆空调机组内的主要部件是制冷压缩机、蒸发器、冷凝器、节流装置。

1．制冷压缩机

压缩机的主要功能是压缩从蒸发器过来的制冷剂气体，使其变成高温高压气体。目前，城轨车辆空调选用的压缩机主要有两种类型：全封闭螺杆式压缩机和涡旋式压缩机。

1）全封闭螺杆式压缩机

压缩机、螺杆机构及供油系统组装在一个密封的机壳内。螺杆式压缩机具有结构简单、易损件少、压比大、对湿压缩不敏感、平衡性能好等特点。螺杆式压缩机机体内装有一对相互啮合、具有转向相反的螺旋形状的转子，其齿面凸起的转子称为阳转子，齿面凹进的转子称为阴转子，齿槽、机体内壁面和端盖等共同构成工作容积，如图 5-5 所示。

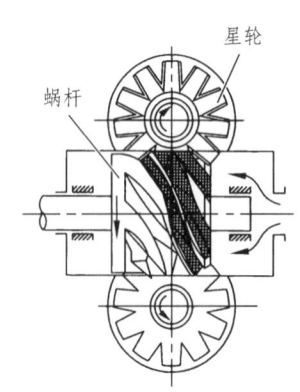

图 5-5　螺杆式空气压缩机

由于螺杆具有较好的刚度和强度，吸、排气口又无阀片，故液体制冷剂通过时，不容易产生"液击"。

2）涡旋式压缩机

该类压缩机活动的部件比较少，也没有动态吸入和排出网。此外，该类压缩机振动小、噪声低，并且能抵抗在制冷系统中常见的由液击、满液启动和漂浮物所引起的应力。涡旋压缩机属容积式压缩机，压缩部件由动涡盘和静涡盘组成。

涡旋式压缩机具备低噪声、低振动、高可靠性的特点。涡旋式压缩机的主要零部件仅有5个，与往复式压缩机的30多个主要零部件相比，结构简单，因此故障率更低。它具有效率高、功率消耗低、输出平缓、启动力矩小等特点。

2．蒸发器、冷凝器

城轨车辆空调的蒸发器与冷凝器的结构基本一致，都是在铜管盘管上套翅片的结构，而两者的功能不一样。冷凝器的主要功能是将从压缩机排出的高温高压的制冷剂气体冷却为高温高压的液体；蒸发器的主要功能是使低温低压的制冷剂液体吸收热量蒸发为低温低压的气体。蒸发器、冷凝器一般是由铜管、铝散热片或铜散热片与带有不锈钢的端板/支撑板构成的。蒸发器、冷凝器的换热主要通过空气流过蒸发器、冷凝器时，其翅片吸收空气中的热量或将自身的热量传递给空气来实现。翅片表面积越大，表面越清洁无遮挡，蒸发器、冷凝器的换热性能就越好。因此蒸发器、冷凝器翅片布置均匀、表面清洁无遮挡是保证蒸发器、冷凝器换热性能的主要措施。

3．节流装置

通过冷凝器的制冷剂为高温高压的液体，在制冷剂进入蒸发器前须进行降压处理，节流装置就是对制冷剂液体进行降压的装置。城轨车辆选用的节流装置主要有两种：热力膨胀阀和毛细管。

1）热力膨胀阀

热力膨胀阀外形如图5-6所示，它通过控制蒸发器出口气态制冷剂的热度来控制进入蒸发器的制冷剂流量。热力膨胀阀由离开蒸发器的吸气温度和蒸发器均分管外的温度来调节。热力膨胀阀因平衡方式不同（即蒸发压力引向膜片下内腔的方式不同），分为内平衡式和外平衡式两种。容量是热力膨胀阀的重要特性参数，而影响容量的主要因素包括膨胀阀前后的压力差、蒸发温度、制冷剂过冷度。

2）毛细管

它是一根有规定长度的小孔径管子，没有运动部件，依靠其流动阻力沿长度方向产生的压力降来控制制冷剂的流量和维持冷凝器与蒸发器的压差。其结构简单，价格低廉；没有运动部件，本身不易产生故障和泄漏；具有自动补偿的特点，即制冷剂在一定压差 ΔP（$\Delta P = P_K - P_0$）下，流经毛细管的流量是稳定的，当制

图5-6　热力膨胀阀

冷负荷变化，冷凝压力 P_K 增大或蒸发压力 P_0 降低时，ΔP 值增大，制冷剂在毛细管内的流量也相应增大，以适应制冷负荷变化对流量的要求，但这种补偿的能力较小。制冷压缩机停止运转后，制冷系统内的高压侧压力和低压侧压力可迅速得到平衡，再次启动运转时，因为制

冷压缩机的电动机启动负荷较小，故不必使用启动转矩大的电动机。这一点对半封闭和全封闭式制冷压缩机尤其重要。

二、车辆空调系统辅助部件

城轨车辆空调系统其他辅助部件包括制冷剂、高/低压压力开关、送风机、冷凝风机、干燥过滤器、湿度指示器、风压开关（非所有城轨车辆空调系统都具备）、电磁阀、温度传感器、风门等。另外，空调系统组成还包括紧急逆变器、空调控制器和其他控制继电器等部件。

1．制冷剂

制冷剂又称为制冷介质，它是在制冷系统中不断循环并通过其本身的状态变化以实现制冷的工作物质。制冷剂在蒸发器内吸收被冷却介质（水或空气等）的热量而汽化，在冷凝器中将热量传递给周围空气或水而冷凝。它的性质直接关系到制冷装置的制冷效果、经济性、安全性及运行管理。目前城轨车辆空调选用的制冷剂主要有两种类型：R134a 和 R407c。

R134a 制冷剂是一种环保型的制冷剂，属于中温制冷剂，它的标准沸点为 -26.2 ℃，凝固温度为 -101 ℃，其热力性能与 R12 接近。

R407c 制冷剂是一种非共沸混合制冷剂，它是由 HFC32/125/134a 按 23/25/52 的混合比率混合而成。当气液共存时，气相和液相的组成不同，填充时需加以注意。另外，制冷剂的漏出也分气相侧漏出和液相侧漏出两种情况。基于以上两方面的原因，对于以 R407c 为制冷剂的城轨车辆空调系统，当发现泄漏比较严重时，不能采取填充制冷剂的方法，而应先将泄漏点找出修复好，然后将全部制冷剂抽出，并将制冷回路内部抽真空，再重新注入新的 R407c 制冷剂。

R134a 制冷剂因其不存在 R407c 混合制冷剂的特点，所以在发现泄漏时，可以先将泄漏位置找出修复好，然后填充制冷剂。

冷却介质：工业制冷工艺过程中，需要用一种低温流体通过换热器去冷却另一种高温流体，低温流体称为冷却介质，高温流体称为被冷却介质。冷却介质是通过对流方式换热，最后实现热量传递使高温流体迅速降温的。在国民经济实践中热量传递是非常重要的物理过程，普遍存在于各种生产活动中，对当前全球性的节能减排，实现资源节约和能源节约有着重要的现实意义。

2．高/低压压力开关

制冷剂蒸气在压缩机内部可能会出现压力过低或压力过高的问题。制冷剂蒸气压力过高和过低时，压缩机持续运行将造成压缩机的损坏，因此必须在压缩机的出口、进口管路设置高、低压压力开关。高、低压压力开关监测压缩机高、低压出入口的压力，从而实现对压缩机的保护。如果高压出口排气压力超过或低压入口吸气压力低于它们各自的设定值，每个安全压力开关将会使电路断开，设备即停止运转，以保护压缩机。

高、低压压力开关元件包括可调式压力开关、元件式压力开关。元件式压力开关外形如图 5-7 所示。可调式压力开关与元件式压力开关的工作原理类似，都是通过特殊的膜片来检测压缩机相应部位的制冷剂蒸气压力，当制冷剂蒸气压力值达到保护设定值时，膜片产生相应形变而触发电路接通或断开。两类压力开关的区别在于可调式压力开关的压力保护设定值可人工进行一定范围的调节,而元件式压力开关的压力保护设定值不能进行调节。

3．送风机、冷凝风机

为了使蒸发器、冷凝器与空气之间更好地进行热交换,空气由送风机、冷凝风机的风扇强迫通过蒸发器盘管、冷凝器盘管,送风机使过滤后的新风、回风混合空气循环流过蒸发器,蒸发器吸收空气中的热量使空气冷却后再被送入客室,从而将客室温度降低,保证客室温度适宜。冷凝风机使环境空气循环流过冷凝盘管,冷凝盘管把来自压缩机的高温高压的制冷蒸气中的热量传给环境空气,从而使高温高压的制冷剂蒸气冷凝成液态。

图 5-7　元件式压力开关

城轨车辆空调的冷凝风机通常使用轴流式风机,其外形如图 5-8 所示。轴流式风机主要由叶轮、机壳和集流器等部件组成。轴流式风机工作时,动力机驱动叶轮在圆筒形机壳内旋转,气体从集流器进入,通过叶轮获得能量,提高压力和速度,然后沿轴向排出,吹风方向与风扇主轴方向一致。

送风机通常使用离心式风机,其外形如图 5-9 所示。离心式风机工作时,动力机驱动叶轮在蜗形机壳内旋转,空气经吸气口从叶轮中心处吸入。由于叶片对气体的动力作用,气体压力和速度得以提高,并在离心力作用下沿着叶道甩向机壳,从送气口排出。因气体在叶轮内的流动主要是在径向平面内,故其又称径流通风机。离心式通风机主要由叶轮和机壳组成。

图 5-8　轴流式风机

图 5-9　离心式风机

风机的性能参数主要有流量、压力、功率、效率和转速。另外,噪声和振动的大小也是通风机的主要技术指标。流量又称为风量,以单位时间内流经通风机的气体体积表示;压力也称为风压,是指气体在通风机内的压力升高值,有静压、动压和全压之分;功率是指通风机的输入功率,即轴功率;通风机有效功率与轴功率之比称为效率,通风机全压效率可达 90%。

4．干燥过滤器

干燥过滤器的作用是吸收制冷系统中的水分,阻挡系统中的杂质使其不能通过,防止制冷系统管路发生冰堵和脏堵。由于系统最容易堵塞的部位是毛细管(或膨胀阀),因此干燥过滤器通常安装在冷凝器与毛细管(或膨胀阀)之间。

5．湿度指示器

一般情况下湿度指示器位于干燥过滤器之后。系统中多余水分的指示通过观察此装置的窥视镜来确定。用窥视镜能够清楚地观察到制冷剂液流，看是否有气泡进入和其他异常情况。

6．风压开关

部分城轨车辆空调的送风机都装有一个空气压力开关，简称风压开关，外形如图 5-10 所示，用来检测相应的送风机的运行和空气流速。当空气流达到正常等级时，压力开关发出一个信号给空调控制器，指示蒸发器风扇正常工作。一旦空调控制器接收到此信号，空调机组就准备按要求循环运行。如果空调控制器没有接收到此信号，设备将不能启动工作。此开关主要用于具备电制热功能的城轨车辆空调。对于制冷工况而言，在送风机不工作造成压缩机吸入压力降低时，压缩机的低压压力开关会进行相应的动作保护压缩机；而对于电制热的城轨车辆空调，在送风机不工作时，若没有这个检测设备，空调将继续进行电制热，此时热量不能散发，将造成空调机组内部过热损坏。

图 5-10　空气压力开关

7．电磁阀

空调制冷管路中设有电磁阀，外形如图 5-11 所示。电磁阀的基本原理是：通电时，电磁线圈产生电磁力把关闭件从阀座上提起，阀门打开；断电时，电磁力消失，弹簧力把关闭件压在阀座上，阀门关闭。设置电磁阀的作用是当机组不运行时，阻止液体制冷剂进入压缩机。电磁阀通常是关闭的，除非它们被触发或通电。

部分城轨车辆空调机组在制冷系统高压和低压管路之间安装了两个气体管线旁通电磁阀，其目的是通过向热力膨胀阀和蒸发器盘管之间的管线内注入从压缩机排出的热气流来调节压缩机容量对蒸发器的负荷。

图 5-11　电磁阀

8．温度传感器

为了保证列车内的舒适性，空调系统须设置温度传感器，其外形如图 5-12 所示。温度传感器检测送风、回风和新风的温度，有效地控制空调机组制冷量。通过它们，空调控制器监控不同的温度并选择最好的运行模式，为乘客提供最舒适的环境。城轨车辆空调机组的温度传感器一般采用 NTC 型，这种传感器的温度与电阻呈负曲线关系，即温度值越高，电阻值越低。城轨车辆空调温度传感器一般包括新风温度传感器、回风温度传感器和送风温度传感器。

图 5-12　温度传感器

9．风门

送入客室的空气为经蒸发器吸热、除湿后的新风、回风混合空气，而新风、回风混合比例的控制是通过风门来实现的。足够的新风是保证人体舒适的必要条件，而新风比例也不能过高，新风比例过高会导致空调机组消耗功率增大；回风的循环使用能降低空调机组的能耗，而在城轨车辆正常运行期间也不能采用全回风，因此新风、回风的比例应控制得当。城轨车辆空调的风门装置主要有电控气动和电控电动两种类型：电控气动的风门通过风行装置控制风门动作；电控电动的风门通过伺服电机控制风门动作。

在紧急模式下，风门处于只允许新风进入的位置，以保证紧急情况下乘客安全的要求。在制冷模式下，风门关闭新风入口或回风入口，只允许循环空气或新风进入客室，这样就可以快速地使客室温度下降到合适的温度水平。

10．紧急逆变器

在空调机组运行所需的三相电源失效的情况下，制冷系统将不再运行，正常通风系统无法保持。为了保证客室内乘客的安全，空调系统运行转为紧急通风模式。在此模式下紧急逆变器将蓄电池的110 V直流电逆变为交流电源供给空调机组送风机，此时新风量比正常通风有所减少，但紧急通风时采用的是全新风，因此此时的新风量是能够满足乘客空气质量要求的。紧急逆变器的安装有机组内、车顶、车厢和车底等不同位置，相比而言不宜安装在机组内，因为机组内部运行环境恶劣，易导致该部件出现故障。

11．空调控制器

空调机组的运行控制由空调控制器来实现。空调控制器可对空调机组的运行模式和温度值进行设定，并能完成故障的诊断和记录。

城轨车辆空调控制器主要使用两种类型的控制器：微处理器和PLC。相比而言，微处理器功能强大，其维护界面和方式可以做得更人性化，方便用户对空调机组的维护及使用；而PLC运行稳定，故障率低。

第四节　通风系统

一、通风机组的结构

通风机组是通风系统的动力装置，其作用是吸入车外新风和室内回风，并将处理后的空气加压，通过主风道等送入客室。

1．送风道、回风道和排风道

（1）送风道。车顶的两台空调机组，通过与车体相连的两个吸振消音的连接风道，将处理后的空气送到车顶的主风道内。送风道的作用是将经过处理的空气输送到室内。车辆的风道沿车辆方向分为3个，中间大的为主风道，两侧为副风道，主、副风道由隔板分开，隔板上设有一系列调整风量的气孔。主风道的空气经隔板气孔进入副风道，使得两侧风道内的气流稳定地送入客室中。A车的驾驶室的送风量是通过在驾驶室天花板上的驾驶室增压器从副风道中引入，气流方向可以通过位于内顶板上的送风导向器来调节，空气可以直接吹到司机座位区。风道一般用铝合金板或玻璃钢制成，在整个风道外表面均覆盖足够厚度的隔热材料，以防止风道冷量损失和结霜。

(2)回风道。回风道是用来抽取室内再循环空气的。进入回风道的空气，一部分通过设于车顶的8个静压排气孔排至车外，另一部分进入空调机组与吸入的新风混合后，经过冷却、过滤由离心风机将其送入主风道，这样就在客室内形成空气循环，达到调节空气温度、湿度的目的。

(3)排风道。排风道用以排除车内污浊空气，它是排风口与车顶静压排风器间的通道。

2．新风口、送风口、回风口、排风口和应急通风系统

(1)新风口。新风口即车外新鲜空气的吸入口。新风口一般装有新风格栅以防止杂物及雨雪进入车内，另外还设有新风滤网和新风调节装置。新风调节装置由个24 V直流电动机驱动新风调节门，调节进入客室的新鲜空气量。

(2)送风口。送风口是用来向客室内分配空气的。送风口大多装有送风器及风量调节机构，它不但使客室内送风均匀、温度均匀，达到气流组织分布合理的效果，还可以根据需要来调节送风量的大小，送风口处一般也装有送风滤网。

(3)回风口。回风口是室内再循环空气的吸入口。正常情况下，客室内部分空气应作为回风，回风与新风混合前是在客室中被充分循环过的。与新风混合过滤后，通过蒸发器入口进入，应设置调节挡板，用于调节新风、回风的混合量（比例）。

(4)排风口。排风口是用来将客室内废气和多余的空气排出车外。从车内的长椅下，经内墙板后侧导向车顶，由车顶静压排风器排出车外。

(5)应急通风系统。每辆车配有1台紧急逆变器，在交流辅助电源设备故障情况下，应急通风系统应立即自动投入工作，向客室、驾驶室输送新风，维持45 min紧急通风。应急供电由蓄电池供给，并经直流、交流逆变器。当交流辅助电源供电正常时，空调系统自动转入正常工作状态。通风系统气流组织示意图如图5-13所示。

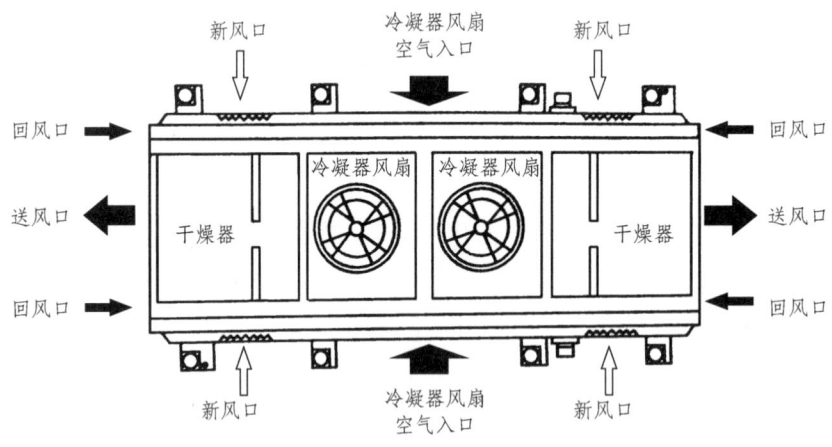

图5-13 通风系统气流组织示意图

二、通风系统的通风方式

通风系统有机械强迫通风和自然通风两种方式。机械强迫通风系统是车辆空调装置中唯一不分季节而长期运转的系统，因此它的质量优劣直接影响到旅客的舒适性和空调装置的经

济性。一般城轨车辆采用机械强迫通风方式，依靠通风机所造成的空气压力差，通过车内送风道输送经过处理后的空气，从而达到通风换气的目的。机械强迫通风系统主要有轴流式机械强迫通风和离心式机械强迫通风两种类型。

1．轴流式机械强迫通风系统

轴流式机械强迫通风系统在客室顶部中央装有轴流式通风机，轴流式通风机能以高、低两级速度运转，并由司机在驾驶台集中控制。下面以北京地铁车辆 DK20 型轴流式机械强迫通风系统为例进行介绍。其通风系统结构如图 5-14 所示。

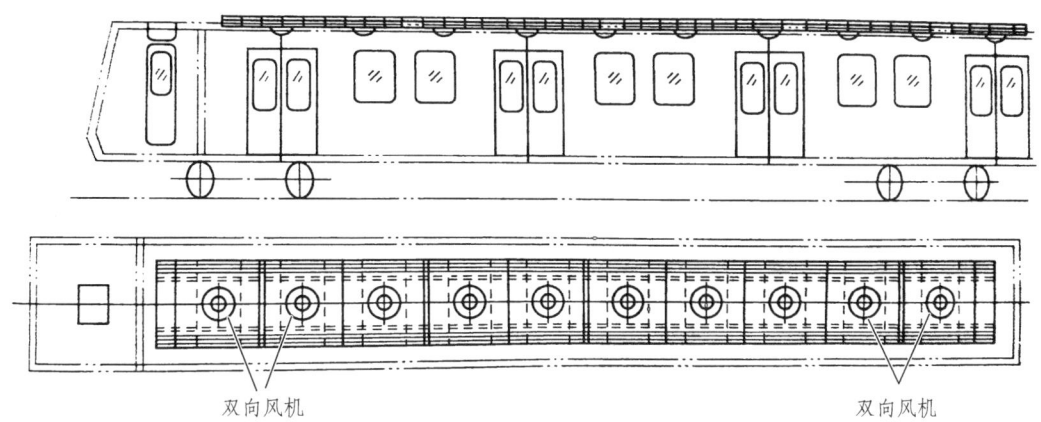

图 5-14　轴流式机械强迫通风系统

由车辆在隧道运行时的"活塞"效应，为顺应车体前后的气压差，客室前后两端各有两台风机为双向风机，可根据运行方向进风或排风，即处于列车前进方向的前两台为正向风机，处于列车前进方向的后两台风机为反向排风，其他风机均为正向进风，从而保证八进二排的气流组织。

车顶风道安装在车体钢结构的车顶上部，与每台轴流风机对应，共有 10 个单体风道。每个风道中部为进风通道，与轴流风机相通，其两侧为排风通道，与车内自然通风口相通。风道材质为聚酯玻璃钢，内表面贴吸音材料，外表面涂面漆。

通风机组由电动机、叶轮、风筒等组成。通过 4 个 B-10 型加强式减振器吊装在车顶钢结构上。其主要技术参数如下：

规格：直径 416 mm，8 叶（分为单向 45° 前弯叶片，双向 45° 直叶片两种）；

电压：单相交流（220 + 22）V；

功率：200 W；

风量：2 500 m³/h；

风压：（50 ~ 60）kPa；

转速：高速 900 r/min，低速 480 r/min。

通风机组下部装有散流器，以使送入车内的气流均匀扩散。散流器外装有装饰网罩，排风口分布于车顶两侧，上部与车顶排风道相通，下部由车内左右两排格栅装饰。轴流式机械通风系统用于地铁车辆中，由于其风量大、风速高，有效地增加了客室的换气量，这对于乘客拥挤的地铁车辆（尤其在上、下班高峰）来说，尽管不是最舒适的，但却是有效的。尤其它的"前进、后排"的纵向大循环气流组织,较好地顺应了隧道内运行的气压变化。独立风机、单体风道有效地减少了个别风机故障对全车通风效果的影响,即使关闭风机,在运行中仍有自然通风效果。轴流式机械通风目前仍是国产地铁的主要形式,然而它毕竟只有通风,没有空调,只能换气,不能降温(驾驶室除外),室内的空气质量不高。另外,上进上排的横向气流组织导致部分气流较短,在乘客拥挤时下部无风感。

2．离心式机械强迫通风系统

以 DKZ1 地铁车辆为例,其通风系统结构如图 5-15 所示。

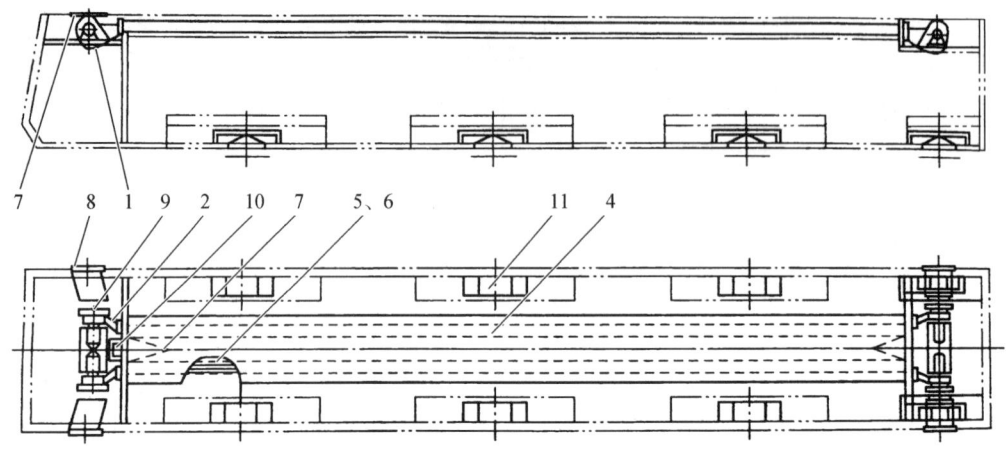

1—离心风机;2—软风道;3—整风板;4—主风道;5—送风格栅;6—进风口;
7—车顶活盖;8—吸风口;9—滤尘网;10—驾驶室风道;11—排风道。

图 5-15 离心式机械强迫通风系统

在车辆前后两端车顶送风机安装台两处,通过车顶活盖,将离心式通风机(左、右各两台)安装其上,每台风机上的电磁接触器及电容器分别固定在接触器安装座及电容器安装座上。风机开启后,外界空气通过车辆两侧的吸风口,沿吸风筒(内设挡水板)进入车内,经空气滤尘器净化后进入送风机,再经软风道、整风板进入客室中顶板内的主风道。主风道在客室内前后贯通,它是 2 mm 厚硬质聚氯乙烯板以螺钉、密封胶分块现车拼装组成。主风道下方设左右双排贯通送风格栅,格栅由 1.5 mm 厚铝板制成,共设 42(21×2)处送风口。每处送风口处有上、下两扇固定调节板,通过调节板翘起(或下斜)的方向及高度调节主风道进入各风口的风量,从而保证客室前后的均匀送风。各风口与客室内顶板上的装饰格栅相对并组成室内的车顶饰带。风道前整风板处左右各开风口 1 个,通过固定调节板分流主风道的部分风量,经驾驶室专用风道及风口进入驾驶室,达到通风目的。

客室纵向座椅下共设 8 组回风装置。车内回风经两端活门、滤尘器、内风道、外风道、滤尘网、地板回风口排到车下。回风所经通道处的地板、侧墙及内风道板均有粗孔塑料吸音材料。回风途径回转、滤尘、吸音设施,有效地阻隔了车下灰尘及噪声的侵扰,但同时也大大增加了自然回风的阻力。

离心式机械通风系统的优点:其送风系统结构简单,滤尘、减噪措施周密,有效地控制了室内灰尘和噪声的污染。与轴流式通风相比,它没有贯通车顶的十几台风机,只有两排装饰格栅,客室布置简捷美观。主风道的送风及调节不受外界气压变化的干扰,送风均匀。在乘客不多的非炎热季节其通风效果良好。离心式机械通风系统的缺点：风机大小及风道断面均受制约，尤其是回风途径的层层阻隔，在乘客拥挤的情况下，"上进下排"的设计思路难以实现。

第五节　车辆空调系统控制

一、车辆空调系统控制基本形式

城轨车辆空调系统必须在激活端的驾驶室进行运行或停机操作，通过按压设在驾驶员台的空调"开""关"按钮即可开启或关闭整列车的空调机组，且可以通过"A车空调"按钮只开停列车 A 车的空调机组。

城轨车辆空调由一个基于温度控制的微处理器或 PLC 来控制。它一直传送车内所要保持最佳温度的指令，并且也是控制和保护空调系统内部元件的自动装置。空调控制器根据接收到的送风、新风、回风温度传感器信号，并根据 UIC553 温度曲线或其他设定温度值对比实时空调制冷量是否足够，若不足，控制器就发出相关命令控制相关继电器动作来控制空调机组内的相应部件顺序运行或停止，以满足温度的要求。空调控制器还具备相关的自动保护和故障记录功能，并可与 PTU 连接，通过相关应用软件进行实时通信。

二、车辆空调系统控制基本步骤

城轨车辆空调系统的启动顺序均为送风机、冷凝风机、压缩机。若前级不能启动，则后级不被允许启动。此种启动顺序是基于对压缩机的保护，避免送风机不运行时压缩机吸入口压力过低和冷凝风机不运行时压缩机排出口压力过高。

控制器通过数字输入/输出与列车信息系统相连，并通过硬线或总线报告故障、启动请求、启动许可和自检结果。

城轨车辆空调设定温度在自动模式下是按 UIC553 温度曲线进行设定的（如下定义中，T_{ext} 为外界空气温度）：

当外界温度（T_{ext}）< 19 ℃ 时，温度设定值 = 22 ℃。

当外界温度（T_{ext}）≥ 19 ℃ 时，温度设定值 = 22 + 0.25（T_{ext} – 19）（℃）。

为了实现温度设定的功能，控制器需给出相关命令控制空调机组中的不同元件（压缩机、电动机等），以使空调的制冷量能够满足客室内的要求。

控制器计算出由温度传感器检测的室温和设定温度之间的差值，得到一个误差函数。再根据这个误差函数控制空调机组的运行模式。空调机组提供给客室的制冷量取决于这个误差函数，并且受新风和供风温度影响。

三、车辆空调系统的运行

1. 初始启动

控制器和空调机组得电后，控制器进行空调自检。以微处理器控制器为例，通常自检过程包括风门计算（计算风门从全开到全关位置所需的时间，并将此时间值用于后续控制风门的打开、关闭程度）和紧急逆变器自检。自检完成后，控制器必须得到驾驶室的"空调 ON/OFF"信号后启动送风机。然后，信号"压缩机启动请求"被传送到总线上。控制器一直等到信号"压缩机启动释放"出现后，才开始进行温度调节。

2．正常运行

城轨车辆平均每节车安装两台空调机组。两台空调机组在正常运行时是同时运行的。空调控制器可对空调机组的运行模式和温度值进行设定，控制空调机组内部件的运行、启停，并能完成故障的诊断和记录。

空调机组内各部件的启动命令是由控制器决定和驱动的，并设定相应的前级保护功能，保证空调系统安全运行。如果其中一个部件启动失败，其相关的后续部件将被禁止启动并且有一个相应的故障信息给出并被记录。

3．空调运行模式

城轨车辆空调机组的运行模式一般包括制冷、预制冷、测试、紧急通风、减少新风模式。

1）制冷调节循环模式

无论何时，只要控制器检测出车内温度高于设定值，就发出"压缩机启动释放"信号，并发出制冷循环指令。压缩机启动需在冷凝风扇正常启动之后且得到"压缩机运行启动"信号后才能被允许启动。在下列条件下，压缩机是不允许启动的：压缩机高压供电无效；该压缩机启动在压缩机顺序启动延时范围内（避免过多压缩机同时启动的启动电流造成供电电源负荷过大）；压缩机高/低压压力开关动作；总线信号无效等。

当车内的温度开始下降并且制冷需求减弱时，控制器将适时发出"压缩机停止"信号，以停止制冷运行。

一个压缩机启动后，必须经过最小的运行周期后才能断电。同样，一个压缩机停止后也必须经过最小运行周期后才能再启动。为了防止系统出现故障，压缩机每小时启动和停止次数是设有最高限度的，这可以通过控制器的最小运行和最小停止周期的限制来实现。

2）预制冷模式

预制冷模式是为了使客室温度快速达到控制器计算出的设定值要求的一种模式。在预制冷模式下，新风风门位置由于内、外温度不同而变化如下：

（1）如果内部温度低于外部温度（客室温度＜外部空气温度），则风门关闭，此时只用回风调节客室温度。

（2）如果内部温度高于外部温度（客室温度＞外部空气温度），则风门打开，此时只用进风量调节客室温度。

3）测试模式

当列车空调被设置为测试模式时，空调控制器将控制空调机组的部件进行相应动作，以对空调机组的功能进行初步测试。例如，在测试模式下一般会进行紧急逆变器的自检、100%负荷的制冷运行等。

4）紧急通风模式

如果车辆失去交流电压供应，送风机供电将自动切换到紧急逆变器供电，机组在紧急通风模式下工作。当交流供电恢复后，送风机供电又从紧急逆变器供电自动切换到交流供电，机组转换为正常模式运行。紧急通风时采用的是全新风，因此，用于紧急逆变器启动的输出信号也用来关闭回风风门。

5）减少新风模式

如果空调机组工作在通风或制冷模式下，客室中回风的温度比温度设定值较高时将启用减小新风模式。

在这种情况下，如果控制器控制风门动作，减少新风量，提高回风量，就能更快速地使客室温度达到设定值。

第六节　车辆空调系统操作

一、空调系统的操作

列车空调系统必须在驾驶室激活端操作，使其运行或停机。通过按压设在副驾驶员台的相关控制按钮来进行控制。

1．打开 A 车空调

列车激活，在解锁驾驶员台后，按压副驾驶员台上的"A 车空调开"绿色指示灯按钮06S04，打开相应的 A 车空调。当 A 车空调开启后，06S04 按钮上的绿灯指示点；当整列车的空调通过"列车空调开"按钮 06S03 打开时，该绿色指示灯也点亮。

2．打开全列车空调

列车激活，在解锁驾驶员台后，按压副驾驶员台上的"列车空调开"绿色指示灯按钮06S03，全列车（包括 A 车）的空调打开。当列车空调开启后，06S03 及 06S04 按钮上的绿色指示灯均点亮。

注意：当驾驶员台锁闭前，若没有操作空调关闭按钮，空调开的最后控制状态将保持。

3．关闭列车空调

只有在驾驶员台解锁后，操作"列车空调关"红色指示灯按钮 06S02，才能正确关闭所有正在运行的空调系统（包括 A 车的）。按钮上的红色指示灯指示空调被关闭。

4．温度设定

每节车的电子柜内装有一个空调控制板和温度控制板。温度控制板可对单节车空调机组的运行模式和温度值进行设定。空调控制板控制了每节车的两台空调机组，并能完成故障的诊断和记录。

如图 5-16 所示，通过操作空调/温度控制开关 06S01（旋转按钮）控制单车温度，06S01为 8 位旋转开关。

"试验"位用于检测单车空调设备的功能。"关"位可将单车空调设备关掉。

开关处于"自动"位时，温度将自动选择，通常选择该位置能确保空调系统达到最佳运行的状态。

操作人员可以在 19～27 ℃ 以每挡 2 ℃ 的间隔来选择调节温度。每车可以单独选择温度。

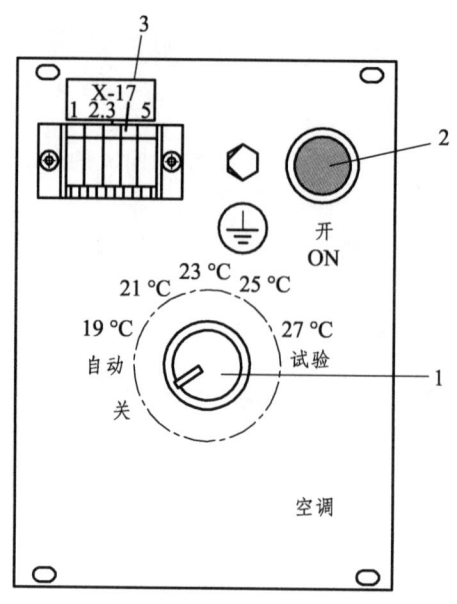

1—旋转按钮；2—LED 系统运行显示灯；
3—电气接线排。

图 5-16 温度控制板

二、空调系统的控制

1．空调系统的启动顺序

空调机组的启动顺序为送风机、冷凝风机、空调压缩机，并保证前级不启动，后级不允许启动。

正常情况下，当空调系统启动时，首先使全列车的送风机接触器（06K23、06K24、06K27、06K28）同时得电闭合，然后使全列车的冷凝风机接触器（06K21、06K22、06K25、06K26）同时得电闭合，最后使全列车空调压缩机接触器（06K11、06K12、06K15、06K16）同时得电闭合。

紧急情况时只启动送风机，即只闭合各节车的送风机接触器（06K31、06K32、06K33、06K34），并启动空调机组的辅助逆变器，实现紧急通风。

每节车空调控制板和温度控制板的开关由每节车的"AC 开"继电器 06K08 控制。当全列车空调机组开时，全列车的"AC 开"继电器 06K08 均要得电闭合。

2．空调机组各设备的工作模式

1）送风机

正常通风/制冷模式下，送风机为 Y 形运转，由辅助逆变器（ACM）供电，供电电压为三相 AC 380 V、50 Hz；紧急通风时，通过蓄电池 DC 110 V 电源供给空调紧急通风逆变器，由逆变器逆变后的电源提供给通风机，Y 形启动，延迟 1 s 后，转为 △ 形运转，供电电压为 AC 170 V、25 Hz。

2）冷凝风机

只有在两台通风机运行后冷凝风机才能运行。控制板发出的指令使控制冷凝风机三相电源的接触器 06K21、06K22 控制空调单元 1，06K25、06K26 控制空调单元 2 闭合。当机组制冷系统的压力低于 0.8 MPa 时，即控制压力开关断开的情况下，仅一台冷凝风机运转；若压力高于 1.1 MPa，则两台冷凝风机运转。当单台冷凝风机运转时，两台风机交替运行，即该次运转的冷凝风机是上次停转的冷凝风机。

3）压缩机

在送风机、冷凝风机运行后，压缩机才启动。若前级的送风机、冷凝风机不能运行，则压缩机不能启动。压缩机的启停又受到温度的控制，并受系统压力及压缩机保护单元 INT69 的保护。空调机组装有 2 个压力开关，用于空调机组的压力保护。压力开关 F1.1 具有自动复位功能，当系统压力高于 2 MPa 时，使压缩机停机；一旦系统压力低于 2 MPa，压缩机在条件允许的情况下可再次启动。此时应查找导致压力开关动作的原因，避免系统压力过高对设备造成损坏。另一压力开关 F1.2 为手动复位，其动作压力为 2.25 MPa。此压力开关动作后，即使压缩机停机后系统压力已降低，压力开关仍然不能自动复位，需要手动按下压力开关上的蓝色按钮进行手动复位后，系统才能恢复正常运行。

为了降低压缩机的启动电流，压缩机采用的是部分绕组启动方式，通过继电器延时 1 s 来完成压缩机从 Y 形到 YY 形的启动控制。

3．空调系统控制电路分析

1）只打开 A 车空调

操作设备：副驾驶员台上的"A 车空调开"绿色指示灯按钮 06S04。

操作目标：打开 A 车空调系统。

电路分析：

（1）指令发出。按下"A 车空调开"绿色指示灯按钮，由 60400 线（由 30271 经"空调控制电源"微型断路器 06F13 供电）→"列车控制"继电器 02K05 常开触点 33-34（驾驶员台解锁后得电闭合）→06S04 常开触点 13-14→+二极管 06V08→"列车空调开"继电器 06K01 常闭触点 71-72→"列车空调关"继电器 06K02 常闭触点 32-31→"A 车空调开"继电器 06K07 线圈得电。

06K07 得电动作后，改由 60400 线→06K07 另一常开触点 13-14 向 60310 线供电，使 06K07 得电自持。

（2）指示灯点亮。40400 线→06K07 另一常开触点 43-44→06V01→06S04 绿色指示灯点亮，并把 A 车空调启动信号输入 DX 模块 04A21，通过 MVB 系统发送给列车控制计算机（VTCU）。

（3）启动控制板。当 06K07 得电动作后，60400 线→06K07 常开触点 33-34→A 车的"空调开"继电器 06K08 线圈得电，使空调控制板启动，从而启动 A 车空调系统，如图 5-17 所示。

在空调系统控制电路中，02K05 的设置使空调系统必须在列车激活、驾驶员台解锁后方能启动。若空调关闭前锁闭驾驶员台，由于 06K07 常开触点 13-14 的自持作用，06K07 保持得电，即空调系统保持开启。

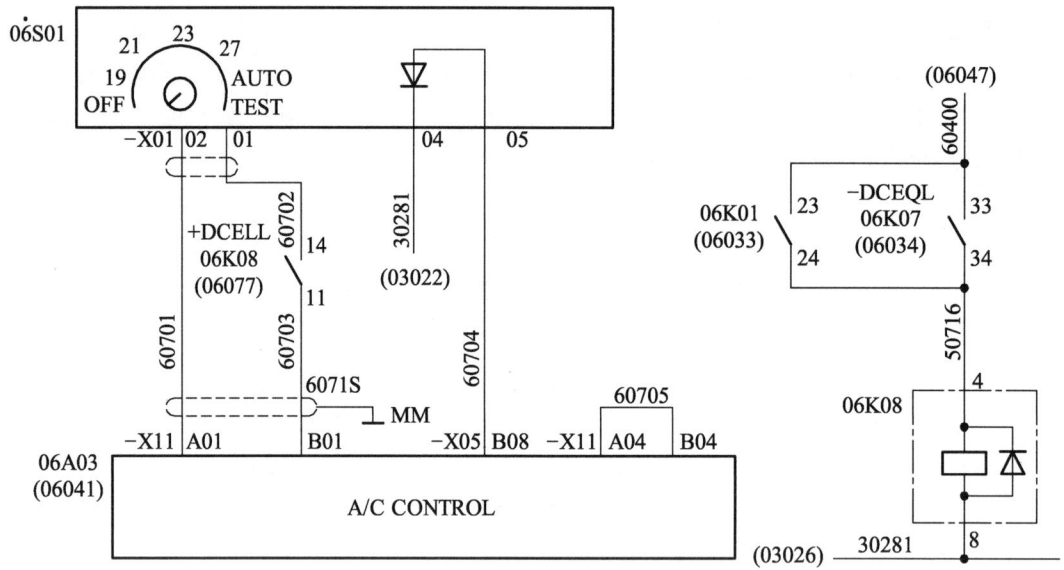

图 5-17 空调控制板控制电路

（4）闭合空调系统各接触器。06K08 闭合后，首先 A 车送风机接触器（06K23、06K24、06K27、06K28）同时得电闭合，其次 A 车冷凝风机接触器（06K21、06K22、06K25、06K26）同时得电闭合，最后 A 车空调压缩机接触器（06K11、06K12、06K15、06K16）同时得电闭合，动作顺序由空调系统控制软件实现。

另外，在控制电路中，给通风机 1.3 供电的正常供风接触器 06K23 与紧急供风接触器 06K31 互锁，给通风机 1.4 供电的正常供风接触器 06K24 与紧急供风接触器 06K32 互锁，不能同时闭合。

2）打开全列车空调

操作设备：学习驾驶员台上的"列车空调开"绿色指示灯按钮 06S03。

操作目标：打开全列车空调系统。

（1）指令发出。按下"列车空调开"绿色指示灯按钮，由 60400 线→"列车控制"继电器 02K05 常开触点 33-34→"列车空调关"红色指示灯按钮 06S02 常闭接点 21-22→06S03 常开触点 13-14→二极管 06V01→60301 线→"列车空调关"继电器 06K02 常闭触点 22-21→"列车空调开"继电器 06K01 线圈得电。

06K01 得电动作后，改由 60400→06K01 常开触点 13-14 向 60304 线供电，使 06K01 得电自持。

（2）指示灯点亮。40400 线→06K01 另一常开触点 43-44→06V06→06S03 绿色指示灯点亮，表示全列车空调打开。

（3）启动控制板。当 06K01 得电动作后，60400 线→06K01 常开触点 23-34→A 车的"空调开"继电器 06K08 线圈得电，使空调控制板启动，从而启动 A 车空调系统。

同时，列车空调启动信号经"列车空调开"列车线 60301 送到 B 车和 C 车，并送到另一单元车组，其余车的"空调开"继电器得电，空调控制板启动。图 5-18 为 B 车"空调开"继电器 06K08 控制电路，全列车空调开启的信息则经 B 车 DX 模块 04 A17 送到列车控制系统中。C 车"空调开"控制电路与图 5-18 相同，但无 DX 模块输入电路。

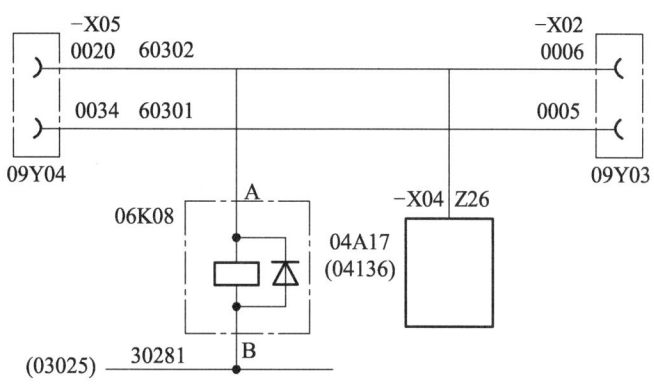

图 5-18 B 车"空调车"控制电路

3）关闭全列车空调

操作设备：学习驾驶员台上的"列车空调关"红色指示灯按钮 06S02。

操作目标：关闭全列车空调系统。仅 A 车空调打开时，也使用此按钮关闭。

电路分析：

（1）指令发出。在非紧急负载线（30271 线）有电情况下，按压"列车空调关闭"指示灯按钮 06S02，经 40400→"列车控制"继电器 02K05 常开触点 33-34→"列车空调关"红色指示灯按钮 06S02 常开接点 13-14→60302 线→"列车空调关"继电器 06K02 线圈，06K02 得电以后，断开 06K01 自持电路，使"列车空调开"列车线 60301 失电。

（2）全列车空调控制板关闭。A 车 06K01 失电，使图 5-18 中的 A 车"空调开"继电器 02K08 失电，60301 线失电，进而使 B 车、C 车（包括另一单元）的"空调开"继电器 02K08 失电，此外，通过"列车空调关"列车线 60302，另一单元 A 车 06K02 得电，导致其 06K01 和 06K08 失电，关闭列车空调控制板，从而使全列车的送风机、冷凝风机和空调压缩机接触器全部失电，空调机组关闭，温度和空调控制关闭。

（3）"列车空调关闭"指示灯。

06K01 失电后，其常闭联锁恢复，经 60400→06K01 常闭触点 61-62→二极管 06V03→06S02 红色指示灯点亮，指示列车空调已经关闭。

 **思考题**

1. 典型车辆空调装置通常都由哪几部分组成？
2. 车辆空调系统一般具有哪些特点？
3. 制冷的方式大致有哪几种？
4. 城轨车辆空调机组内的主要部件有哪些？
5. 目前，城轨车辆空调选用的制冷压缩机主要有哪两种类型？

6. 城轨车辆空调的风门装置主要有哪两种类型？
7. 通风系统有哪两种方式？
8. 城轨车辆空调机组的运行模式一般包括哪些？
9. 通风机组主要由哪些部件组成？
10. 机械强迫通风系统主要有哪两种类型？
11. 开启空调时，A 车空调能正常打开，其余各车空调不能自动打开，可能的原因有哪些？
12. 在全列车空调开启的情况下，如何关闭其余车的空调系统，保留 A 车的空调系统打开？

第六章 城市轨道交通车辆辅助供电系统

辅助供电系统是城市轨道交通车辆上必不可少的部分，辅助供电系统的主要任务是为车辆中/低压电源、客室照明、空调、通风机、空气压缩机，以及其他低压用电设备提供不同的电压。

传统的城市轨道交通车辆上，辅助电源通常采用旋转式电动发电机的供电方案。电动机从受电装置获取直流电源，发电机输出三相交流电压向负载供电，对于 DC 110 V 和 DC 24 V 的用电设备，仍需通过三相变压器和整流装置变换后向其提供电源。这种供电方式机组设备体积大、输出容量小、效率低，而且电源易受直流发电机组工况变化的影响，输出电压波动大，可靠性差。

近年来，我国上海、广州和北京等城市的城市轨道交通车辆上，辅助电源均采用了静止式辅助逆变电源。静止式辅助逆变电源直接从城市轨道交通车辆受流装置受电，经过 DC/DC 斩波变换后向三相逆变器提供稳定的输入电压。对于多路输出电源，电路还采用变压器隔离形式。这种辅助逆变电源的优点是输出电压的品质因数高、电源使用效率高、工作性能安全可靠。

第一节 城市轨道交通车辆辅助供电系统及供电电路

一、辅助供电系统电路的基本类型

辅助供电系统（辅助电源系统/辅助电源）是为除牵引系统之外的所有车载用电设备供电的一套系统。随着电力电子器件的发展，城市轨道交通车辆静止式逆变电源的辅助供电系统也经历了不同时期的发展过程。IGBT 器件的迅速发展，使得 20 世纪 90 年代中后期欧洲与日本等国的城轨车辆辅助供电系统的逆变器大都由 IGBT 构成。

（一）辅助供电系统的构成方案

（1）斩波器稳压再逆变，变压器降压隔离。
（2）三点式逆变器逆变，变压器降压隔离。
（3）电容分压双重逆变，隔离变压器构成 12 脉冲。

（4）二点式逆变器逆变，滤波器与变压器降压隔离。

（5）直-直变换，高频变压器隔离再逆变。

这些方案各具特点，都能满足城市轨道交通车辆的技术要求。

（二）DC 110 V 控制电源构成方案

目前城市轨道交通车辆辅助供电系统中，获得 DC 110 V 控制电源主要有两种不同的途径。

（1）通过静止逆变器、50 Hz 隔离降压变压器降压再整流滤波来实现。

（2）通过直-直变换器直接接入电网，经高频变压器隔离，再整流滤波得到 DC 110 V 控制电源。

通过两者比较，后者是独立的，与静止逆变器无关，也就不受逆变器的影响，这在供电功能方面有一定的好处，但是因为需要独立的直流电源，增加了辅助系统的成本。

（三）辅助供电系统的供电方式

1．分散供电

地铁车辆大都采用 2M1T（3 节车辆）构成一个单元，由两个单元（所谓 6 节编组）构成一列车。每节车辆均配备一台静止逆变器，每个单元共用一台 DC 110 V 控制电源。每节车辆的辅助逆变器的容量为 75～80 kV·A，DC 110 V 控制电源（兼作蓄电池充电器）的功率约为 25 kW。也有如法国阿尔斯通公司生产的地铁车辆，改为一个单元中配置两台静止逆变器，每台容量为 120 V·A，且每台含 DC 110 V 控制电源，功率为 12 kW。像这样每单元配备多个静止逆变器的供电方式称为分散供电方式。

2．集中供电

国外有的城轨列车为 6 节编组，每单元只配一台静止逆变器，容量约为 250 kV·A，一台 DC 110 V 控制电源约为 25 kW，即所谓的"集中供电"。

轻轨车辆大都采用 1M1T（2 节车辆）构成一个单元，由两个单元（即 4 节编组）构成一列车，每单元只配置一台静止辅助逆变器，容量约为 140 kV·A。

分散供电和集中供电这两种供电方式各有优缺点。分散供电冗余度大，均衡轴重好配置，但造价要高些，且总重也会高些。而集中供电冗余度小，每轴配重难以一致，但相对而言，总重会轻些，成本低一些。因此从冗余度与轴重均衡出发，分散供电方式在地铁车辆中较为常见。

（四）变压器隔离方案

为了人身及设备安全，低压系统及控制电源必须实现与高压系统电气电位上的隔离，最佳和最实用的隔离方式就是采用变压器隔离。一般常用的有 50 Hz 变压器隔离和高频空压器隔离两种方式。其中，50 Hz 变压器的体积与质量较大；高频变压器的体积与质量较小，但必须采用性能好的高顿磁心（铁芯），目前大都采用进口的铁氧体磁心或铁基微晶合金的磁心（铁芯）。

对于 DC 110 V 控制电源，容量不大，约 25 kW，一般将 AC 380 V 通过整流器整流输出 DC 110 V 电源。目前也有采用直-直变换及高频变压器隔离方式。

二、辅助供电系统电路的形式与选用原则

（一）城市轨道交通车辆中常见辅助逆变器的电路形式

1．形式一

电路结构如图 6-1 所示。输入直流电源经过 LC 线路滤波器 1，抑制直流输入回路的谐波。由升/降压斩波器 2 将直流调节到逆变器要求，经滤波器 3 送给逆变器 4，目的是使得逆变器有一个稳定的输入电源。逆变器的三相 50 Hz 交流电经过三相交流 LC 滤波器 5 滤波、三相交流隔离变压器 6 将滤波后的电压变为 380 V 电压，同时还起到将负载回路和电源回路相互隔离的作用。变压器有两路输出：一路提供三相带中点的 50 Hz、AC 380 V 电源 8；另一路经过整流滤波（7 和 9）输出 DC 110 V 电压。

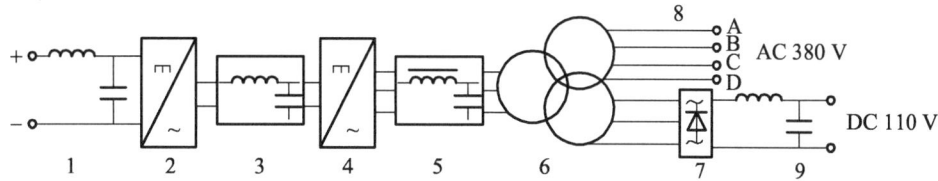

1—LC 线路滤波器；2—升/降压斩波器；3—滤波器；4—逆变器；
5—LC 滤波器；6—隔离变压器；7—二极管整流桥；
8—带中点的 AC 380 V 电源；9—输出滤波器。

图 6-1　辅助逆变器电路形式一

2．形式二

电路结构如图 6-2 所示。直流输入经线路滤波器 1→压斩波器 2→滤波器 3→逆变器 4→交流滤波器 5→隔离变压器 6→输出带中点的 AC 380 V 电源 7。

直流输出分两路：

（1）从 AC 380 V 输出→降压变压器 8→二极管整流滤波 9→输出 DC 110 V。

（2）以 AC 380 V 输出→降压变压器 10→二极管整流滤波 11→输出 DC 24 V。

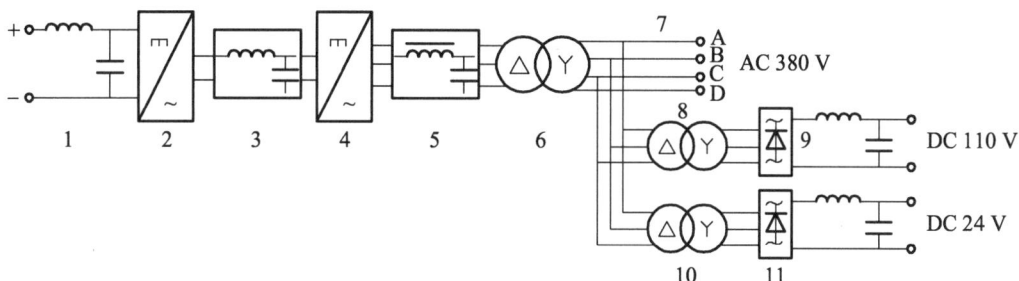

1—LC 线路滤波器；2—降压斩波器；3—滤波器；4—逆变器；5—交流滤波器；
6—隔离变压器；7—带中点的 AC 380 V 电源；8、10—降压变压器；
9、11—二极管整流滤波。

图 6-2　辅助逆变器电路形式二

3．形式三

电路结构如图 6-3 所示。直流输入经线路滤波器 1→逆变器 2 直接逆变→交流滤波器 3→

隔离变压器 4 输出。隔离变压器二次绕组分两组输出：一组绕组输出带中点的 AC 380 V 交流电 5；另一组输出经二极管整流 6→滤波电路 7 后输出 DC 110 V。

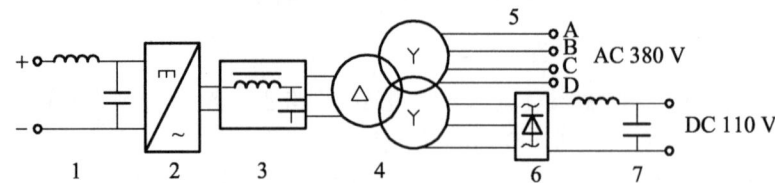

1—线路滤波器；2—逆变器；3—交流滤波器；4—隔离变压器；5—带中点 AC 380 V 电源；
6—二极管整流；7—滤波电路

图 6-3　辅助逆变器电路形式三

4．形式四

电路结构如图 6-4 所示。直流输入经线路滤波器 1→逆变器 2→交流滤波器 3→隔离变压器 4。隔离变压器二次侧一组输出带中点的 AC 380 V 电源 5；另一组输出经降压变压器 6→相控整流桥 7→输出滤波器 8 滤波后输出 DC 110 V。

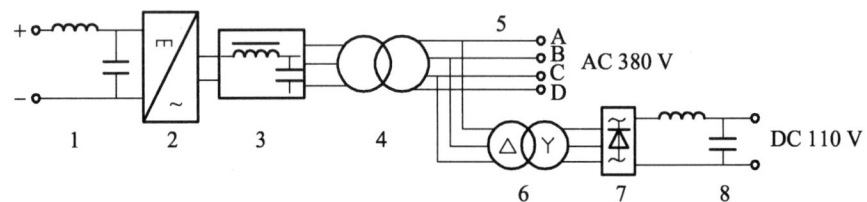

1—线路滤波器；2—逆变器；3—交流滤波器；4—隔离变压器；5—带中点的 AC 380 V 电源；
6—降压变压器；7—相控整流桥；8—输出滤波器。

图 6-4　辅助逆变器电路形式四

5．形式五

电路结构如图 6-5 所示。直流输入电源经线路滤波器 1→两台串联的逆变器 2→分别经过两台独立的交流滤波器 3→隔离变压器 4 输出交直流电源。隔离变压器有两个独立的一次绕组，一个二次绕组。两个一次绕组输入产生的磁通在铁芯内叠加，二次侧感应得到输出电压，一方面输出带中点的 AC 380 V 电源 5；另一方面经降压变压器 6→相控整流桥 7→滤波器 8→输出直流电压 DC 110 V。

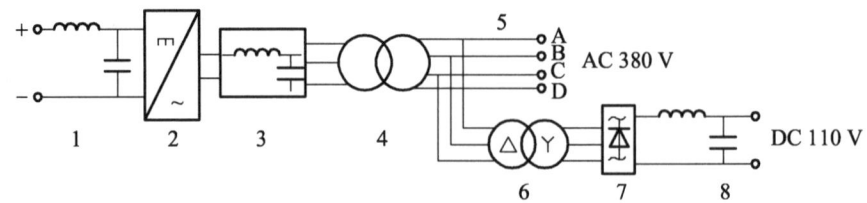

1—线路滤波器；2—逆变器；3—交流滤波器；4—隔离变压器；5—带中点的 AC 380 V 电源；
6—降压变压器；7—相控整流桥；8—输出滤波器。

图 6-5　辅助逆变器电路形式五

6．形式六

电路结构如图 6-6 所示。直流输入经线路滤波器 1 电容分压→两台串联的逆变器 2→阻式降压隔离变压器 3 双重逆变输出，经过滤波 4 输出带中点的 AC 380 V 电源 4。

这种形式没有从 AC 380 V 直接变换为 DC 110 V 输出，另外设有一个由电网直接供电的 DC/DC 变流器，输出 DC 110 V。广州地铁 1 号线辅助供电系统采用的就是此种方案。

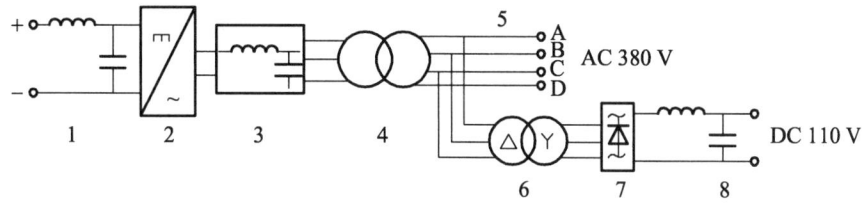

1—线路滤波器；2—逆变器；3—交流滤波器；4—隔离变压器；5—带中点的 AC 380 V 电源；
6—降压变压器；7—相控整流桥；8—输出滤波器。

图 6-6　辅助逆变器电路形式六

7．形式七

电路结构如图 6-7 所示。直流输入电源经线路滤波器 1→两台串联的逆变器 2→变压器 3 输出。逆变器输出分别输入多绕组变压器的两个一次侧，两个一次绕组在铁芯中产生的磁通叠加，在二次绕组感应出电压，输出 AC 380 V 三相绕组 4、AC 220 V 单相绕组 5 和 DC 110 V 三相绕组 6。

形式七与形式六的不同之处在于，形式六是将两个变压器二次侧输出叠加，是电路的叠加，而形式七是磁路的叠加。

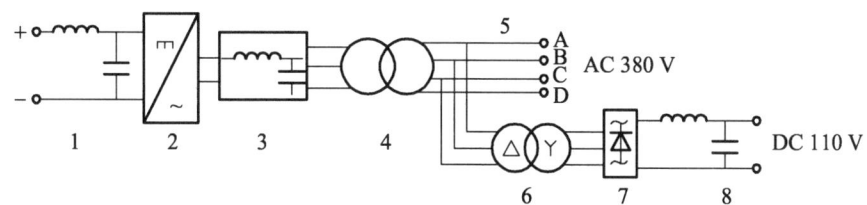

1—线路滤波器；2—逆变器；3—交流滤波器；4—隔离变压器；5—带中点的 AC 380 V 电源；
6—降压变压器；7—相控整流桥；8—输出滤波器。

图 6-7　辅助逆变器电路形式七

两种电路中，逆变器的输出电压都有一个相位差，这样叠加后输出侧电压波形的低次谐波较小，对滤波器要求较低。

8．形式八

电路结构如图 6-8 所示。由电网直接供电→电容线路滤波器 1 分压→两台串联的单相半桥高频逆变器 2→分别输入各自高频变压器 3→分别经各自的高频整流器 4→两台整流器分别输出并联后→滤波器 5 输出 DC 110 V。

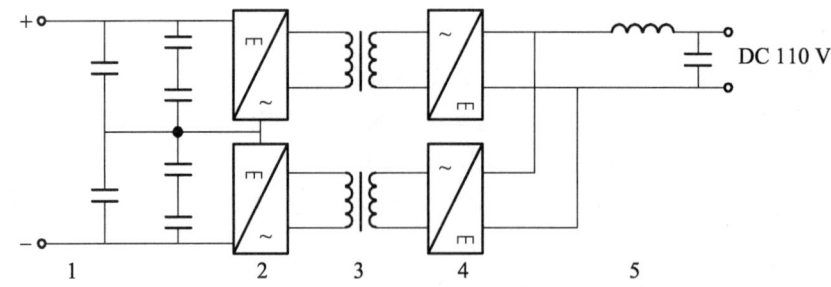

1—线路滤波器；2—单相半桥高频逆变器；3—高频变压器；4—高频整流器；5—滤波器。

图 6-8 辅助逆变器电路形式八

9．形式九

电路结构如图 6-9 所示。该形式是由 AC 380 V 供电的 AC/DC 系统（输出 DC 110 V）。由 AC 380 V 电源 1 供电→滤波器 2→相控整流桥 3→直流环节 4→单相高频逆变器 5→单相高频隔离变压器 6→高频整流器 7→滤波器 8→输出直流电压 DC 110 V。

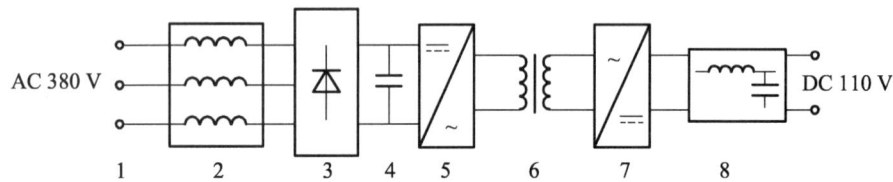

1—AC 380 V 电源；2—滤波器；3—相控整流桥；4—直流环节；5—单相高频逆变器；
6—隔离变压器；7—高频整流器；8—滤波器。

图 6-9 辅助逆变器电路形式九

采用高频逆变技术可以大大缩小隔离变压器的体积，但对变压器的设计、制造技术要求较高。

（二）辅助供电系统的电路形式和设备的选择

1．变流器系统的选择

变流器系统有两种形式，一种是直接逆变，另一种是先斩波（升/降压斩波或降压斩波）后逆变。先升/降压斩波后逆变系统用于 DC 750 V 的系统，因其网压波动范围为 500～900 V，所以斩波器还有升压的功能。先降压斩波后逆变系统则用于网压为 DC 1 500 V 的系统。这两种形式的目的都是使逆变器的输入电压稳定，即使在负载变化时，也保证斩波器有稳定的输出电压。以 IGBT 为代表的开关器件的开关频率足以满足在网压波动范围内，用 PWM（脉宽）调制使逆变器的输出稳定且满负荷运行。考虑到多一个环节，多一个发生故障的可能，目前变流器系统一般均采用直接逆变方式。

2．逆变器的选择

逆变器有单台逆变器（形式一、二、三、四）和两台逆变器串联（形式五、六、七）两种形式。

1）单台逆变器。

对于网压 1 500 V、容量 200 kV·A 左右的辅助逆变器，一般均使用 3 300 V/400 A 的

IGBT 器件。这种结构简单、可靠，逆变器采用 PWM 调制控制，可使输出电压的谐波含量在限制值以内。而且随着 IGBT 性能的不断完善，将会进一步简化逆变器主电路、减少使用器件、提高电路可靠性、降低制造成本、简化调试工作等。因此，这是目前辅助系统逆变器普遍采用的形式。

2）两台逆变器串联

两台逆变器输出至隔离变压器，隔离变压器或通过电路叠加，或通过磁路叠加，然后滤波输出。这种多重逆变电路的优点是逆变器可以用低压的 IGBT 器件（如对于网压 1 500 V 系统，容量 200 kV·A 左右的逆变器用 1 700 V/400 A 器件即可）。另外，可以通过控制两台逆变器输出电压的相位差，使变压器输出电压的谐波减少、提高了基波含量，从而减小了滤波器的体积和质量。

但这种电路较为复杂，尤其是组式变压器，用电路叠加的变压器称为 DY-DZ 变压器，其二次绕组较为复杂。用磁路叠加的变压器，其磁路设计较为复杂。鉴于现在 IGBT 的耐电压水平已足够高，因此目前的产品已基本不再采用这种方式。

3．低压电源的选择

低压电源包括 DC/DC 变流器和蓄电池，DC/DC 交流器在列车运行时作为 DC 110 V 的电源，同时给蓄电池浮充电。列车上有两台 DC/DC 交流器，工作冗余，若一台出现故障，另一台能满足全列车所有 DC 110 V 负载使用。只有在应急情况下，才由蓄电池提供 DC 110 V 电源。

（1）目前 DC 110 V 电源多由辅助逆变器供电，有的是从隔离变压器的一组二次侧经整流、滤波后输出（形式一、三、七），有的是由辅助逆变器从 380 V 电源经变压器降压、整流、滤波后输出（形式二、四、五）。前者隔离变压器稍复杂些，后者需增加一个变压器，各有利弊。

（2）整流器有二极管三相整流桥和晶闸管三相可控整流桥两种，前者进行恒压充电，但充电电流不可控；后者可以调节、限制充电电流，实际应用多以后者为主。

（3）形式九所示为由 AC 380 V 供电的变流器。从电网侧看，它实际上是 DC-AC-DC-AC-DC 变流器，但它的第二次 DC/AC 变换是用高频逆变，变压器为特殊的高频变压器（铁芯用铁氧等材料），整流器用高频管（用快速恢复整流二极管），技术要求比较高。

（4）形式八是直接由 DC 1 500 V 供电的、独立的 DC/DC 变换器。它经过两个串联的逆变器。这是一种半桥单相逆变器，即逆变器的一个桥臂用 IGBT，而另一个桥臂用高频电容代替。因此它的输出隔离变压器也是高频变压器，其整流器也由快速恢复二极管构成。

第二节　城市轨道交通车辆辅助供电系统电路分析

一、车辆辅助供电系统的组成

城市轨道交通车辆辅助供电系统包括辅助逆变器（DC/AC 变流器，简称为 SIV）和低压电源（DC/DC 变流器和蓄电池）两大部分。辅助逆变器给车辆上的交流负载如空调机、压缩机、通风机等提供 AC 380 V 及 AC 220 V 电源。低压电源包括 DC 110 V 和 DC 24 V，为车辆控制系统及应急负载供电。除我国早期引进的列车每节车均设有辅助逆变器外，现在的列车都采用集中供电的方式。

列车辅助逆变器根据负载的运行实际，采用恒压恒频输出，其技术性能要求与 VVVF 主逆变器有所不同，而且对 DC/DC 变流器的性能也有特殊要求。如供电电压波动范围为 −33.3% ~ +20%，要求 SIV 在此电压范围内输出全功率，且输出电压脉动在规定范围内。

列车辅助逆变器的负载大部分是泵类（三相异步电动机驱动），不需要调速，直接启动，启动冲击电流大。例如，空调机及其压缩机是辅助逆变器的最大负载，其他还有风源系统的空气压缩机等。因此，对辅助逆变器负载的启动有很多限制要求：如启动功率限制，每次启动的负荷不能超过额定功率的限值（例如 40%），要求顺序启动以避免启动冲击电流叠加；此外，要求由于负载突变而造成输出电压的波动在限制值之内（一般为 ±15% ~ ±20%），并且在规定时间内（一般为 100 ~ 300 ms）输出电压恢复至正常值。因此，在辅助逆变器的型式试验中要经受负载突变、网压突变、重复启动、过载能力等种种考验。辅助逆变器的短时过载能力以能达到其额定容量的倍数及时间来表示，不同公司的产品过载能力相差较大，这主要取决于逆变器所用的功率半导体器件（IGBT）的电流冗余。

低压电源包括 DC/DC 变流器和蓄电池。DC/DC 变流器输出 DC 110 V 和 DC 24 V 电压。正常情况下列车运行时，车上所有的 DC 110 V 负载全由 DC/DC 变流器供电，蓄电池处于浮充电状态。一台变流器供一个列车单元的负载，如果有一台变流器发生故障，则另一台变流器要给全列车的负载供电，因此 DC/DC 变流器的容量在设计时要考虑有足够的冗余。只有当主供电系统发生故障（如电网供电中断）时，蓄电池才向紧急负载供电。紧急负载是指紧急照明、紧急通风设备，其中最大的负载是紧急通风设备。紧急时的通风量是正常情况空调通风量的一半，但要求持续工作时间较长，一般规定在隧道中运行的车辆要保证供电 45 min，在地面或高架运行的车辆要保证供电 30 min，蓄电池容量就是根据这一要求确定的。有的系统配置一台应急通风用逆变器（根据风量正比于通风机电源频率，通风机取用功率正比于电源频率的三次方。紧急风量比正常工作时减半，则通风机取用功率仅为正常工作时的 1/8），只是应急通风用逆变器的容量并不大。

二、辅助供电系统供电电路的应用

（一）辅助电路在城市轨道交通车辆中的应用分析

1. 从逆变器电路原理应用分析

先经升/降压稳压后逆变的原理电路框图如图 6-10 所示。我国上海地铁 1、2、4 号线车辆逆变器就是采用这种方式。图中，CH0 为升/降压器，一般有斩波降压（上海地铁 1 号线，见图 6-10）和逆变降压（上海地铁 2、4 号线，见图 6-11）两种方式，其作用一方面是稳定逆变器输入电压，另一方面是对逆变器进行保护。INV 为逆变器，它的输出经电感电容滤波网络 FIL 滤波后输入隔离变压器 T_0，隔离变压器为 △-Y 联结，输出三相四线电压 AC 380 V，50 Hz。另有两个变压器 T_1、T_2，由 AC 380 V 供电，分别经降压、整流和滤波后输出 DC 110 V 和 DC 24 V。

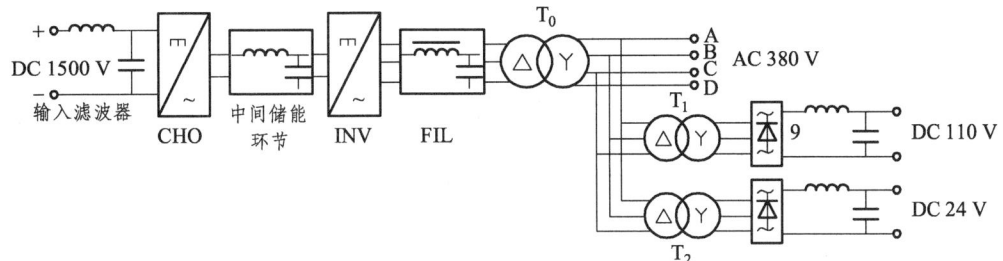

图 6-10　先经升/降压稳压后逆变的原理电路框图

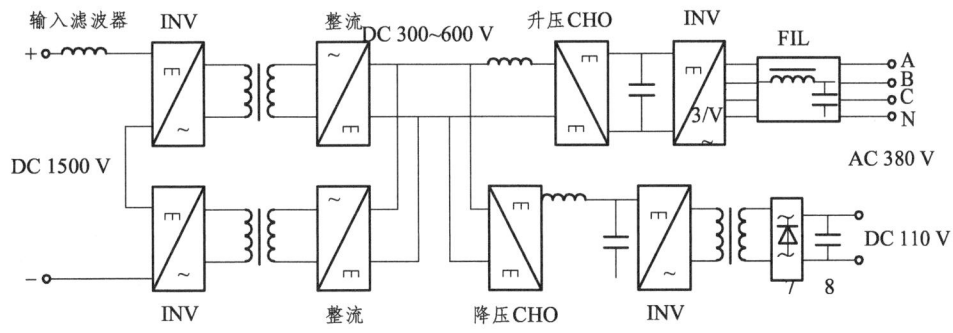

图 6-11　上海地铁 1、2、4 号线辅助逆变原理电路框图

　　INV 逆变器采用 PWM 调制。它的开关频率要兼顾两方面：频率过高则开关损耗较大，而影响逆变器的效率，还会由于正、负组换相所需的"死区"影响占空比，影响逆变器输出波形的谐波含量；若频率过低也会使输出电压波形谐波含量较大。一般采用 SPWM 调制，将开关频率控制在 2.5 kHz 左右。

　　目前随着元器件水平与控制技术的提高，已经很少采用升/降压环节。即使对于 DC 750 V 的供电系统来说，它的网压波动范围 -3.5%～+20% 与 DC 1 500 V 供电系统一致，所以对于 DC 1 500 V 系统能做到的，对于 DC 750 V 系统同样能做到。

　　直接逆变是城市轨道交通车辆辅助逆变电源最简单的电路结构形式，原理如图 6-12 所示。我国上海地铁 3 号线和轻轨车辆，广州地铁 1、2、3 号线车辆，武汉轻轨和天津轻轨滨海线等车辆的逆变器均采用这种方式。开关器件采用大功率 GTO、IGBT 或 IPM。辅助逆变电源采用直接从受电弓或第三轨受流的方式，逆变器按 U/f 等于常数的控制方式，输出的三相脉宽调制电压采用变压器隔离向负载供电。这种电路的特点是电路结构简单，器件使用数量少，控制方便，但缺点是逆变器电源输出电压容易受电网输入电压波动的影响，功率电子器件（如 IGBT）换相时承受的过电压较大，特别是在高电压情况下（DC 1 500 V 供电系统再生制动时，网压可达 2 000 V）更为突出。

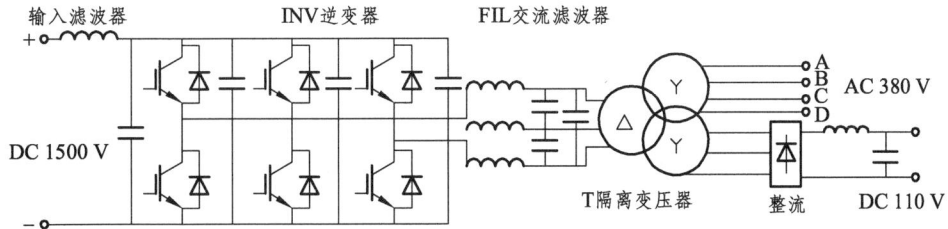

图 6-12　直接逆变电路结构框图

2．从逆变器的电路构造应用分析

从城市轨道交通车辆辅助逆变器的电路构造分类，辅助逆变器的结构形式如图 6-13 所示。目前我国广州地铁 1 号线采用的是双逆变器型（见图 6-14），其他基本上采用单逆变器型。

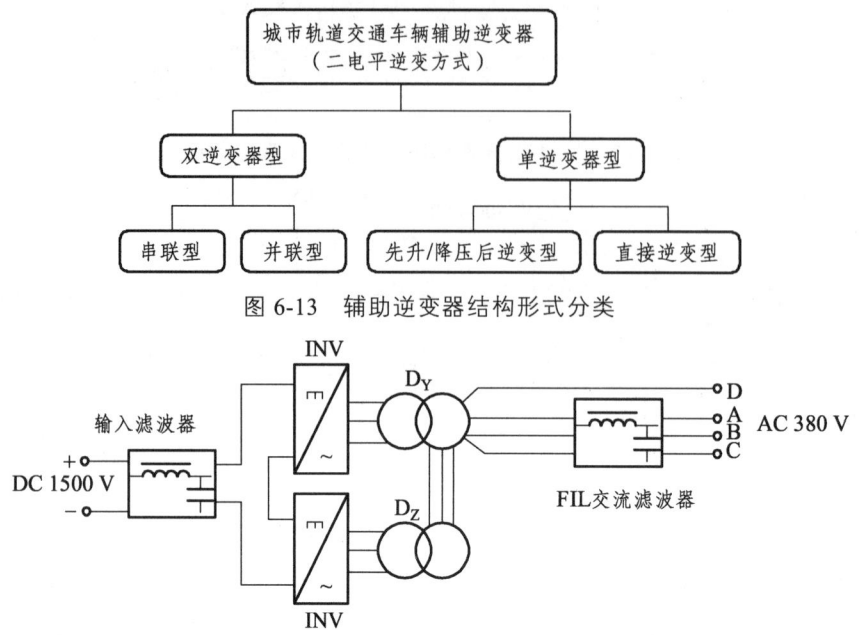

图 6-13　辅助逆变器结构形式分类

图 6-14　广州地铁 1 号线双逆变器结构框图

1）对双逆变器的评价分析

优点：

（1）开关频率低，仅为 150 Hz。因此，开关损耗小，逆变器效率高。

（2）输出电压为 12 阶梯波，电压的最低次谐波为 11 次。因此，对输出滤波器要求低。

缺点：

（1）电路复杂，使用元器件多。

（2）两台逆变器串联，动态均压要求高，故障率高。

（3）每台逆变器输出电压为 6 阶梯波，因而不论是 D_Y、D_Z 变压器或是 T 变压器，它们的一次绕组输入电压的谐波含量高，变压器中的谐波损耗大。

（4）变压器结构复杂，对于电路叠加型的 DZ 变压器，它的二次绕组为曲折连接，对于磁路叠加型的变压器，两个一次绕组由不同相位的电压分别输入，需作特殊设计。

2）对单逆变器型的评价分析

优点：

（1）电路简单，使用器件少，可靠性高。

（2）PWM 调制，输出电压的谐波含量小，而且可以设计优化的 PWM 调制，使谐波含量达到要求。

（3）逆变器电压输出先经交流滤波网络滤波后输入隔离变压器。因此，输入变压器电压的谐波含量低，变压器中谐波损耗小。

（4）变压器结构简单，不需特殊设计。

缺点：

（1）开关频率较高，相对于双逆变器型方案。开关损耗较大，逆变器效率较低。

（2）功率器件（如 IGBT）换相时承受的过电压（du/dt）较大，特别是在高电压情况下（DC 1 500 V 供电系统再生制动时，网压可达 2 000 V）更为严重。

目前城市轨道交通车辆的辅助逆变器多数采用单逆变器型。

3．DC/DC 变流器形式比较

城市轨道交通车辆 DC/DC 变流器有两种形式：直接变换型和间接变换型。直接变换工作可靠性高，且与辅助逆变器无关，采用半桥高频逆变降压后整流输出（一般为 DC 110 V 和 DC 24 V），广州地铁 1、2 号线车辆采用直接变换形式。间接变换为由辅助逆变器供电经降压、整流的形式，广州地铁 3 号线，上海地铁 1、2、3、4 号线，上海轻轨、武汉轻轨和天津滨海线的车辆采用间接变换形式。

（二）城市轨道交通车辆辅助电路实例分析

以我国武汉城轨车辆辅助供电系统为例，对其供电电路进行分析。

1．系统概述

武汉轻轨车辆采用 DC 750 V 供电制式、第三轨受流。辅助供电系统采用东芝公司以 IGBT 逆变器为核心的成熟产品，安装于拖车上，用于将 DC 750 V 逆变为 PWM 波形的三相 AC 380 V 电源，供给列车上的空气压缩机、空调、照明、电热器等设备，同时将 AC 380 V 电源通过整流器整流输出 DC 110 V 和 DC 24 V，给列车控制设备供电，并对蓄电池进行浮充电。每列车配有两套辅助供电系统，交叉对列车供电，总输出功率为 140 kV·A。

2．辅助供电系统主要技术规格

辅助供电系统主要技术规格如表 6-1 所示。

表 6-1　辅助供电系统主要技术规格

额定输入电压/V	DC 750（DC 500～900）	效率（额定状态下）	94%
额定输出电压/V	AC 380～419（三相，50 Hz）	噪声级别	＜70dB（A）
额定输出功率/kV·A	140	冷却方法	自然风冷
额定输出畸变	＜5%	控制电压/V	DC 110（77～121）
额定输出频率/Hz	50±1	环境温度/℃	－18～＋42
负载变化	0～100%	应用标准	IEC1287
过载能力	150%，持续 10 s		

3．辅助供电系统构成

辅助供电系统主回路如图 6-15 所示。系统主要由逆变器单元（IGBT-STACK）、半导体断路器（CHS-STACK）、控制单元（CONTROL-PWB）、电磁接触器（CTT 和 DCHK）、滤波电抗器（IVL）、滤波电容器（FC）、隔离开关（SIVS）和主熔断器箱（SIVF，VDF）、交流滤波器和交流变压器、电流检测装置（DCCT，CTU，CTW）、电压检测装置（DCPT，PT）、避雷器（Arr）等设备组成。除隔离开关和主熔断器箱外，其他设备全部集成在辅助电源箱中。

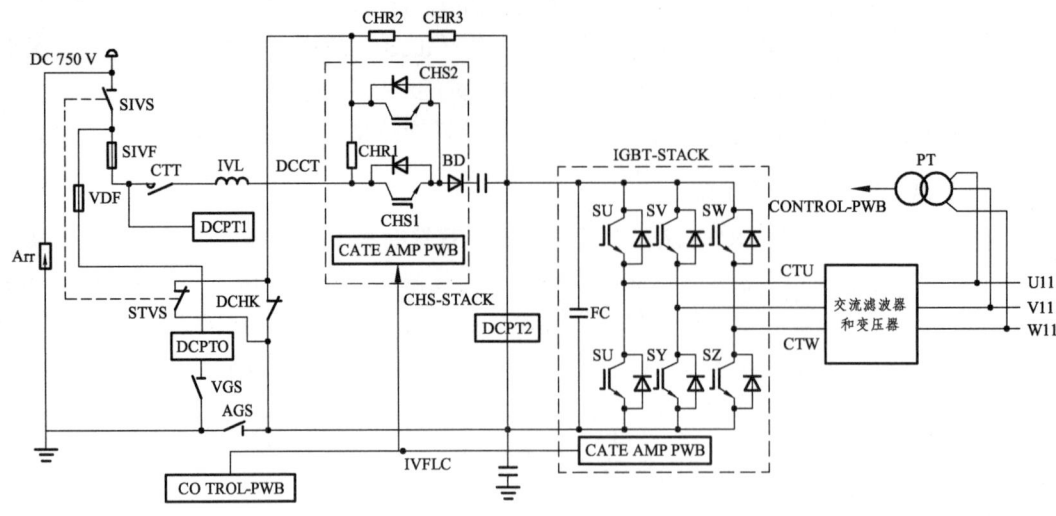

图 6-15 辅助供电系统主回路

（1）逆变器单元是辅助供电系统的核心，由 IGBT 功率模块、门极电路单元等组成。逆变器采用三相桥式逆变电路，180°导通型，输出三相交流方波。为了减少高次谐波，使方波更接近于正弦波形，输出电压保持在一个恒定水平，不随输入电压和负载的变化发生波动，单元采用 PWM 控制技术，将方波分为若干脉冲并控制脉冲的宽度。逆变器单元输出的三相电压为 310 V，50 Hz。

（2）CHS（CHS1）是向逆变器单元输送直流电源的 IGBT 模块，由 CHS、CHR1、门极电路以及逆向电流保护二极管（BD）合并成一个单元，型号规格为 1 700 V/1 200 A。如果逆变器设备出现过电流或其他不正常现象，CHS 立即切断电流。当 CHS（CHS1）切断直流电源时，CHS（CHS2）保护其免于过电压的损坏。

（3）控制单元用于逆变器保护、门极电路控制、故障显示和记录等，由 32 位 CPU 进行控制。

（4）电磁接触器 CTT 用于连接 750 V 直流电与逆变器单元，实现向逆变器单元供电，出现不正常情况时断开连接。DCHK 主要用于当逆变器单元停止工作时对滤波电容器放电。CTT 和 DCHK 分为切换主电路的接触器和用于操作检查信号（回复）的辅助接触器。

（5）滤波器。滤波电抗器 IVL 和滤波电容器 FC 组成 LC 滤波器，用于抑制直流输入回路谐波。交流滤波器为三相交流 LC 滤波电路，对逆变器单元输出的三相 310 V 电压滤波；交流变压器为三相交流变压器（△-Y 联结），用于将滤波后的 310 V 电压升压为 380 V 电压，同时还起到隔离负载回路和电源回路的作用。

4．辅助电源故障保护功能

辅助供电系统具有过电流、过电压、过载、过热等完备的自诊断和故障保护功能，以保证系统的可靠性，主要保护功能如表 6-2 所示。

表 6-2 辅助电源保护功能表

故障现象	检测仪	保护动作			备注
		GATE off	CHS off	CTT off	
输入过电流	DCCT	○	○	○	10 s 自动复位，在 2 min 内保护作用 2 次则锁闭，在启动时保护起作用立即锁闭
输入滤波电容器过电压	DCPT2	○	○	○	10 s 自动复位，在 2 min 内保护作用 3 次则锁闭
滤波电容器低电压	DCPT2	○	○	○	10 s 自动复位，在 2 min 内保护作用 2 次则锁闭
CHS 不能打开	DCPT1 DCPT2	○	○	○	10 s 自动复位，在 2 min 内保护作用 2 次则锁闭
CHS 短路*	DCCT	○	○	○	10 s 自动复位，在 2 min 内保护作用 2 次则锁闭
IGBT 输出过电流	CTU CTW	○	○	○	10 s 自动复位，在 2 min 内保护作用 2 次则锁闭
过载	CTU CTW	○	○	○	在 2 min 内保护作用 2 次则锁闭
输出过电压	PT	○	○	○	10 s 自动复位，在 2 min 内保护作用 2 次则锁闭
输出欠电压	控制板	○	○	○	10 s 自动复位，在 2 min 内保护作用 2 次则锁闭
过热	温度传感器	○	○	○	2 s 自动复位，在 1 h 内保护作用 3 次则锁闭

注："○"表示动作；"—"表示不动作；"★"表示在起动时输入过电流。

三、城市轨道交通车辆 AC400V 和 DC110V 供电分配

（一）城市轨道交通车辆辅助供电方式

城市轨道交通车辆辅助供电有分散供电和集中供电两种供电方式。集中供电和分散供电根据一个单元配置静止辅助逆变器的数量进行区分。在 2M1T（3 节车辆）构成单元的地铁车辆（整列车由两个单元，即 6 节编组构成）中，若每节车辆均配备一台静止辅助逆变器，则每单元共用一台 DC 110 V 控制电源，这种供电方式为分散供电。若每单元只配一台静止辅助逆变器，一台 DC 110 V 控制电源，则这种供电方式为集中供电。轻轨车辆大都采用 1M1T（2 节车辆）构成单元，由两个单元构成一列车（所谓 4 节编组），每单元配备一台静止辅助逆变器的集中供电方式。

我国早期引进的地铁车辆辅助供电多采用分散供电方式，如上海地铁 1、2 号线车辆（见图 6-16）、广州 1 号线车辆（见图 6-17）。

图 6-16 中，每节车配置 1 台 "SIV" 辅助逆变器，A 车的 SIV 提供三节车辆共用的 "DC" 直流设备用电和每节车的 "AC" 其他交流设备用电；B 车的 SIV 提供三节车辆每节的 "AC1" 空调、空气压缩机和风机交流负载用电；C 车的 SIV 提供三节车辆每节的 "AC2" 空调、空气压缩机和风机交流负载用电。

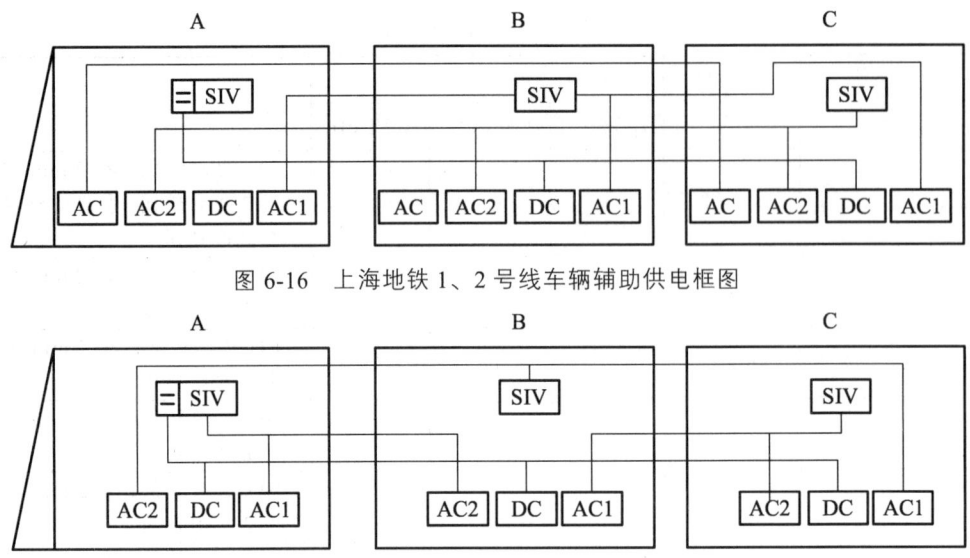

图 6-16　上海地铁 1、2 号线车辆辅助供电框图

图 6-17　广州地铁 1 号线车辆辅助供电框图

图 6-17 中,"SIV"为辅助逆变器。A 车的"SIV"提供共用的"DC"直流设备——DC/DC 变流器用电,DC/DC 变流器采用半桥高频逆变降压后整流输出。"AC1"和"AC2"为每节车的空调、空气压缩机和风机交流负载。在每单元车中,A 车电气柜内的 220 V 交流插座的电源由 B 车的 DC/AC 提供,B 车电气柜内的 220 V 交流插座的电源由 A 车的 DC/AC 提供,C 车电气柜内的 220 V 交流插座的电源由自身的 DC/AC 提供。

我国上海地铁 2 号线后引进的车辆中,其辅助供电多采用集中供电方式,即每个单元由一台辅助逆变器供电。图 6-18 所示为广州地铁 2 号线车辆辅助供电方式,辅助逆变器配置在 C 车与主逆变器一起,DC/DC 设备配置在 A 车上,采用直接变换方式。图 6-19 所示为上海地铁 4 号线车辆辅助供电方式,辅助逆变器在 A 车上,DC/DC 采用间接变换方式与辅助逆变器在一起。

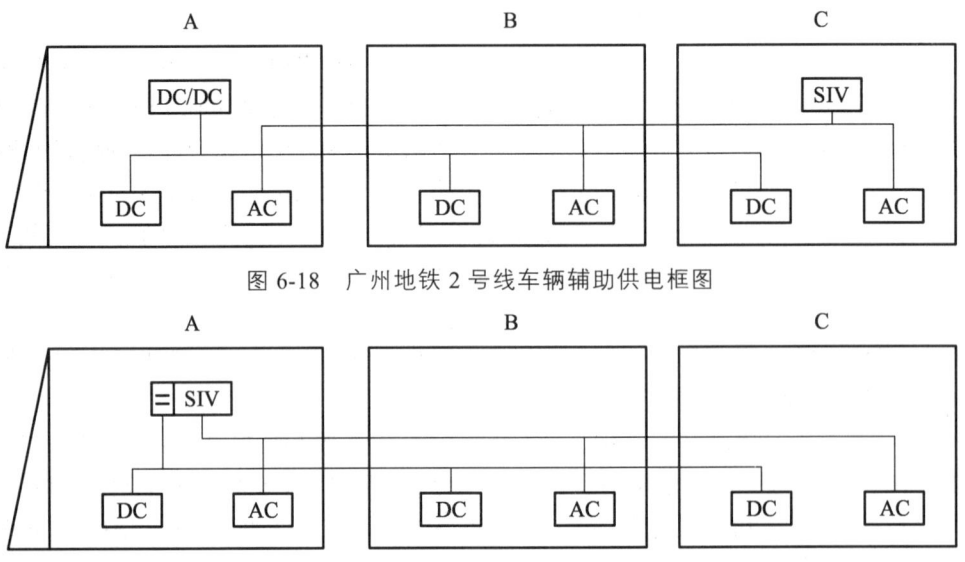

图 6-18　广州地铁 2 号线车辆辅助供电框图

图 6-19　上海地铁 4 号线车辆辅助供电框图

广州地铁3号线车辆采用两动一拖组成一列车,A车为带驾驶室的动车,B车为拖车,两台辅助逆变器(在一个箱体中)配置在B车上,DC/DC设备作为辅助逆变器的组件共两个,同时为3节编组列车内的直流负载供电,并对蓄电池充电。图6-20所示为广州地铁3号线车辆的辅助供电方式。正常运行时,两个辅助逆变器系统相互独立工作,一个辅助逆变器的三相交流输出可以为一节A车和半节B车供电。当一个辅助逆变器出现故障时,通过断开相应输出接触器,将故障辅助逆变器与三相配电回路隔离,10 s后耦合接触器闭合,先前被隔离的三相回路将被组合到一个系统中,由另一个有效辅助逆变器供电。此时需降载使用,即每节车关闭一个空调单元,关闭故障辅助逆变器供电的空气压缩机。

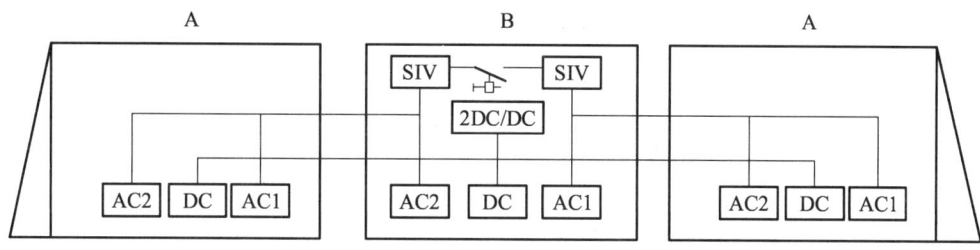

图6-20 广州地铁3号线车辆辅助供电框图

(二)城市轨道交通车辆负载分配实例

我国早期进口的西门子公司生产的地铁车辆中,整个辅助电路由逆变器、蓄电池及相应的部件组成。在A、B、C三种车型中都有辅助供电电路,其工作状态正常与否直接影响整列车的功能,特别是当数辆车发生辅助供电电路故障时,会导致整个运行线路的中断,因此学习和掌握电动列车辅助供电电路对保障高效、可靠、安全的运行体系是极其必要的。考虑到逆变器系统在辅助供电电路中的重要性和复杂性,对逆变器系统有必要作详细的了解。

以上海地铁1号线车辆(直流传动)为例,辅助供电系统回路如图6-21和图6-22所示。

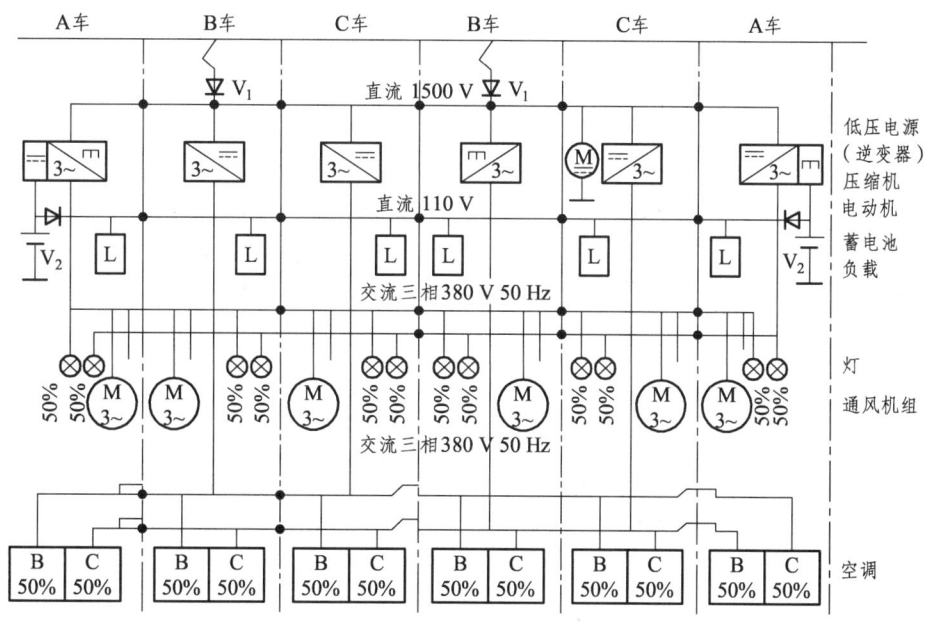

图6-21 辅助供电系统原理图(6节车编组)

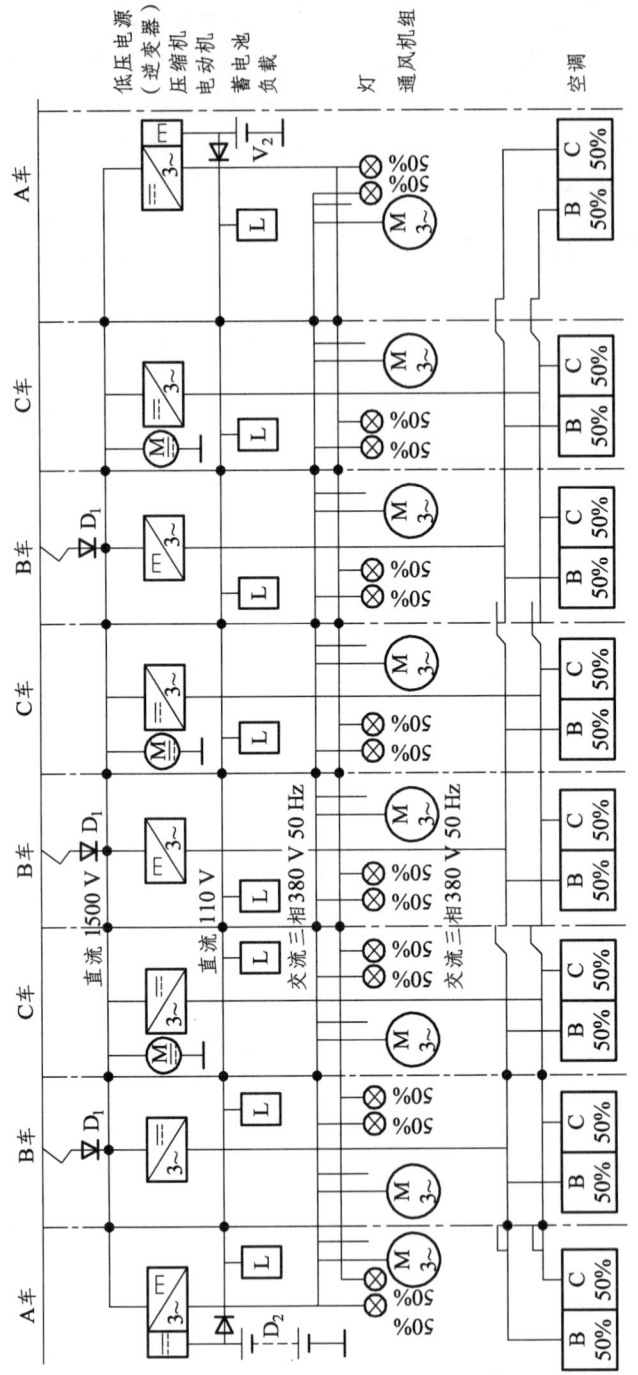

图 6-22 辅助供电系统原理图（8 辆车编组）

DC 1 500 V 接触网电流经受电弓、列车导线和隔离二极管向每节车的静止逆变器馈电。静止逆变器按车辆类型分为 A 车（拖车）——14.3 型，B 车、C 车（动车）——14.4 型。14.3 型逆变器输出为 DC 110 V 和三相 AC 380 V、50 Hz。DC 110 V 向 A 车上的蓄电池充电，并提供列车 DC 110 V 控制用电。三相 AC 380 V、50 Hz 向列车提供照明及通风，每个 A 车逆变器负担 50% 的列车照明和通风。14.4 型逆变器仅输出三相 AC 380 V、50 Hz，它们向列车提供空调机组电源。B 车和 C 车上的逆变器分别向全列车一半的空调机组供电。

四、城市轨道交通车辆照明与电气设备通风

（一）城市轨道交通车辆照明

1．内部照明

内部照明包括客室照明、驾驶室照明和车内设备柜照明。

客室照明由列车的 A 车逆变器交流输出供电，每节 A 车逆变器负担列车的 50% 客室照明。当一台 A 车逆变器出现故障时，另一台 A 车逆变器仍可保证客室有一半照明。两条照明主线路的荧光灯在客室顶上交叉排列，保证即使某条主线路故障，照明仍能均匀分布。客室照明正常工作时座位席上水平面的照度达到 300 lx。荧光灯电源为 AC 220 V。驾驶室驾驶台上的复位旋转开关"客室照明"控制客室的全部照明灯具的开/关（包括紧急照明），如图 6-23 所示为地铁车辆一个单元车辆的内部照明布置。

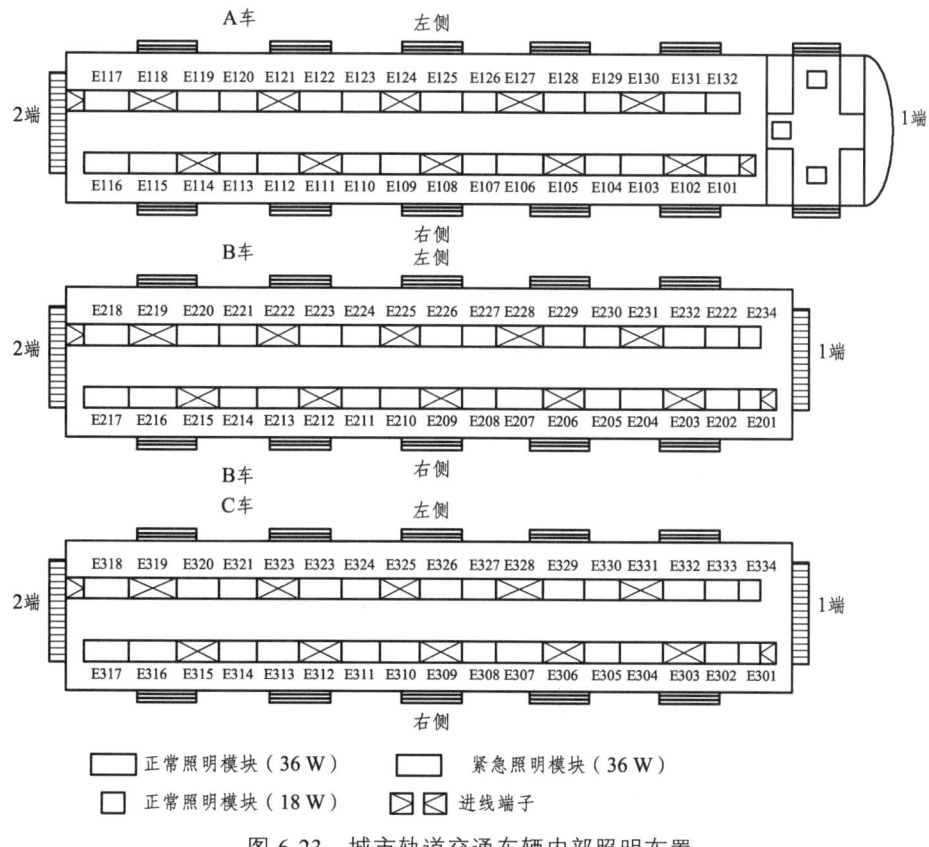

图 6-23 城市轨道交通车辆内部照明布置

驾驶室照明采用DC 110 V电源，3个驾驶室顶棚灯安装在驾驶室的顶棚上，驾驶台"驾驶室灯"旋转开关控制驾驶室灯的开/关。驾驶台上还安装有阅读灯，帮助驾驶员操纵驾驶控制台面上的控制仪表及控制部件。驾驶台上的各种仪表，如速度表和双针压力表，列车激活后将在驾驶台上保持点亮。

车内设备柜照明也由DC 110 V供电。照明开关与柜门相连，柜门打开时照明接通，柜门关闭时照明断开。

2．外部照明

外部照明如图6-24所示，起到运行照明、标识方向、标志运行状态的作用。外部照明包括前照灯（头灯）、尾灯、运行灯、标志灯和列车号显示灯。其中前照灯、标志灯和运行灯受驾驶控制器钥匙、方向手柄等的控制，由DC 110 V供电。

前照灯和尾灯相邻，位于列车驾驶室端面的下部，左右对称各有一组。前照灯为白色，尾灯为红色。运行灯在车顶线处也是左右各一组，红白两色，用于显示列车的状态。前照灯电源为DC 24 V，采用聚焦灯，分亮、暗两种灯泡。前照灯"亮、暗"的选择旋钮设置在驾驶室主操纵台，可在驾驶台上进行控制。当前照灯为亮位即远光照明时，前照灯前方190 m处的照度为1.6 lx；暗位即近光照明。尾灯、运行灯采用非聚焦灯，电源为DC 110 V。当列车主控制器打开后，标志灯和列车号显示灯自动接通。

前照灯、尾灯、运行灯之间的控制由驾驶员操作驾驶控制器手柄进行控制。

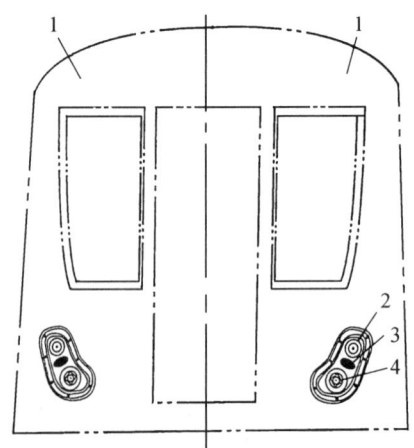

1—运行灯（红白双色）；2—前照灯（头灯，暗）；3—标志灯（尾灯红色）；
4—前照灯（头灯，亮）。

图6-24 外部照明

当驾驶室激活且方式/方向手柄在"向前"位时，应点亮的灯有：

（1）在列车"前"端的前照灯和白色运行灯。

（2）在列车"后"端的标志灯和运行灯。

当驾驶室激活且方式/方向手柄在"向后"位时，应点亮的灯有：

（1）"前"和"尾"两端的前照灯和白色运行灯。

（2）"前"和"尾"两端的标志灯和红色运行灯。

当驾驶室激活且方式/方向手柄在"0"位时，"前"和"后"两端的尾灯亮。

3．指示灯

城市轨道交通车辆上的指示灯包括车外侧指示灯、门道指示灯和驾驶室指示灯，均由 DC 110 V 供电。

1）车外侧指示灯

在每节车靠车辆两端的车体外侧墙上设置有一竖排指示灯，为车辆运行状态指示灯，每侧 1 组，每组 5 只，由上至下设置的颜色分别是：绿色、橙色、白色、红色、蓝色。车辆运行状态指示灯用于指示相应车辆气制动、停车制动、相应侧客室门状态以及是否启用车载 ATP 设备（仅 A 车电子柜有车载 ATP 设备）。各灯显示意义如下：

（1）绿灯亮，表示该节车所有的气制动和停车制动已经缓解。

（2）橙灯亮，表示该节车该边至少有个车门未"关好"。

（3）白灯亮（仅 A 车有显示），表示该单元 A 车的车载 ATP/ATO 对列车的控制与监控已经切除。

（4）红灯亮，表示该节车至少有一个转向架的气制动已经施加。

（5）蓝灯亮，表示该节车的停车制动已经施加。

2）门道指示灯

门道指示灯用于显示客室车门的状态。每个客室车门有 3 只指示灯，在每扇客室门内侧和外侧的上方均安装有橙色的门解锁指示灯，其中门内侧上方还安装有红色的门切除指示灯。车门内侧解锁和切除指示灯车内位置如图 6-25 所示。

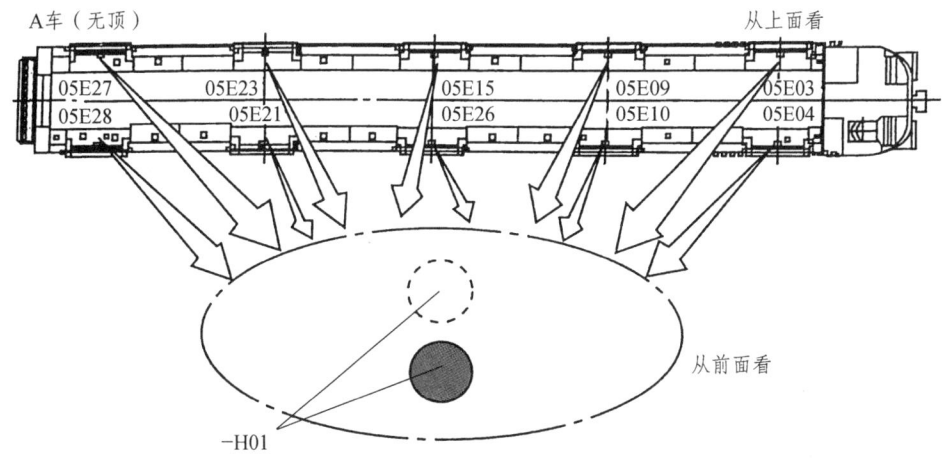

图 6-25 车门内侧解锁和切除指示灯车内位置

门解锁指示灯指示相应车门的状态，显示方式及意义如下：

（1）无显示（灭灯）。当相应车门的检测电路检测到车门关好时，该指示灯无显示。

（2）固定显示（橙色灯亮）。当车门通过任何方式打开时（列车处于激活状态）。此时门解锁指示灯为固定显示。

（3）闪烁显示（橙色灯闪烁），若列车的客室门是通过驾驶室内的开门按钮开启的，则按关门按钮时将触发兼有声响的关门报警，此时门解锁指示灯闪烁显示（只有当所有客室门"关好"后，灯闪烁报警才能停止），以提示乘客车门即将关闭。一般情况下，从触发关门报警的时刻计起，约过 4 s 后，两门叶才动作。

门切除指示灯有两种显示方式：无显示和固定显示红色。正常情况下，该指示灯不显示，当该指示灯显示时，至少表示相应车门的控制电路已经切除，在这种情况下，该车门不能通过电控方式开、关。

车门解锁（外墙）指示灯设置于车体外侧的每个门上方，如图6-26所示。每个单元的3节车对应于相同位置的门都有相同的代码。仅以A车为例加以说明，橙色指示灯指示的为：当门叶打开时，门叶上方的"解锁"指示灯亮；操作"左门关"按钮，该指示灯开始闪烁，直到门关上并锁闭；当门控电源被切除，该指示灯不再闪烁。

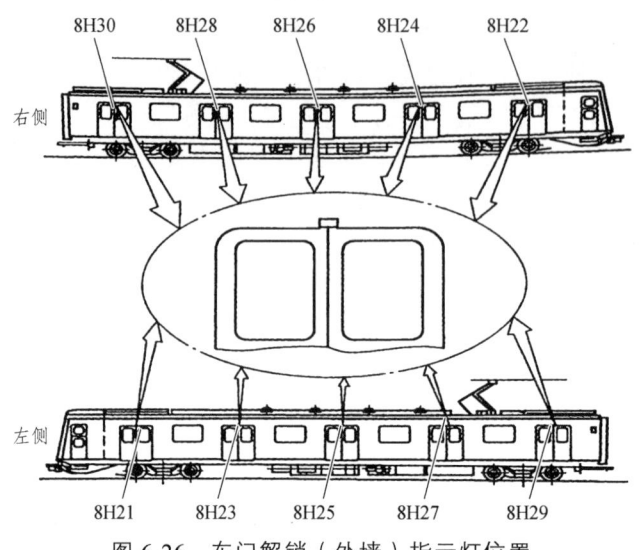

图6-26 车门解锁（外墙）指示灯位置

3）驾驶室指示灯

驾驶室指示灯位于正、副驾驶台以及驾驶室侧墙上，包括20多个不同的指示灯和一个故障显示板。驾驶室指示灯向驾驶员提供各种列车信息，如故障信息、车门开关信息、制动牵引信息、受电弓升还是降弓信息等，便于驾驶员准确、全面地掌握列车的状态。

4）紧急照明

紧急照明用于列车在无网压情况下的客室照明。紧急照明使用专门线路，由DC 110 V供电，断电时使用蓄电池电源。紧急照明灯在客室与一般客室灯交叉排放，使照明尽量均匀。

（二）电气设备通风

列车上各电气设备箱，如斩波器箱、逆变器箱、制动电阻箱和电子电器设备柜等都装有GTO器件、制动电阻等发热元件，因此必须对它们进行通风冷却，以保证各种电气设备的正常工作。通风冷却的基本方法是在设备箱内装备通风机。通风机由三相异步电动机驱动，其电源来自A车逆变器的三相交流输出。

通风方式有以下3种：

（1）电阻制动箱、电感电抗器箱中热量直接由通风机吹出箱外。

（2）斩波器箱中进行循环对流，热量通过热交换器导出，再用冷却风机吹出。

（3）逆变器箱中3个轴流风机进行循环对流，热量通过箱体及箱盖上的散热片散发出来。另外还有一个通风机通过风管将逆变器箱内的热量吹出箱外。

第三节　城市轨道交通车辆蓄电池电源及其控制

一、城市轨道交通车辆蓄电池的应用

（一）城市轨道交通车辆蓄电池分析

1．概况

城市轨道交通车辆蓄电池是为列车的起动以及紧急状况时列车的直流应急负载提供电源的。主蓄电池一般是由 80 或 84 只镍镉可充电电池单体串联组成的电池组，满电压 DC 110 V。镍镉电池具有使用寿命长（充放电循环次数高达数千次）、机械性能好（耐冲击和振动）、自放电小、低温性能好（-40 ℃）等优点，应用广泛。国内电客列车使用的蓄电池，按容量分为 60 A·h、120 A·h、140 A·h、160 A·h 4 种，选择哪种蓄电池容量由电客列车在紧急状态（接触网断电）时的直流负载决定。

电客列车分为 2 组蓄电池配置和 4 组蓄电池配置两种情况。每个电池组以浮充电模式与逆变器充电器相连接，着电池组装在蓄电池箱内，自然通风。

2．镍镉蓄电池的性能

1）镍镉蓄电池的化学原理

镍镉蓄电池充放电过程中电池的电化学反应如下：

负极：$Cd + 2OH^- \underset{充电}{\overset{放电}{\rightleftharpoons}} Cd(OH)_2 + 2e^-$

正极：$2NiOH + 2H_2O + 2e^- \underset{充电}{\overset{放电}{\rightleftharpoons}} 2Ni(OH)_2 + 2OH^-$

总反应：$Cd + 2NiOH + 2H_2O \underset{充电}{\overset{放电}{\rightleftharpoons}} 2Ni(OH)_2 + Cd(OH)_2$

蓄电池充电时，正极发生氧化反应、负极发生还原反应。放电时，负极发生氧化反应，正极发生还原反应。

2）蓄电池的类型

蓄电池的额定容量用 C 表示，单位为 A·h，它是放电电流与放电时间的乘积。蓄电池在工作中的电流常用"放电倍率"（简称"放电率"）表示，写作 NC，N 是一个倍数。放电倍率对电池放电容量的影响很大。放电倍率越大，放电电流越大，电化学极化和浓差极化急剧增加，使电池放电电压急剧下降，电极活性物质来不及充分反应，电池容量会减少很多。

根据放电倍率的大小，电池可分成低倍率（<0.5C）、中倍率（0.5C~3.5C）、高倍率（3.5C~7C）和超高倍率（>7C）4 类。

3．镍镉蓄电池的应用

1）镍镉蓄电池使用与维护的注意事项

（1）不要敲拆、砸毁或焚烧电池，否则会飞溅出腐蚀性碱液伤人或引起爆炸。

（2）不允许在电池上放置金属工具或其他器具，否则会使电池急放电而过热，损坏电池。

（3）充电前打开气塞盖或将闷塞换成通气塞，带有闷塞的电池充电会发生气胀而有可能引起电池爆炸。

（4）充电场所应保持通风，防止氢氧气体的积累而发生爆炸事故。

（5）不允许有明火接近充电的电池。

（6）电解液是腐蚀性较强的碱性溶液，皮肤接触电解液时，应立即用硼酸水冲洗。

2）镍镉蓄电池的维护

城市轨道交通车辆蓄电池长期处于浮充电状态或其他恒压充电使用状态，会出现电池容量不足和单体电池间容量不均等问题，需要对蓄电池性能进行调节，也就是对着电池进行活化处理。蓄电池的活化处理是镍镉蓄电池使用维护不可缺少的重要环节之一，一般要求每年进行一次活化。活化就是对蓄电池进行1~3次深充电和深放电，使电池的电化学活性"复活"，电容量恢复到一定的水平。

活化处理的方法如下：

（1）对电池以"$0.2C$ 率电流充电 8 h→停置 1 h→$0.2C$ 率电流放电至电池单体均压 1.0 V"，记录放电时间，根据放电时间计算电池容量。若与初期容量相差不多，可再通过 1 或 2 次充电放电循环得到恢复。若容量相差较大，则需按下列步骤处理。

（2）再用"$0.2C$ 率电流充足电→$0.2C$ 率电流放电至电池单体均压 0.5 V→短接电池单体正负极 12 h 以上→拆除短路线→以 $0.2C$ 率电流充电"，5 min 后测单体电压，如高于 1.50 V 则认为电池内阻大，应取出另作处理；10 min 后再测电池电压，将高于 1.55 V 和低于 1.20 V 的电池取出另作处理。

（3）连续充电 8~10 h，测量并记录单体电压。如电池电压低于 1.50 V，则须更换。

（4）以 $0.2C$ 率电流放电，放电终压为 1.0 V，记录放电时间并根据放电时间计算电池容量。

（5）若放电容量不足，可重复步骤（2）~（4），直到恢复一定容量为止。如活化多次仍达不到额定容量的 70%，则认为电池已失效。

3）城市轨道交通车辆蓄电池的失效

镍镉蓄电池的失效分为可逆失效和不可逆失效。当蓄电池符合规定的性能要求，通过适当的活化处理能恢复到可用状态，就称为"可逆失效"。当电池通过活化或其他方法仍不能恢复到可用状态，就称为"不可逆失效"或"永久失效"。

（1）可逆失效。当电池以恒电流充放电和固定时间反复循环时，可能受到可逆的容量损失，这种现象称为记忆效应。无论大电流放电到较低的终止电压或小电流放电到较高的终止电压，其效应相同，容量衰减的基本原因是浅度放电。图 6-27 给出了密封电池以 $0.2C$ 率循环放电 1 h 的电压曲线。从曲线可知，第 5 次循环电压平段位为 1.25 V，而 500 次循环后电压平段位就降为 1.15 V。这种电池在重复浅放电循环中，由于放电平均电压降低而导致电池容量减小，多数可通过几次深充、放循环后恢复。

另一方面，长期过充电也可使电池发生可逆失效，尤其在高温下更是如此。图 6-28 给出了密封电池以 $0.1C$ 率长期过充后放电的电压曲线（虚线）和 $0.1C$ 率充电 18 h 后放电的电压曲线（实线）。从图中可以看出，长期过充电会引起放电快终止时出现"过渡阶梯"，此时虽容量仍可适当利用，但工作电压比较低。通过几次深充、放电循环后也可恢复到额定电压和期望的容量。

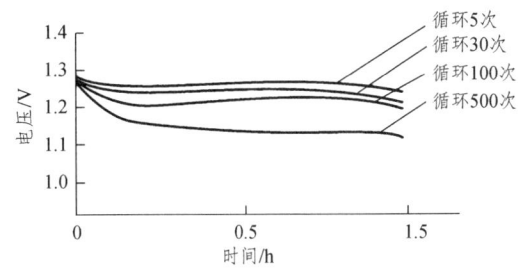

图 6-27 密封电池以 0.2C 率循环放电 1 h 的电压曲线

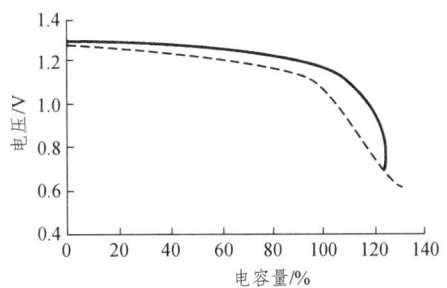

图 6-28 密封电池以 0.1C 率充后放电曲线

（2）不可逆失效。短路和电解液干涸是导致电池永久失效的两个主要原因。电池内短路，导致电池无使用价值。电解液若稍有损耗就会引起容量减小，容量减小与电解液损耗成正比，这种情况在高倍率放电时更为明显。电池反复反极、高温下高倍率充电以及直接短路等情况都会引起电解液损耗。

高温会降低电池寿命。温度较高会加速隔膜受损并增加短路的可能，较高的温度还会使水通过密封圈迅速蒸发，尽管这种影响是长期的，但温度越高电池损坏越快。

4）城市轨道交通车辆蓄电池的失效现象

（1）蓄电池短路。蓄电池短路有三种情况：一是低电阻短路，电池开路电压为 0 V，以 0.1C 率电流充电 20 h，充电终止电压仍低于 1.25 V；二是高电阻短路，电池充电终止电压大于 1.25 V，充电后立即放电也能放出部分容量，但长时间搁置又降至 0 V（称为微短路）；三是间隙短路，电池受到振动后，电压忽有忽无或忽高忽低。

（2）蓄电池断路。由于制造工艺不严谨造成电池内部焊接脱开或螺纹松动、充电控制失调、使用维护不正确等都会造成蓄电池无输出。

（3）蓄电池膨胀。由于充电电压高，蓄电池常处于过充电状态，造成电池负极膨胀、壳体变形。

（4）气体阻挡层失效。过充电电流过大、过充电温度过高或电解液液面低时的高倍率放电，都会引起气体阻挡层失效。

（5）热失控。这是气体阻挡层失效的电池在恒电位充电场合所引起的后果。镍镉蓄电池的电压与温度成反比。环境温度升高时，电池电压则下降。过充电时一部分电能转变成热能使电池温度升高，电池电压下降，循环往复，使电池温度进一步升高，电压进一步下降，出现热失控。热失控可使电解液温度达到沸腾，使隔膜受到严重损坏，直至电解液耗干，内部短路。

蓄电池设计的使用寿命一般为在平均温度 22 °C 的工作条件下超过 15 年。当有效容量低于额定容量的 70% 时为其使用寿限。

（二）地铁车辆蓄电池应用案例

1．地铁车辆蓄电池的配备

以庞巴迪某车型 6 节编组地铁车辆为例。每辆 A 车中安装 2 个蓄电池箱合成为 1 个蓄电池组，80 个镍镉电池单元，型号为 FNC232MR，电池单体额定电压为 1.2 V，放电率 5 h 时容量为 140 A·h。电池单元串联连接在 16 个不锈钢的隔栅中，用镀镍铜板在这些隔栅之间连接内部的电池单元，隔栅之间用无卤铜线连接。蓄电池箱安装在能拉进拉出的滑道上，方便车上进行蓄电池的维护修理。

2．蓄电池单体的结构

镍镉蓄电池单体正极以多孔烧结氧化镍为电极基片，用化学方法沉淀氢氧化镍作为电极活性物质。负极以金属镉为基片，用化学方法沉淀氢氧化镉为电板。它们分别包在穿孔钢带中经加工而成为正极板组和负极板组，以绝缘物隔离正、负极板，牢固地装在塑料外壳内组成蓄电池单体。

镍镉蓄电池的电解液为 KOH 水溶液，电压为 1.2 V，体积能量密度为 130~200 W·h/L，质量能量密度则为 40~50 W·h/kg。FNC232MR 型蓄电池电解液中也包含质量分数为 55% 的氢氧化锂（23.1 g/L）。

蓄电池盖上留有注液口，平时装有顶端带出气孔的塑料气塞，注入电解液时可打开。每组蓄电池有两个蓄电池设置有插温度传感器的小孔。

3．蓄电池的基本特性

（1）NiCd 电池，安装容量为 140 A·h。

（2）蓄电池的安装额定容量考虑正常和降级条件下的使用。

（3）对于一个库存的 6 车单元，所有逆变器不工作，蓄电池应能维持一端电压给正常负载（驾驶员控制器钥匙取出）所连接的设备供电 60 h。

（4）蓄电池能保证驱动紧急负载设备 45 min，并开关门一次。

4．蓄电池的技术参数

FNC232MR 型蓄电池的主要技术参数如表 6-3 所示。

表 6-3　FNC32MR 型蓄电池的主要技术参数

参数名称	内容
电池型号	FNC232MR
系统电压	DC 110 V
蓄电池组电压	96 V
蓄电池单体数量	80
额定电压	1.2 V（单体）
额定容量	140 A·h
板的数量	7 正极、8 负极（纤维结构设计）
蓄电池单体尺寸	92 mm×122 mm×309 mm
蓄电池单体质量	5.5 kg

续表

参数名称	内容
终端（电极）	不锈钢螺钉和垫圈，M8 内螺纹螺栓
连接力矩	16 N·m
电池盒的材质	聚丙烯
极性鉴别	红色为正极，蓝色为负极
通风活塞	上部开口型
补充水周期	3 个月

5．蓄电池的装配

（1）托盘的数量：16 个。

（2）托盘的材质：不锈钢。

（3）电池的数量：5 个/托盘，5×16＝80 个。

（4）每个托盘的质量：约 32 kg。

（5）蓄电池组的总质量：530 kg。

（6）蓄电池与负荷的连接方式：电缆连接。

6．蓄电池的充放电数据

为进行容量测试，将蓄电池与充放电器连接，然后按以下步骤操作：

（1）用 28 A 的电流放电直至蓄电池电压为 1.00 V/单体。

（2）中断至少 12 h（冷却阶段）。

（3）用 28 A 直流电给蓄电池充电 7.5 h。

（4）中断至少 2 h。

（5）蓄电池用 28 A 电流放电至 1.00 V/单体。

（6）分别读取并记录容量测试第（5）步后 3.5 h、4 h、4.5 h 甚至 5 h 之后的各个蓄电池盒的电压。

图 6-29 所示为 FNC232R 型蓄电池 5 h 电容量测试数据。

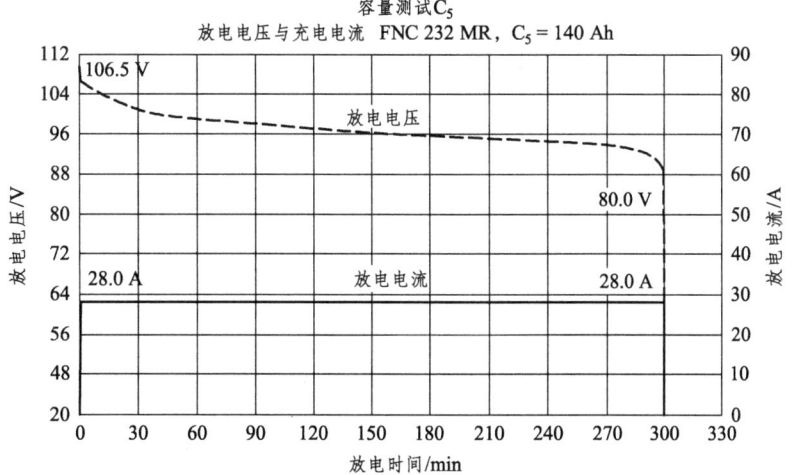

图 6-29　FNC232MR 型蓄电池 5 h 电容量测试

如果测量开路电压期间发现任何有故障的蓄电池盒，需将故障蓄电池盒的读数与容量测试过程中的读数相比较，若单个蓄电池盒的读数超过给定值，则该蓄电池盒应取出更换；若大多数蓄电池盒均超出给定值，则蓄电池中断至少 12 h 后重新进行电容测试；如果重试期间容量仍然升高，再次重复直至容量停止上升为止。如果所有测试均不理想，应更换整个蓄电池。

如果测试符合要求，用 28 A 电流给电池充电 7.5 h，充完电后电池在列车上使用。图 6-30 所示为 FNC232MR 型蓄电池的充电试验数据。

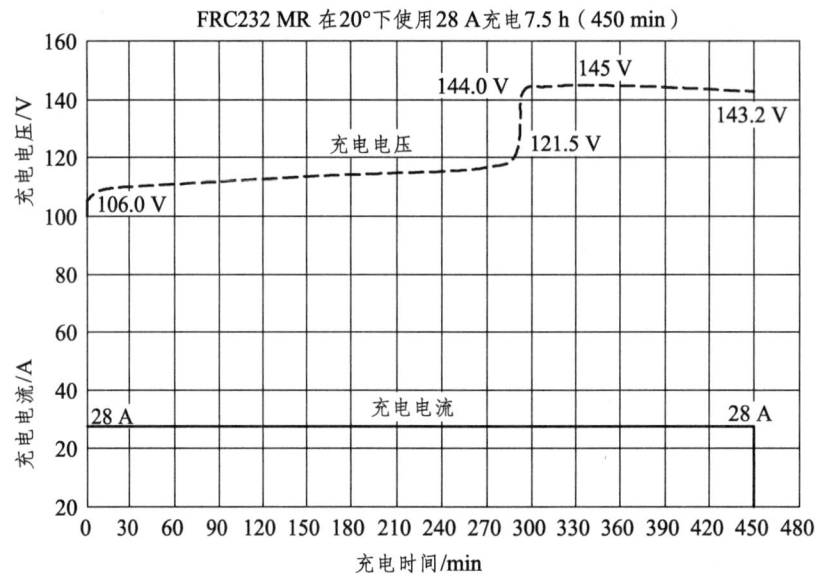

图 6-30　FNC232MR 型蓄电池的充电试验数据

7．蓄电池的基本功能

列车蓄电池的主要作用是保证在没有外部供电的情况下激活列车，并为直流负载提供稳定的 110 V 电压。

（1）放电。蓄电池充电器不工作时，蓄电池投入工作，为下列设备或维护工作提供 110 V 直流电源：列车上的紧急照明、列车通信系统（有线广播和列车无线电）、列车头尾灯、紧急通风、车厂内的维护工作。

（2）充电。蓄电池充电器工作期间，充电器输出直流电压（122.4 V 浮充电）对蓄电池进行升压充电和浮充电。

8．蓄电池的保护

（1）通过蓄电池隔离接触器，使蓄电池与负载隔离。

（2）二极管对逆向回流保护（从 DC 110 V 负载到蓄电池或从一个蓄电池经过列车导线到另一个蓄电池）。

（3）欠电压继电器对电压低于 85 V 时进行保护。

(4)用电时过电压、过热保护。
(5)欠电压/高电压分断能力的熔断器接到蓄电池的正负极,进行过流保护。
(6)蓄电池充电器控制充电电压。

二、蓄电池充电器的应用

以庞巴迪某车型 6 节编组地铁车辆为例。蓄电池充电器(GVG1500/110-25)为模块化设计。正常运营时充电器通过受电弓从接触网获得电源,充电器连接到列车 1 500 V 列车母线上。在车辆段则使用车间 DC 1 500 V 电源供给充电器和辅助逆变器。

(一)蓄电池充电器的功能

1. 为 DC 110 V 负载供电

蓄电池充电器给全部 DC 110 V 负载供电,其中包括蓄电池充电器给蓄电池以限压恒流的浮充电对蓄电池持续充电。6 辆编组列车的两个 A 车各设有一个蓄电池充电器,并联对 6 辆车供电。如果一个蓄电池的充电器发生故障,将由另外一个给全部 6 辆车供电,DC 110 V 列车线接触器自动把它们连接在一起,此时充电器故障端的蓄电池不再使用,不影响列车继续运行。蓄电池充电器内部有一个紧急蓄电池,用于紧急起动,通过按下充电机紧急起动按钮激发此功能。

其他 DC 110 V 负载包括:列车照明(车外信号灯、客室照明)、门控制和驱动、列车通信(车载无线电台、广播)、列车控制(牵引控制单元、制动控制单元、VTCU)、刮水器。

2. 控制蓄电池充电

蓄电池充电器控制蓄电池电压,充电电压设定值是蓄电池温度和蓄电池充电电流的函数。其温度补偿如图 6-31 所示。蓄电池充电电流受蓄电池电压和可配置最大电流的双重控制,蓄电池最大电流生产厂家设置为 42 A。

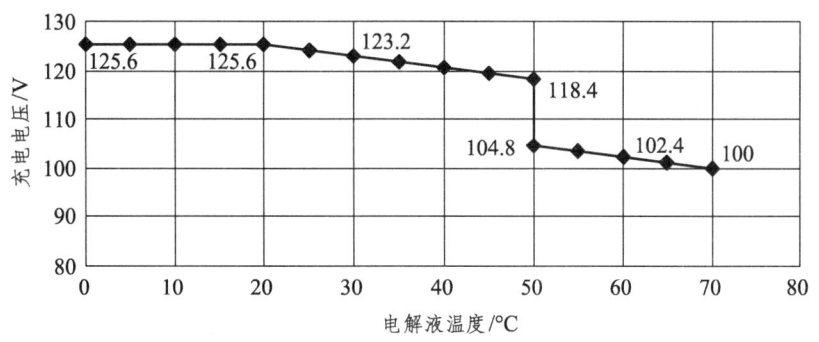

图 6-31 温度补偿

当蓄电池受到极端外部高温时输出电流被限制。如果充电过程中蓄电池的散热温度达到临界值,则输出电流最大将被削减 25%。

在蓄电池充电电流达到 7 A 以下的某个值时,蓄电池充电特性曲线将由一个转向另一个,蓄电池电压也相应减小,蓄电池的升压/浮充电控制曲线如图 6-32 所示。

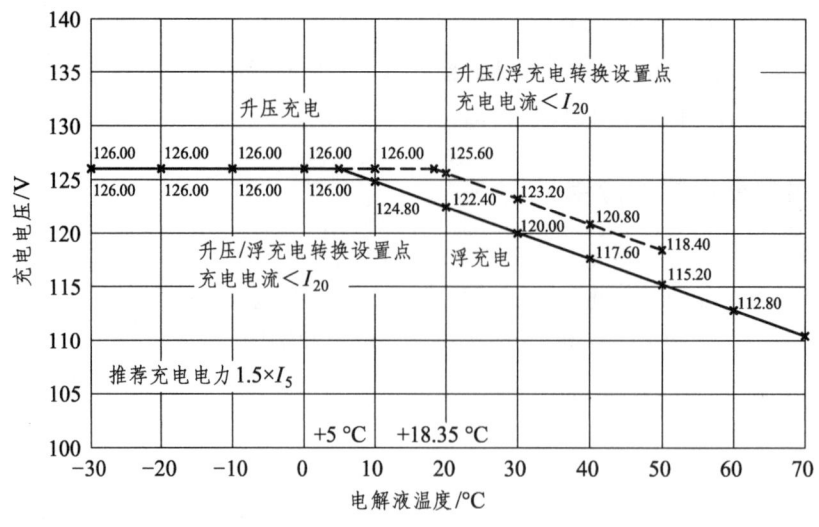

图 6-32 蓄电池升压/浮充电控制曲线

3. 蓄电池及其充电器的保护

当列车出现 DC 干线过电压、蓄电池过电压、功率元件和输出过电流、散热器或蓄电池过热、控制系统电源故障、蓄电池充电过电流等故障时,蓄电池充电器的控制系统立即封锁功率元件的控制信号。

充电器具有部分冗余的保护功能。一方面,软件控制关键状态的输入和输出参数;另一方面还对部分关键参数设有硬件保护,一旦超出硬件设定值,系统将立即停止运行。

此外,系统还设有下列保护:输入或输出的浪涌电压、输入或输出过电流、IGBT 过电压、IGBT 过电流、过热保护、短路保护、断路保护。此外,系统还监控散热器温度传感器和蓄电池温度传感器。

(二)蓄电池充电器的技术参数

蓄电池充电器的技术参数如表 6-4 所示。

表 6-4 蓄电池充电器的技术参数

参数名称	内容
输入电压	直流 1 500 V(1 000~2 000 V)
输出电压	110~126 V(取决于蓄电池温度)
输出电流	最大 210 A,永久;最大 225 A,15 min
蓄电池充电电流	最大为 42 A
输出功率	25 kW
测试电压	(1)输入——输出/接地:AC 5.5 kV/min (2)输出——接地:DC 1.2 kV/min
工作频率	1 kHz

续表

参数名称	内容
工作温度	－25～＋40 ℃（外部温度）
辅助电源	6～145 V，1 A
质量	（1）整个设备约为 540 kg （2）模块 GVG1500—02 约为 96 kg （3）模块 AMG—03 约为 69 kg （4）输出变压器约为 130 kg （5）每个输入扼流线圈约为 34 kg （6）箱体约为 160 kg
尺寸（宽×深×高）	2 090 mm×790 mm×480 mm

（三）蓄电池充电器的应用

1. 蓄电池充电器的结构

蓄电池充电器的型号为 GVG1500/110 -25，结构如图 6-33 所示，主要包括充电机模块 GVG1500-02（也称为 DC/DC 开关模块）、连接和蓄电池配电模块 AMG-03（也称为开关模块）、输入扼流圈（2 片）、输出变压器等。

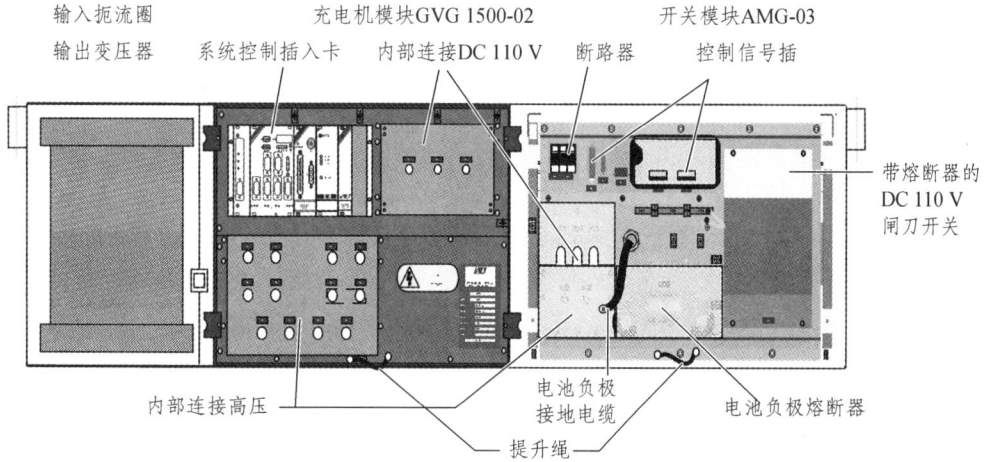

图 6-33　GVG1500/110-25 型蓄电池充电器结构（前视图）

输入扼流圈和输出变压器安置在通风区，其他元件安置在封闭区，电缆经防水通道从一个区域到另一个区域。所有元件都能从模块的前面拔出，而模块 GVG1500-02 和 AMG-03 用卡宾旋转接头紧固，其作用就像锁一样防止任何非正常的拔出。连接高压和 DC 110 V 的外部电缆从箱体后部的法兰盘通过，连接在开关模块 AMCG-03 的柱头螺栓端子。车载蓄电池负极接地端子与设备前部箱体接地电位相连。

2. 蓄电池充电器的工作原理

蓄电池充电器控制原理如图 6-34 所示。蓄电池充电器没有预充电装置，也没有将充电器从接触网上断开的接触器,当受电弓与接触网接触时,1 500 V直流输入电压经输入熔断器直接连接到充电器上,经DC/DC变换及EMI滤波输出稳定的DC 110 V。带DSP的控制单元自动稳压和限流。

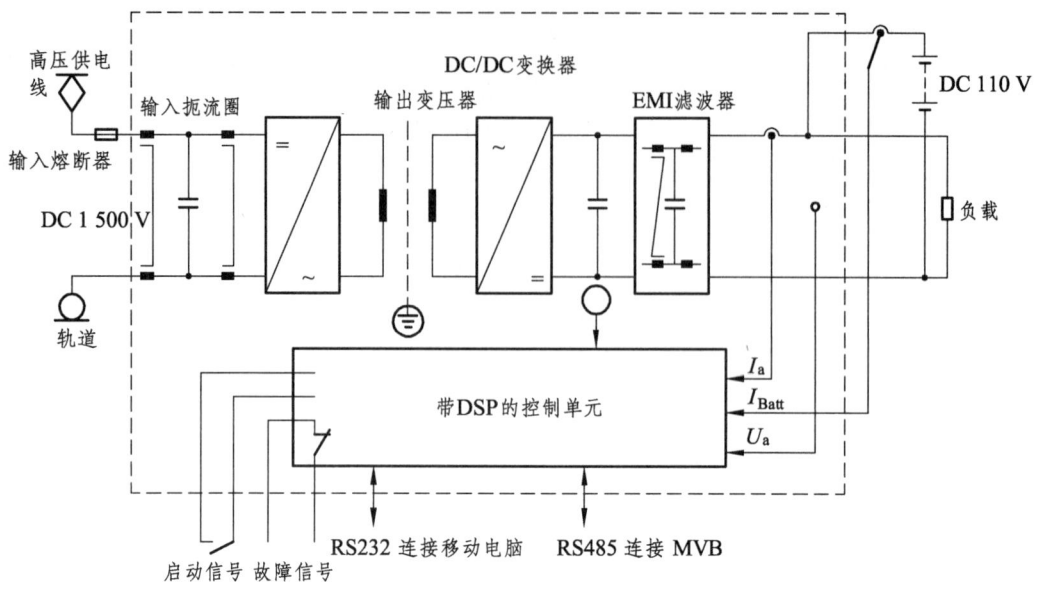

图6-34 蓄电池充电器控制原理框图

当蓄电池供电给充电器时,充电器将接通内部电源,微处理器控制系统工作并等待启动信号,一旦充电器得到启动信号即开始工作,输出电压上升,2 s内就能达到额定输出电压(当输出电流在限定值内时),进入完全运行状态。若未完全启动微处理器,系统的总启动时间将有所延长,但不会超过20 s。

启动信号是一个由微处理器系统检测的数字信号,当蓄电池系统达到额定电压时被触发。一旦启动信号消失,比如在安全环路没有构成、降弓等情况下,充电器将立即停止工作。

故障信号是微处理器的输出信号,它可看作开路接触器,在蓄电池电压达到额定电压时工作面闭合。故障信号只能在充电器完全运行的状态下出现,受到一个短暂的干扰时(如输入端出现了过电压),充电器不会产生故障信号。

充电器的RS-232接口和RS-485接口用于连接诊断软件对设备进行控制操作。

充电器监控蓄电池系统数据,如充电器输出电流,蓄电池电流、电压和温度等。

3.蓄电池充电器自身的保护

(1)蓄电池充电器分别通过熔断器连接到蓄电池的正负极,以便在列车发生短路时保护蓄电池充电器。

(2)蓄电池充电器对输入高压有过电压和欠电压保护。

(3)蓄电池充电器的故障处理。如果一个蓄电池充电器发生故障,将由另外一个蓄电池充电器给全部6车供电。因DC 110 V列车线二极管的阻隔作用,故障充电器所在车的蓄电池不会放电,列车运行不受限制,

思考题

1. 简述城市轨道交通车辆辅助供电系统组成部分及其功能。
2. 城市轨道交通车辆辅助供电系统供电方式的选择原则是什么？
3. 逆变器变流器系统选择的依据是什么？
4. 列表说明 AC 400 V 和 DC 110 V 电压供电负载分配。
5. 说明如何进行应急供电电路切换。
6. 说明城市轨道交通车辆辅助供电系统的保护方式。
7. 分析车辆辅助回路和主牵引回路过电流保护有什么不同？
8. 叙述地铁车辆辅助供电系统负载的分配，并提出自己的见解。
9. 逆变器应急启动的原因是什么？有何要求？
10. 辅助供电系统电器设备通风的方式有几种？
11. 简述车外侧墙指示灯的意义。
12. 在何种状态下车内照明只能使用紧急照明？能使用多长时间？
13. 简述蓄电池的活化处理方法。
14. 简述电客列车蓄电池充电器的作用及原理。

参考文献

[1] 杨勇. 城市轨道交通车辆电气控制[M]. 北京：北京工业大学出版社，2020.

[2] 唐春林，华平. 城市轨道交通车辆电气控制[M]. 北京：机械工业出版社，2021.

[3] 赵丽，张庆玲. 城市轨道交通车辆电气控制[M]. 北京：电子工业出版社，2020.

[4] 王月明. 动车组制动技术[M]. 北京：中国铁道出版社，2012.

[5] 刘柱军，佟关林. 城市轨道交通车辆制动系统[M]. 北京：人民交通出版社，2017.

[6] 应云飞，秦娟兰. 城市轨道交通车辆制动系统[M]. 成都：西南交通大学出版社，2011.

[7] 张星臣. 城市轨道交通运营管理[M]. 北京：高等教育出版社，2017.

[8] 陈晓丽. 城市轨道交通车辆电气[M]. 北京：中国铁道出版社，2013.

[9] 王艳荣. 城市轨道交通车辆电气检修[M]. 上海：上海科学技术出版社，2012.

[10] 王慧. 城市轨道交通车辆制动系统[M]. 成都：西南交通大学出版社，2015.